入門
マンション管理
● みんなで創る快適マンションライフ ●

著者／齊 藤 広 子
発行／(財)マンション
　　　管理センター

大成出版社

推薦の言葉

　マンションは都市型居住として、昭和40年以降急速に普及してきました。現在ストックで約370万戸、平成7年以降では年間約20万戸が新規に供給されています。このような中で、マンション管理に関する問題もかなり数多く発生しています。その背景には、建物を区分して所有することに伴う意思決定の難しさとか、共同ルールが十分に確立されていない問題、利用形態の混在などがあります。

　マンションの維持・管理につきましては、基本的には区分所有者の責任と権限において行われるものと考えますが、我が国の住宅問題から考えますと、新規供給面からも、それからストックの活用の面からも、居住の安定を確保するという観点からも、住宅政策上非常に重要な課題と考えられます。

　平成12年12月には、マンションにおける良好な居住環境の確保を図ることを目的として「マンションの管理の適正化の推進に関する法律」が公布され、新たなマンション管理制度が導入されます。

　マンションの管理を適正に行うためには、何よりもマンションに住んでいる人、それを支える人たちが、マンションの管理を正しく理解することが重要であり、このような視点からの本書の出版は時宜を得たものといえましょう。

　平成13年3月

　　　　国土交通省住宅局住宅総合整備課マンション管理対策室長　　飯島　正

はじめに

　マンション管理はいま、まさしく新世紀を迎えました。「マンションの管理の適正化の推進に関する法律（マンション管理適正化法）」ができ、新しい時代を迎えています。本書は、§Ⅰから§Ⅸまでの九つの章で、マンション管理の基本から、新法制定の背景も含めた新しい動きを解説し、皆さんの快適なマンションライフの実現を応援します。

　マンションに住む居住者、管理組合の役員、マンションをこれから購入しようと思っている人、マンション管理にかかわる実務家・行政の方、さらにはこれからマンション管理を学ぼうとする学生など、マンション管理に興味を持つあらゆる人を対象にしています。

　はじめてマンション管理を学ぶ人も十分に理解できるように、§Ⅰではマンションとは何か、そしてわが国のマンション供給の歴史と現状について説明します。

　§Ⅱではマンション管理の基本的なしくみについてのべます。マンション管理には基本的な知識、正しい情報が求められます。この本を読み、ぜひ皆さんにマンション管理を基本から理解し、基本から実践してほしいと思います。

　しかし現実には、マンション管理といえば、「マンショントラブル」「マンション問題」といわれるように、トラブルを抱え、泣いている人も少なくありません。管理組合の役員になり、苦悩の日々を送られている方もいます。そこで§Ⅲでは、この現実を少しでも多くの人に理解してもらうために相談事例を紹介し、管理問題を予防し、解決するための基本的な考え方を示します。

　§Ⅳでは、マンションの高齢化を取上げます。建物が古くなり、人々が高齢化すると、マンションではどんな問題が起こるのでしょうか。マンション

管理の問題に直面するとその多様さに気がつき、気分が暗くなりそうですが、ここでは避けて通れないマンション高齢化に向けての課題を示します。

私たちが迎えたマンション管理・新時代では、マンション管理の難しさに泣いている時代であってはいけません。マンション管理は住み手がつくる時代になりました。§Ⅴでは、全国のがんばるマンションで培われてきた創意・工夫・知恵を紹介し、日本国中のマンションが、がんばるマンションになれるように、住み手が快適なマンションライフをつくることを応援します。

もっとも、「管理組合。がんばれ！！」といわれても、管理組合だけではどうしようもないこともあります。マンション管理は管理組合を応援してくれる組織や人との連携が大切です。そこで、§Ⅵでは管理組合を応援する組織や人を紹介します。

ここまで一通りマンション管理のことが整理できるかと思います。しかしながら全国、各地域でマンション管理の現実にふれてみると、「あれ？」と思うことがあります。それは、実は地域によりマンションの管理事情が大きく異なるからです。§Ⅶでは、マンションの管理事情は地域によりどのように異なるのか、それはどうしてか、地域ごとにどのような問題があり、解決に向けてどのような努力がされているかを紹介します。

マンション管理を円滑に進めるには、管理組合と、管理組合を支える国や地方公共団体、管理会社や管理の専門家がお互いの役割を分担しあい、そして連携することが重要です。それをはじめて明確に位置付けたのが「マンションの管理の適正化の推進に関する法律」です。§Ⅷでは、多くの期待を背負いようやく生まれましたこの法律の成立背景を紹介します。この法律により、私たちのマンションライフはどう変わるのでしょうか。

最後§Ⅸでは、21世紀にマンションを良好な都市居住の場とするために、どのような課題があるのかの展望を拓きます。

本書をお読みいただき、マンション管理の全体像、マンション管理を取り巻くさまざまな環境を理解し、マンションの問題を予防・解決し、さらには、「マンションに住んで本当によかった」と思えるように、快適なマンシ

ョンライフを創造していただきたいと思っています。

　本書の出版にあたり、㈶マンション管理センターをはじめとし、全国の管理組合の連合会・協議会、そして管理組合の役員の方、居住者の方々など、多くの方々にご協力いただきました。皆さんと共に願うことは、21世紀にはマンションが安心して安全にいつまでも快適に住める場となることです。そこに本書が少しでも寄与できることを心より願っています。

平成13年3月15日
齊藤広子

入門 マンション管理
みんなで創る快適マンションライフ

推薦の言葉：国土交通省住宅局住宅総合整備課マンション管理対策室長
　　　　　　飯島　正
はじめに

目　次

§1　マンションの成立と現在

1．マンションの位置 …………………………………………………1
　●マンションの位置づけ ……………………………………………1
　●共同住宅と集合住宅の違い ………………………………………1
　●共同住宅の特徴 ……………………………………………………2
　●賃貸マンションとの違い …………………………………………2
2．マンション供給の歴史 ……………………………………………3
　●本格的共同住宅の誕生 ……………………………………………3
　●マンション供給のはじまり ………………………………………6
　●何度も迎えるマンションブーム …………………………………7
3．マンション供給の現状 ……………………………………………10
　●マンション供給量と供給エリア …………………………………10
　●マンションが増えた理由 …………………………………………10
　●高価な財・マンション―首都圏のマンションの平均像― ……11
　●様々なかたちのマンション ………………………………………13

　　　　建物の物的特性からみた多様さ……………………………13
　　　　供給や利用の仕方からみた多様さ……………………………15
　　　　その他の多様さ……………………………………………………15

§Ⅱ　マンション管理の仕組み
　1．管理組合の役割………………………………………………19
　2．マンション管理の三つの側面………………………………21
　3．運営管理の側面―管理組合マネジメント―………………22
　　●管理組合の構成員……………………………………………22
　　●管理規約とは何か……………………………………………23
　　●集会がなぜ必要か……………………………………………25
　　●管理者とは何をする人か……………………………………27
　　●組合運営のかなめは理事会…………………………………27
　　●管理会社・管理員の仕事……………………………………28
　　●管理に必要な費用―管理費と修繕積立金―………………31
　4．維持管理の側面―建物のメンテナンス―…………………32
　　●マンションの建物のしくみ…………………………………33
　　●維持管理とは何か……………………………………………34
　　●計画修繕がなぜ必要か………………………………………35
　　●大規模修繕の時期と長期修繕計画…………………………37
　　●大規模修繕の進め方…………………………………………39
　　●専有部分のリフォームコントロールも管理組合の仕事…42
　5．生活管理の側面
　　　―ライフコントロールからコミュニティディベロップメントまで―…42

§Ⅲ　マンション管理の現実
　1．どんなマンションが多いのか………………………………44
　　●マンションの概要……………………………………………44

　　　　　完成年……………………………………………………………44
　　　　　棟数と住戸数………………………………………………44
　　　　　階数……………………………………………………………46
　　　●マンションの利用状況……………………………………………47
　　　　　分譲主所有住戸……………………………………………47
　　　　　空き家率………………………………………………………47
　２．管理組合は何を悩んでいるのか
　　　　―相談事例からみたマンション管理問題とそれへの対応―…………48
　３．分譲会社との関係、初期の所有・管理設定の問題………………52
　　　●分譲会社との関係…………………………………………………52
　　　　　瑕疵・アフターサービス…………………………………52
　　　　　分譲会社の倒産―設計図書引渡し―………………………55
　　　　　売れ残りによる賃貸化……………………………………55
　　　●初期の所有・管理設定の問題……………………………………58
　　　　　わかりにくく複雑な権利関係
　　　　　　―消えた共用部分？駐車場は誰の物？―………………58
　４．管理組合内の運営管理面の問題……………………………………61
　　　●管理組合の設立・法人化…………………………………………61
　　　　　管理組合の設立……………………………………………61
　　　　　管理組合の法人化―手続きとメリット・デメリット―…63
　　　●管理組合と自治会の関係…………………………………………66
　　　　　管理組合と自治会…………………………………………66
　　　●総会・理事会の進め方……………………………………………68
　　　　　総会の開催方法と議決権…………………………………68
　　　　　理事会の運営と理事の資格―選出方法、任期、報酬―…70
　　　　　賃借人と不在所有者―賃貸化への対応と賃借人の役員資格―……73
　　　　　管理者は誰に？……………………………………………75
　　　●管理規約・使用細則の作成・改正………………………………76

　　　　管理規約の整備
　　　　　　—標準管理規約の準拠は？リゾートマンションは？—…………76
　　　　管理規約の改正……………………………………………………79
　　　　使用細則・使用規定の作成………………………………………79
　　●保険の契約……………………………………………………………81
　　　　加入している保険…………………………………………………81
　　●管理費・修繕積立金…………………………………………………83
　　　　管理費—金額や負担割合は？—…………………………………83
　　　　口座名義……………………………………………………………85
　　　　滞納の状態と対応…………………………………………………86
５．管理会社との関係…………………………………………………………87
　　●管理会社・管理形態の変更…………………………………………87
　　　　管理会社の変更—委託内容の確認—……………………………87
　　　　管理会社委託をやめて自主管理に………………………………91
　　●管理員の仕事と雇用…………………………………………………92
　　　　管理員の業務内容…………………………………………………92
　　　　管理員の雇用形態・勤務形態……………………………………94
６．維持管理面の問題…………………………………………………………94
　　●日常的な建物の維持管理……………………………………………94
　　　　日常清掃……………………………………………………………94
　　　　設備の保守点検……………………………………………………97
　　●計画修繕への取り組み………………………………………………99
　　　　長期修繕計画の作成・作成者……………………………………99
　　　　修繕積立金と工事費用の調達方法………………………………101
　　●専有部分リフォームと修繕への対応………………………………106
　　　　専有部分のリフォーム……………………………………………106
　　　　専有部分と共用部分の修繕負担…………………………………108
　　●共用部分リフォームと共用施設の運営……………………………109

　　　　駐車場の増設・運営 …………………………………………109
　　　　集会所 ……………………………………………………………112
　　　　自転車置き場 ……………………………………………………113
　　　　建替え ……………………………………………………………114
　7．生活管理面の問題 ……………………………………………………114
　　●生活トラブル ………………………………………………………114
　　　　用途転用 …………………………………………………………115
　　　　ペット飼育やゴミ処理問題、路上駐車の問題 ………………115
　8．管理組合が求めること ………………………………………………116
　　●居住者の不安と期待 ………………………………………………116
　　●この現実をどうみるのか？ ………………………………………117

§Ⅳ　これからどうなるマンション管理－マンションの高齢化－

　1．築20年マンションの課題 ……………………………………………118
　　●建物の老朽化 ………………………………………………………118
　　　　築20年マンションの状態 ………………………………………118
　　　　建物の老朽化 ……………………………………………………118
　　●居住者・利用者の多様化・高齢化 ………………………………120
　　　　利用状況・居住者の変化 ………………………………………120
　　●ある築28年マンションのはなし …………………………………120
　　　　居住者の高齢化・二層化 ………………………………………121
　　　　二層化が生み出す共同管理・共同生活要求の相違 …………124
　　●築20年マンションに求められる管理 ……………………………126
　　　　合意形成と実行力の維持 ………………………………………126
　2．簡単にはできないマンション建替え ………………………………126
　　●建替え成功要因 ……………………………………………………126
　　　　建替えマンションの特徴 ………………………………………126
　　●合意形成の難しさ …………………………………………………128

　　　　法律では5分の4の合意で建替え可能 ……………………128
　　　　なかなかできないマンション建替え　事例1 ……………128
　　　　なかなかできないマンション建替え　事例2 ……………129
　　　　建替えには全員合意が前提 …………………………………129
　　3. 残された道はしっかり管理をすること ………………………129
　　　●建物や居住者の状態を考慮した管理システム ………………129
　　　●マンションの大規模リフォーム ………………………………130

§Ⅴ　管理組合による自主的管理と住みよい住環境づくり
　　　ーどのマンションもがんばるマンションへー

　　1. 管理組合の自主的管理 …………………………………………133
　　　●いろいろな自主管理ー委託をしても自主管理？ー ………133
　　　　マンションの管理形態 ………………………………………133
　　　●大切なことは委託の有無ではなく、自主的な管理 ………135
　　　　三つの側面 ……………………………………………………137
　　　　三つのプロセス（過程） ……………………………………137
　　　　管理の執行には多様な能力や対応が必要 …………………137
　　　　管理放棄のマンションにならないように …………………140
　　　　管理会社に委託をしても自主性をどのように保つのか …140
　　2. 管理会社に委託をしない方法 …………………………………141
　　　●管理会社に委託をしていないマンション …………………141
　　　　委託をしない理由 ……………………………………………141
　　　　管理員の雇用は？ ……………………………………………142
　　　　管理員の仕事は？ ……………………………………………144
　　　　様々な体制ー役割分担型からワンマン型までー …………144
　　　●管理会社に委託をしない場合のメリット・デメリット …147
　　　　メリット ………………………………………………………147
　　　　デメリット ……………………………………………………147

　　　　　　　　　　目　次　　　　　　　　　　7

　　　正しい情報の収集と交流 ……………………………………149
3．管理の主体は管理組合、多様な創意・工夫・知恵 ……………150
　●管理会社に委託をしないでどう管理をするのか？ ……………150
　　　会計業務のシステム化・会計業務のみ委託する ……………150
　　　植栽の手入れをする ……………………………………………150
　　　共用部分を清掃する ……………………………………………151
　　　文書を配付する …………………………………………………151
　●参加者をどう増やすのか？ ………………………………………151
　　　総会への参加を増やす …………………………………………151
　　　役員のなり手を増やす …………………………………………153
　　　顔を知る。誰が住んでいるかを知る …………………………154
　●一部の人が勝手にできない体制をどうつくるのか？ …………155
　　　共同責任体制をとる ……………………………………………156
　　　情報を公開する …………………………………………………156
　　　全居住者・所有者に発言の場を与える ………………………156
　　　管理規約・使用細則を整備する ………………………………157
　　　会計チェック体制を整備する …………………………………157
　●管理上の負担の不平等をどうなくすのか？ ……………………157
　　　役員負担の不平等をなくす ……………………………………157
　　　作業負担の不平等をなくす ……………………………………159
　●組織運営の継続性・計画性をどう維持するのか？ ……………160
　　　理事会の継続性を保つ …………………………………………160
　　　マニュアルを作成する …………………………………………161
　　　専門委員会をつくる ……………………………………………161
　　　管理組合を法人化にする ………………………………………161
　●専門性の高い管理行為にどう対応するのか？ …………………161
　　　専門家と顧問契約をする ………………………………………161
　　　組合内部の専門家を活用する …………………………………162

　　　　連合会・協議会・交流会で知恵を学ぶ ……………………………162
　　●現地性・緊急性のある管理行為にどう対応するのか？ ……………162
　4．コミュニティ・ディベロップメント ………………………………………162
　　●集住のメリットをいかす取り組み ………………………………………162
　　　　生活サービスの提供 ……………………………………………………162
　　　　共用品の貸し出し・運営 ………………………………………………163
　　　　共用施設の運営 …………………………………………………………164
　　　　多様な行事・イベント …………………………………………………164
　　●高齢化への対応 ……………………………………………………………165
　　　　共用部分のバリアフリー化 ……………………………………………165
　　　　生活支援・相互扶助 ……………………………………………………165
　　　　長期構想・リバースモーゲージ ………………………………………167
　　●防火・防災・防犯活動 ……………………………………………………168
　　　　施設の整備 ………………………………………………………………168
　　　　みまわりや挨拶運動 ……………………………………………………169
　　●コモンを核にした空間の広がり …………………………………………170
　　　　専有部分の修繕 …………………………………………………………170
　　　　地域との交流 ……………………………………………………………170
　　●向上型メンテナンスの実践 ………………………………………………170
　　　　駐車場・自転車置き場・バイク置き場・管理員室の増設 …………171
　　　　集会所の増築・増設 ……………………………………………………171
　　　　エレベーターの改修、衛星放送・ＣＡＴＶ・共視聴アンテナ
　　　　　の設置 …………………………………………………………………172
　　　　テニスコートの増設、防犯カメラの設置、耐震補強など …………172
　　　　居室の増築 ………………………………………………………………172
　　●住まいのしおり・標語づくり ……………………………………………172

§VI 管理組合を支える様々な組織とその役割

1．マンション管理の支援システム ……………………………173
- 管理組合を支援する人・組織 ……………………………174
  - 管理会社・管理員 ……………………………174
  - 清掃・メンテナンス会社 ……………………………175
  - 設計事務所、建築・建設関係会社 ……………………………175
  - 弁護士 ……………………………175
  - 分譲会社 ……………………………176
  - そのほかのたくさんの人・組織 ……………………………176
- 管理組合の支援組織を支援する組織 ……………………………176
  - 管理会社の協会（高層住宅管理業協会）……………………………176
  - 分譲会社の協会 ……………………………178
  - 国 ……………………………178
  - 学会（日本マンション学会など）……………………………179

2．これから役割強化を期待する支援組織 ……………………………179
- 管理組合連絡協議会・連合会 ……………………………180
- 住宅金融公庫 ……………………………181
- 地方公共団体 ……………………………185
- ㈶マンション管理センター ……………………………187

§VII 地域により異なるマンション管理事情

1．地域により異なるマンション特性 ……………………………189
- 首都圏とは違う地方のマンション ……………………………189
  - 中京圏の場合 ……………………………189
- 首都圏のなかでも違うマンション特性 ……………………………191
  - 大規模団地が多い浦安市のマンション ……………………………191
  - 古い団地型が多い千葉市のマンション ……………………………191

　　　　　　混沌とした新宿区のマンション …………………………192
　　2．地域により異なる管理組合の運営・活動の仕方 ……………195
　　　●関西の管理組合活動 ……………………………………………195
　　　　　関西圏のマンション供給 ………………………………………195
　　　　　居住をベースにした管理・コミュニティを重視した管理 ………196
　　　　　建て前よりできる方法を選択し、自主的な運営 ………………197
　　3．地域により異なる管理組合の支援体制 …………………………197
　　　●首都圏と異なる地方のマンション管理支援システム ………197
　　　　　中京圏の場合 ……………………………………………………198
　　4．地域性を踏まえた管理方法と支援のあり方 ……………………201

§Ⅷ　マンションの管理の適正化の推進に関する法律制定の背景と期待

　　1．マンション管理をめぐる最近の動向 ………………………………202
　　　●マンション管理新世紀の幕開け ………………………………202
　　　●これまでの長い道のり …………………………………………202
　　　●より複雑化するマンション管理 …………………………………203
　　　●なぜマンション管理問題がなかなか解決しないのか？ ………204
　　　●マンション管理をめぐる最近の国の動き・取り組み …………208
　　　　　管理組合の支援体制の強化 …………………………………209
　　　　　相談体制の強化 ………………………………………………209
　　　　　幅広い情報の提供と情報交換の促進 ………………………210
　　　　　修繕積立金の適正管理 ………………………………………210
　　　　　管理業の適正化と育成 ………………………………………211
　　　　　マンションの長命化と建替え …………………………………211
　　　●ようやくマンション管理に行政の取り組み本格化 ……………212
　　2．マンションの管理の適正化の推進に関する法律 ………………213
　　　●マンション管理の主体は管理組合 ……………………………214
　　　●マンション管理士 ………………………………………………215

- ●管理業・管理会社 …………………………………………………215
- ●分譲会社の管理責任 ………………………………………………216
3．研究会で議論されながらも法律に盛り込まれなかったこと ………216
- ●分譲段階からの管理適正化のための社会的コントロール …………217
  - 建物・施設の設計段階の審査・指導 ……………………………217
  - 分譲会社の管理初動期責任の明確化と執行の指導・監督 ………217
  - 所有形態・管理初期設定の審査・指導 …………………………218
  - 管理方法および物件情報の開示 …………………………………218
- ●管理者制度 …………………………………………………………218
- ●賃借人も含めた居住の安定性 ……………………………………219

§IX　21世紀にマンションを良好な都市居住の場とするために

1．行政の取り組みへの期待 ……………………………………………221
- ●マンションの管理は戸建て住宅や賃貸共同住宅とどう違うのか …221
2．アメリカにおけるマンション管理への行政対応 …………………222
- ●開発・分譲への行政対応 …………………………………………223
  - 不動産局による審査 ………………………………………………223
  - パブリックレポートの発行 ………………………………………223
- ●管理への行政対応 …………………………………………………224
  - 組合の予算案作成のための管理費の手引書発行 ………………224
  - 修繕計画の義務付けと修繕計画ガイドライン発行 ……………224
- ●管理組合と地方自治体との連携 …………………………………225
3．マンションは地域公共財
　　―マンションで安心して快適に暮らせるように― …………227
- ●共同生活・共用空間の修繕への支援 ……………………………227
- ●管理情報の開示 ……………………………………………………228
- ●良好に維持できないマンションに修繕勧告、修繕命令 …………228
- ●管理組合活動と地域マネジメントの連動 ………………………228

4．マンションの真の評価はこれから
　　—マンション復興が教えてくれたこと— ……………………229
5．21世紀の都市居住に向けて
　　—マンションが「問題」の時代から「創造」の時代へ— …………230

資料

　資料１．マンションの管理の適正化の推進に関する法律 ………………235
　資料２．地方公共団体のマンション管理等に関する相談窓口 …………268
　資料３．全国のマンション管理組合協議会・連合会 ……………………273

索引

財団法人マンション管理センター発行の言葉

§1 マンションの成立と現在

1. マンションの位置

●マンションの位置づけ

　この本の主役は「マンション」ですが、マンションとは一体何でしょうか。「そんなことは決まっているじゃないか」と叱られそうですが、マンションとは英語で、本来は森に囲まれた庭があり、そこにはテニスコートがあって乗馬をして‥というような大邸宅を指します。ところが日本ではマンションと言えば、区分所有型の集合住宅、主には区分所有している共同住宅を指します。

●共同住宅と集合住宅の違い

　集合住宅と共同住宅という言葉は、ほとんど同じように使われているかもしれません。しかし、厳密に言いますと、集合住宅というのは戸建て住宅以外の全てのもの、2軒でも隣り合っていれば集合住宅といいます。集合住宅の中でもさらに他人と重なりあって暮らしている場合、つまり隣と接しているだけでなく、上下に重なる住宅を共同住宅といいます。

表1-1　様々な住宅

```
戸建て住宅 ─┬─ 独立住宅
            └─ 戸建て集合住宅地（戸建てタウンハウス）

集合住宅 ─┬─ 連続住宅（連棟） ─┬─ 2戸1
          │                      └─ 長屋 ─┬─ テラスハウス
          │                                └─ タウンハウス
          └─ 共同住宅
```

● 共同住宅の特徴

　それでは共同住宅には戸建て住宅と比べてどのような特徴があるのでしょうか。一つには、人々が一つの建物に集まって住み、上下に重なりあい・隣りあって暮らす、共同生活を行うという特徴があります。二つめには、居住者がみんなで廊下や階段、エレベーター、駐車場、集会所、駐輪場、バイク置き場などを共同で使う、共同利用を行うという特徴があります。三つめには、共用の廊下や階段、エレベーターや給水管・排水管などの共用のスペースや施設・設備があること、そこには戸建て住宅ではみかけないエレベーター、浄化槽、受水槽など、それらの管理に専門的な知識を必要とする設備や施設があるという特徴があります。

● 賃貸マンションとの違い

　共同住宅の1件1件を**住戸**といいます。住戸が隣り合い、重なり合い、それをつなぐように共用のスペースがある共同住宅を、区分所有するとは一体どういうことでしょうか。区分所有とは、一つの建物を住戸ごとに別々の所有者が所有するということです。そのために、マンションでは一つの建物に複数の所有者が存在することになります。賃貸の共同住宅では、建物全体を

図1-1　マンション―賃貸共同住宅との違い

一人の所有者　　多くの所有者

通常は一人の所有者が所有しますので、ここがマンションと賃貸住宅の大きく異なる点です。

　さてこれで、集合住宅、そのなかでも共同住宅、区分所有、マンションという言葉の意味を整理できたと思います。これから後は、マンションとは、「区分所有の集合住宅、主には区分所有の共同住宅」を指すことにします。賃貸の共同住宅でも、賃貸マンションと呼んだりしますが、この本ではマンションといえば、「区分所有の集合住宅、主には区分所有の共同住宅」をさします。賃貸の場合は、ちょっと堅くなりますが、賃貸共同住宅と呼ぶことにします。

2．マンション供給の歴史

●本格的共同住宅の誕生

　マンションはわが国でいつからつくられるようになったのでしょうか。わが国では、はじめに賃貸の共同住宅がつくられるようになり、のち区分所有の共同住宅である「マンション」がつくられるようになります。

　それでは賃貸の共同住宅というものはいつごろからつくられるようになったのでしょうか。集合住宅でも、長屋形式のものはテレビの時代劇に登場しますように昔からあります。しかし共同住宅、それも鉄とコンクリートでつくられたものに限定しますと、そう古くからあるものではありません。

　日本で本格的に左右両隣、さらに上下階が重なり合って暮らす形態、こういった共同住宅がつくられるようになるのは大正時代に入ってからです。まず大正14年、東京の御茶の水に「御茶の水文化アパート」ができ、当時は大変話題になりました。住戸の内部は全て洋式で、ベッド、テーブル、椅子、電話、料理台、ストーブ、マントルピースなどが完備され、共用施設として地下には駐車場や洗濯場、1階には店舗、それから社交ダンスもできる大きな食堂を設け、非常にハイカラな住宅としてつくられました。この住宅はアメリカから帰られた北大の森本厚吉教授指導のもとで、共同住宅のメリット

表 I-2　マンション供給の歴史

大正13年	同潤会設立
14年	お茶の水文化アパート
15年	同潤会青山アパート
昭和9年	同潤会江戸川アパート
終戦	420万戸の住宅不足
昭和25年	住宅金融公庫法制定
26年	公営住宅法制定　公営住宅標準設計（51C型、2DK、4・5階建て）
28年	宮益坂アパート（分譲マンション第一号）、東京都が建築
昭和30年	住宅公団法制定　公団賃貸・分譲住宅スタート（団地族・DK・シリンダー錠など）
31年	稲毛住宅（公団はじめての普通分譲住宅、240戸・10棟・4階建て、2DK、2棟社宅棟）
31年	四谷コーポラス（日本初・民間個人向け分譲マンション）
32年	日本初の高層住宅・晴海高層アパート（公団初の10階建て高層住宅・スキップ形式）
37年	区分所有法制定
39年	東京オリンピック　第一次マンションブーム
40年	コープオリンピア（161戸，地下1階・地上8階、共用施設にはロビー、医療室、集会所、来客用宿泊室、ランドリー、屋上プールなど）
43年	第二次マンションブーム（大衆化へ） 超高層マンションの登場 ─── マンションの高層化
47年	第三次マンションブーム（郊外へ）
48年	オイルショック　コーポラティブ住宅、タウンハウス
52年	第四次マンションブーム（都心・もっと郊外へ） センチュリーハウジングシステム（CHS）、ワンルームマンション
58年	第五次マンションブーム（準都心・郊外へ） 投資目的・リースマンション、都心部地上げ、リゾートマンション 都心と郊外の二極化、ストリート型住宅、プラスα住宅（浦安マリーナイースト21等）
平成5年	第六次マンションブーム（準郊外） 安くなってマンションブーム、その一方で売れ残りの問題

同潤会の青山アパート

同潤会の江戸川アパート 　　　　　同潤会の江戸川アパート

を生かした豊かな共用の施設を持つ住宅としてつくられました。家賃が当時の普通貸家の5倍から10倍であったということですから、この共同住宅は大変特別なものとして登場したことになります。

　これとほぼ同時期に**同潤会アパート**が登場します。同潤会アパートが大正末年から昭和時代のはじめにかけてつくられたことで、我が国の共同住宅の本格的な供給が始まることになります。同潤会は関東大震災の義援金を基に、郊外には普通住宅と言われる戸建て住宅を、そして都心部ではアパートと呼ばれる共同住宅をつくりました。共同住宅は首都圏の不燃化を目指して鉄筋コンクリート造で建てられました。同潤会アパートは賃貸共同住宅としてつくられましたが、終戦後GHQ（連合国軍総司令部）の命令により居住者に1軒1軒払い下げられました。これが今のマンションの前身になります。同潤会アパートのなかには既に建替えられたアパートもありますが、現在もいくつか残っています。同潤会アパートが居住者に払い下げられた頃は、マンション管理の基礎となる区分所有法はまだありませんでした。その

ため、現在のマンションのように、区分所有という考え方が確立しておらず、権利関係が複雑になっているものもあります。同潤会アパートでは管理方法や所有権の設定が、現在のマンションと異なる点もあり、そのため建替えの際には権利関係の整理が大きな課題となっています。

●マンション供給のはじまり

　同潤会アパートにおける住居者への払い下げを契機にして、共同住宅でありながら、自分の住戸を自分で所有するという、持家型の共同住宅がわが国で普及していきます。そして、わが国で民間の分譲会社により、いわゆるマンションと呼ばれるものがつくられたのは、今から約40年前の昭和31年のことです。民間個人向けマンション第一号は東京の四ツ谷につくられた「四谷コーポラス」です。この年には日本住宅公団（現在の都市基盤整備公団）も持家型の共同住宅として、鉄筋コンクリート造の分譲住宅を登場させます。その第一号が千葉県の「稲毛住宅」です。その後、民間の分譲会社、そして公団・地方住宅供給公社といった公的供給主体によっても持家型の共同住宅は供給されていきます。このように、一つの建物にたくさんの所有者が存在する共同住宅が増えていきます。そうしますと、皆んなで使う廊下の電気代を誰が払うのか、外壁の修繕費はどうするのか、といった管理上のルールを明確にする必要がでてきました。このような経過を踏まえて昭和37年に「**建物**

稲毛住宅

の区分所有等に関する法律（以下、**区分所有法**と呼びます）」が制定されます。管理の基礎となるこの法律が整備されたことによって、マンションは供給体制が整い全国に広がったことになります。

●何度も迎えるマンションブーム

　区分所有法も整い、東京オリンピックの頃、つまり昭和30年代後半になりますと、非常に高価なマンションが登場してきます。これが第一次マンションブームのころです。例えば、超高級マンションをつくっていた東京コープは他のマンションが600万円、700万円だったこの頃に、既に今でいう億ションとして「コープオリンピア」を提供していました。

　第一次マンションブームではマンションは会社役員など特別な人を対象としたものでした。その後昭和40年代中ごろ、第二次マンションブームのころになりますと、マンションは大衆化し、建物は高層化していきます。

　建物が高層化し、その結果、40年代後半はマンションの高層化・高密化による風害や電波障害の影響を危惧し、マンション建設予定地では地域住民によるマンション建設反対運動が起こります。そこで、建物の高層化への反省も生まれ、この頃から低層の長屋形式の集合住宅で、豊かなコモンスペースを持つ**タウンハウス**がつくられます。これが第三次マンションブームのころのことです。

昭和30年代、40年代、50年代に供給された公団の5階建て階段室型のマンション

高層マンション

タウンハウス（1979年供給）3階建てメゾネットタイプ

タウンハウス、広々としたコモンスペース

タウンハウス2階建て

　昭和50年代になると第四次マンションブームが起こり、マンションの立地はもっと郊外へ郊外へと進みます。その一方で、マンションの質を考えて**センチュリーハウジングシステム（CHS）**によるマンションも供給されますが、そう多くは普及しませんでした。
　昭和50年代後半には第五次マンションブームとなり、60年代に入るとバブル経済と言われる時期を迎えます。都心部では非常に高価なマンションが供給され、その一方ではマンションの供給エリアはさらに郊外へ郊外へと広がります。また、デザインの凝ったマンションもつくられます。
　さらに平成になりバブル経済が破綻した後は、地価が下がり、マンション価格が下がってきます。そこで初めて住宅を買う若い世代にもマンションが買いやすくなります。マンションが再び売れるようになり、第六次マンションブームをむかえることになります。
　このようにマンションは時代ごとに供給の背景やテーマが異なっています。ですから、供給された時代により、マンションの立地・形態・デザイン

§1 マンションの成立と現在　　　　　　　　　　9

図I-2　CHS（Century Housing System）

- 子供の成長などの変化に合わせて、間取りを変更できる
- 配線・配管は自住戸内で完結している
- 部品群間のインターフェースは合理化されている
- 部品寸法のモデュラーコーディネーションが図られている
- 長期耐用性のある躯体の中で、各要素を順次交換しながら、住宅全体の耐用性を高める
- 将来の居住水準の向上にも十分対応できる
- 将来の設備水準の向上による更新や交換などにも十分対応できる
- 配管は躯体に埋め込まず、交換・保守・点検がしやすい

〈出典〉建設省：スケルトン住宅って何？

1989年供給のマンション

おおむね10年たち、外壁修繕中

1995年供給のマンション（超高層と高層が混成している）

だけではなく、購入者層にも特徴があります。以上は首都圏を中心にみた場合ですが、各地域にはそれぞれに異なるマンション供給の歴史があります。

3．マンション供給の現状

●マンション供給量と供給エリア

　マンションは、現在、北は北海道から南は沖縄県まで全国に供給されています。そのなかでも供給量が多いのは、首都圏、近畿圏、中部圏です。今までに供給されたマンションを合計しますと、約400万戸となります。これを**マンションストック**といいます。年間では10万から20万戸ぐらいのマンションがつくられています。毎年つくられるものを**マンションフロー**と呼んでいます。近年では不動産会社が供給する分譲住宅のうち、マンションは建売住宅よりも多く、半数以上を占めています。マンションはストックでみてもフローでみても、わが国の都市の主流な住宅となっています。

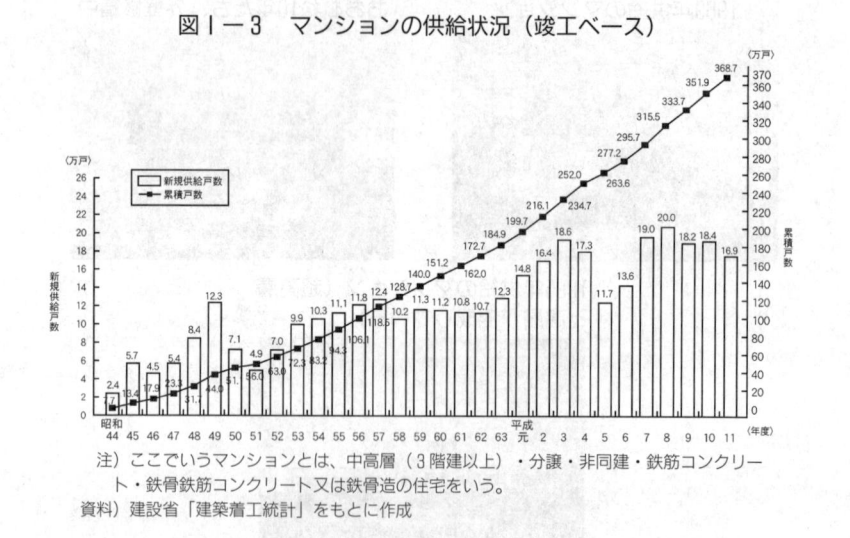

図Ⅰ-3　マンションの供給状況（竣工ベース）

注）ここでいうマンションとは、中高層（3階建以上）・分譲・非同建・鉄筋コンクリート・鉄骨鉄筋コンクリート又は鉄骨造の住宅をいう。
資料）建設省「建築着工統計」をもとに作成

●マンションが増えた理由

　マンションはどうしてこれほどまで増えてきたのでしょうか。その理由の

一つに、都市に多くの人が集まり、空間を効率的に利用する必要が生まれたことがあげられます。土地の高度利用が戸建住宅よりも土地を有効に利用できる共同住宅の必要性を高めたのです。その一方で、わが国の住宅政策は基本的に自分の家は自分で購入する「**持家主義**」をとってきました。この二つのことが、マンションを「持家」型の共同住宅として、普及させる要因になったのです。

さらには、右上がりの経済と言われるなかで、住宅は借りるよりも買った方が得だという考え方が根強くあり、また、適当な借家を借りようと思っても適当な広さの住宅が適当な家賃でなかったこともマンションを普及させる要因にあげられます。

さらにもう一つ大きな理由として、賃貸住宅に比較して共同住宅といえども持家なら自由にリフォームができることもあります。自分の住宅に対する思い入れ・愛着は、居住者が自分でいろいろ手を加えられる、自分達の生活にあわせて変えられることにより育っていくものです。借家ならば居住者が間取りを自由に変えることは原則できません。例え変えることができても、退去時には原状復帰といって元の状態に戻さなければなりません。しかし、マンションでは自分の好きな間取りや気に入った設備をつけることもできますし、自由に使え、しかも自由に処分もできます。建物が一つだからと言って、隣近所に何も断ることなく自由に売買ができるのも魅力です。こうした理由からマンションは都市的暮らしにマッチし、わが国で都市居住の場として重要な地位を占めるようになってきました。

●高価な財・マンション－首都圏のマンションの平均像－

現在どんなマンションが供給されているのでしょうか。首都圏での平均は住戸専有面積71.8㎡のマンションが4,138万円で供給されています（平成11年現在）。これは新築マンションの場合ですが、この価格は勤労者世帯の平均年収の約4.8倍になります。最もマンション価格が右肩上りのピークになった平成2年には、平均で65.6㎡のマンションが6,123万円で供給されてい

ました。これはこの年の平均世帯年収の約8倍です。もちろん、マンションの価格は、中古のものは概ね安くなりますし、また首都圏でも立地により、価格は異なります。さらに首都圏と、近畿圏、中部圏、その他の地方圏と、

表1-3　首都圏のマンション価格と住戸専有面積

年＼項目	年収(万円)	マンション 価格(万円)	マンション 年収倍率	床面積(m²)
昭和50	327	1,530	4.7	56.8
51	361	1,630	4.5	56.6
52	400	1,646	4.1	56.4
53	412	1,711	4.2	56.1
54	445	1,992	4.5	59.5
55	493	2,477	5.0	63.1
56	516	2,616	5.1	61.0
57	534	2,578	4.8	60.2
58	557	2,557	4.6	59.8
59	594	2,562	4.3	61.1
60	634	2,683	4.2	62.8
61	663	2,758	4.2	65.0
62	660	3,579	5.4	65.2
63	682	4,753	7.0	68.0
平成元	730	5,411	7.4	67.9
2	767	6,123	8.0	65.6
3	828	5,900	7.1	64.9
4	875	5,066	5.8	63.3
5	854	4,488	5.3	63.8
6	854	4,409	5.2	64.6
7	856	4,148	4.8	66.7
8	842	4,238	5.0	69.5
9	853	4,374	5.1	70.3
10	896	4,168	4.7	71.0
11	859	4,138	4.8	71.8

(注)1．住宅のデータは、㈱不動産経済研究所「全国マンション市場動向」による首都圏の新規発売民間分譲のマンションの平均値より作成。
※首都圏：＜マンション＞東京・神奈川・千葉・埼玉
2．年収は、総務庁「貯蓄動向調査」による京浜大都市圏（平成11年は京浜葉大都市圏）の勤労者世帯平均年収。
＜出典＞㈱住宅産業新聞社　発行：住宅経済データ集（平成12年度版）

地域によっても大きく異なります。しかし、それにしても、わが国ではマンションに限りませんが、住宅価格は決して安いとはいえないのが現実です。

●様々なかたちのマンション
建物の物的特性からみた多様さ

マンションと一言でいっても様々なものがあります。建物形態からだけみても、高さ（階数）、住戸数、棟数、住戸形式、通路形式、住戸の広さなど、多様なものがあります。

建物の高さの違いから、低層（概ね3階まで）、中層（概ね5階まで）、高層（概ね6階以上）、超高層（概ね20階以上）にわけられます。

マンション全体の住戸数の違いからは、小規模マンション、中規模マンション、大規模マンションにわけられます。いくつまでが小規模で、いくつからが大規模マンションかという厳密な決まりはありませんが、小規模マンションの一つの目安が30戸です。しかし、実際には小規模マンションが多いことから、20戸未満を小規模マンションと定義する場合もあります。大規模マンションも同様に厳密な定義はありませんが、500戸以上はまちがいなく大規模マンションといえますが、300戸以上、200戸以上、100戸以上でも大規模マンションと呼んでいる場合もあります。

棟数の違いから、1棟のものを**単棟型**、2棟以上のものを**団地型**といいます。

住戸形式には、**フラット形式**と**メゾネット形式**があります。フラット形式が通常のマンションに多くとられている形式で、1住戸は1層で構成されています。メゾネット形式とは1住戸が2層以上にわたる場合で、メゾネット形式の住戸では上の階と下の階があり、一つの住戸内で2階や3階建てとなります。

マンションの建物形態を通路の形式でわけると、階段室型、片廊下型、スキップフロアー型などがあります。こうした通路形式の違いにより、居住者どうしがお互いに顔をあわせる機会が変わります。そのためマンション内の

§1 マンションの成立と現在

コミュニティ形成にも大きな影響を与えています。

住戸のタイプでは、家族で居住することを前提に比較的広い住戸で構成されるファミリー（型）マンション、一つの部屋（ワンルーム）の住戸のみで構成されるワンルーム（型）マンション、それらがミックスした混在（型）マンションがあります。

さらには構造の違い（詳しくは§Ⅱでのべます）や、1階に店舗がある場合のように複合用途型など多様なものがあります。

立地の違いから、都心型、都市型、郊外型といったわけ方もあります。

図1-4　住戸形式とアクセス形式

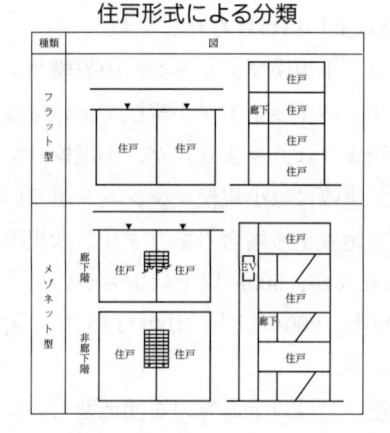

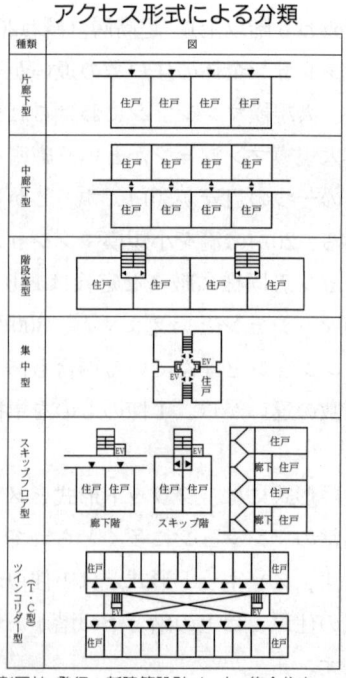

住戸形式による分類		アクセス形式による分類	
種類	図	種類	図
フラット型		片廊下型	
		中廊下型	
メゾネット型		階段室型	
		集中型	
		スキップフロア型	
		ツインコリダー型（T・C型）	

<出典>西日本工高建築連盟 編集・株式会社 彰国社 発行：新建築設計ノート 集合住宅

供給や利用の仕方からみた多様さ

供給方法からみますと、マンションは分譲会社により購入者に分譲される形式がほとんどですので、分譲マンションとも呼ばれます。しかし、なかには区分所有型の集合住宅であっても、「分譲」方式がとられない場合もあります。例えば、**コーポラティブ住宅**とわが国で呼ばれるもので、居住者が集まり自分たちで企画し、住宅を建設するものです。

その他、リゾート地につくられるリゾートマンション、購入者がはじめから他人に貸すことを前提につくられたリースマンションと呼ばれるものもあります。さらに最近では、特定の利用者にターゲットをしぼった、ディンクス用マンション、ペット飼育可能マンション、高齢者用マンション、外国人用マンションなど、様々なものがあります。

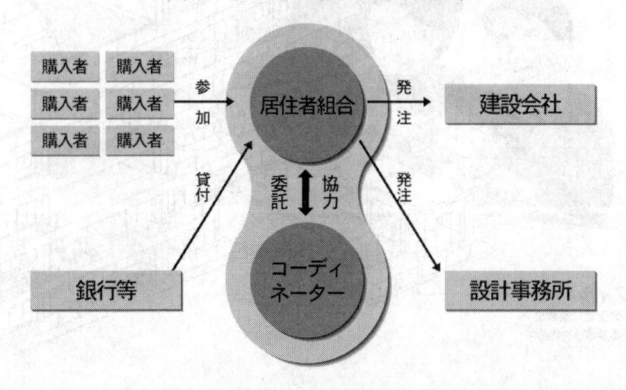

図Ⅰ-5 コーポラティブ方式

<出典>建設省 発行：スケルトン住宅って何？

その他の多様さ

最近では、省エネや地球環境を考えた環境共生型マンション、高齢化やどんな人にも住みやすくといった視点から**バリアーフリー**や**ユニバーサルデザイン**を考慮したマンション、建物躯体を長持ちさせることを考えた**スケルトン住宅**や**ＳⅠ住宅**とよばれるマンション、免震構造の耐震マンション、情報

化時代に備えてのインターネット対応型マンションなども供給されています。

　ホテルのようなフロントサービスの提供など、様々な生活サービス提供型マンションもあります。土地の所有形態からは、**定期借地権**を利用したマンションも供給されています。また、こうした様々な特徴をあわせもつ、例え

図Ⅰ-6　スケルトン住宅

スケルトン住宅は、長持ちする仕組みを取り入れた集合住宅です。

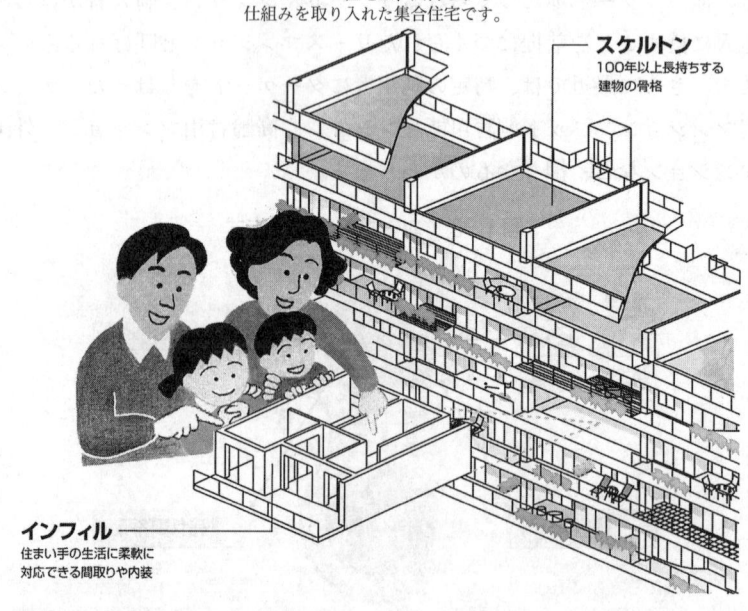

スケルトン
100年以上長持ちする建物の骨格

インフィル
住まい手の生活に柔軟に対応できる間取りや内装

住まい手の将来変化に対応が容易です。

水廻りの大幅改造

間仕切りの新設
収納の移動

＜出典＞建設省 発行：スケルトン住宅って何？

§1 マンションの成立と現在　　　　　　　　　17

ばつくば方式とよばれるスケルトン型定期借地権住宅も登場しています。
　このように実に様々なマンションが供給されています。マンションの立地、建物の形態、利用や供給の仕方の違い、居住者の違い、設備や施設の違い、土地の所有権の違いなどが管理にも影響を与えることになります。

表1-4　定期借地権の種類（住宅用）

定期借地権の種類	利用目的	存続期間	手続き、借地期間の終了等
一般定期借地権 （借地借家法第22条）	建物の所有	50年以上	○契約は公正証書等書面で行う ○「契約の更新をしない」「存続期間の延長をしない」「建物の買取請求をしない」という3つの特約を定める ○借地期間終了に伴い、借地人は建物を取り壊して土地を返還する
建物譲渡特約付借地権 （借地借家法第23条）	建物の所有	30年以上	○30年以上を経過した時点で、土地所有者が建物を相当の対価で買い取る旨を定める（建物を譲渡することで借地権は消滅） ○借地権の消滅後、借地人又は賃借人が建物の使用の継続を請求すれば、期間の定めのない賃借権がされたものとみなす

図1-7　定借マンションの事例

施 設 の 名 称：「ル・ポワール芦屋」
所　在　地：兵庫県芦屋市三条町
住 宅 戸 数：総戸数49戸（うち40戸を希望
　　　　　　　する従前居住者に分譲）
事 業 方 式：公社が被災マンションの土地を
　　　　　　　買い取り定借マンションを分譲
入居開始時期：平成10年3月

＜出典＞国土庁土地局土地政策課 監修・㈶都市農地活用支援センター 製作：定期借地権制度のあらまし

図I-8 つくば方式の仕組み

- 当初30年間は持家
- 31年目以降は家賃の低い賃貸（内装のリフォームは自由）
- 通算して60年間は持家感覚で住み続けられます。

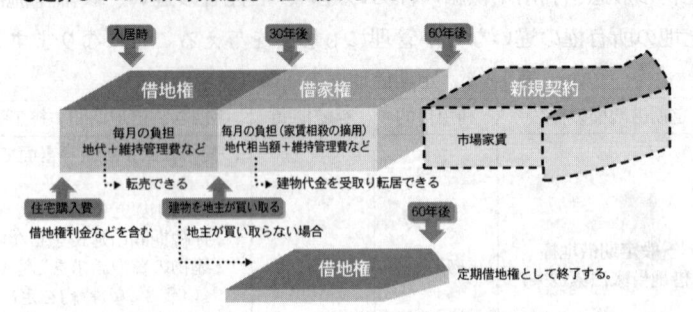

注:30年後に施主がスケルトンを買い取らない場合は、60年後まで借地・持家が続き、60年後に建物を無償譲渡して退去します。

＜出典＞建設省 発行：スケルトン住宅って何？

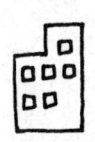

§II マンション管理の仕組み

1．管理組合の役割

　マンションでは、一つひとつの住戸部分がそれぞれの所有者（**区分所有者**）により所有されます。こうした一つひとつの住戸部分を「**専有部分**」といいます。専有部分は基本的にはその住戸の所有者が管理することになります。その他に皆んなで使う廊下、階段、エレベーター、建物の外壁や屋上、共用施設の駐車場、駐輪場、集会所などを「**共用部分**」といいます。共用部分は区分所有者全員が共同で管理を行うことになります。

　そこで**管理組合**が必要になります。「区分所有者が全員で管理をする組織として管理組合が必要で、そこには区分所有者が全員入ることになっている」ことが「**建物の区分所有等に関する法律**」により決められています。この法律を一般に区分所有法とかマンション法と呼んでいます。

　こうしてマンションを買った人は必ず管理組合に入ることになり、購入者の都合によって拒否できないわけです。所有者が全員で構成する管理組合と

表II-1　管理組合とは？

- 区分所有：一つひとつの住戸：「専有部分」→各住戸で管理する。
  　　　　　：廊下や階段、エレベーター、建物の外壁、屋上等は「共用部分」
  　　　　　　→所有者全員が共同で管理する。
- 区分所有者：一つひとつの住戸を買った人
- 区分所有法（建物の区分所有等に関する法律）
  第3条：区分所有者は全員で建物並びにその敷地及び附属施設の管理を行うための団体を構成し、この法律の定めるところにより、集会を開き、規約を定め、及び管理者をおくことができる。
- 管理組合（名称は何でもよい）：区分所有者により構成される（不在所有者も含まれる）

§II マンション管理の仕組み

図II-1 マンションの管理の区分

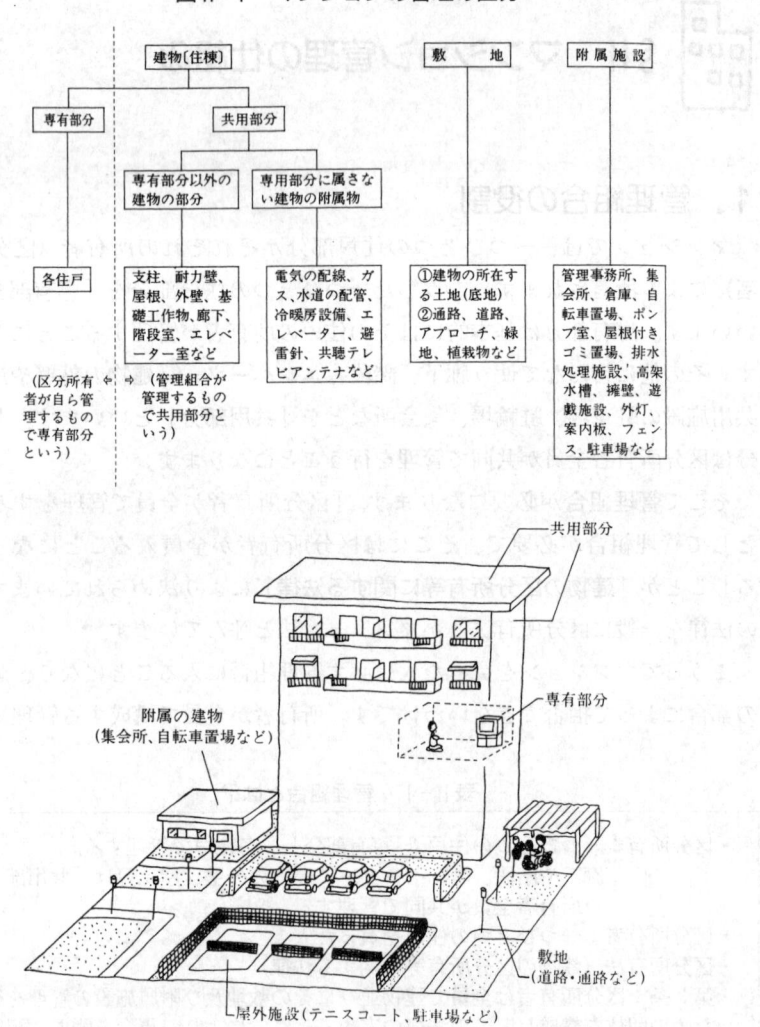

```
                        建物(住棟)              敷 地        附属施設
                   ┌────┴────┐
                専有部分    共用部分
                       ┌──────┴──────┐
                  専有部分以外の    専用部分に属さ
                   建物の部分      ない建物の附属物
```

専有部分	共用部分（専有部分以外の建物の部分）	共用部分（専用部分に属さない建物の附属物）	敷 地	附属施設
各住戸	支柱、耐力壁、屋根、外壁、基礎工作物、廊下、階段室、エレベーター室など	電気の配線、ガス、水道の配管、冷暖房設備、エレベーター、避雷針、共聴テレビアンテナなど	①建物の所在する土地(底地) ②通路、道路、アプローチ、緑地、植栽物など	管理事務所、集会所、倉庫、自転車置場、ポンプ室、屋根付きゴミ置場、排水処理施設、高架水槽、擁壁、遊戯施設、外灯、案内板、フェンス、駐車場など
⇒(区分所有者が自ら管理するもので専有部分という)	⇒(管理組合が管理するもので共用部分という)			

- 共用部分
- 専有部分
- 附属の建物（集会所、自転車置場など）
- 敷地（道路・通路など）
- 屋外施設（テニスコート、駐車場など）

〈出典〉日本総合住生活株式会社 マンション相談センター 編著：マンションの調査・診断

§Ⅱ　マンション管理の仕組み

いうものがなければ共同で所有している共用部分などの使用方法や維持管理の方法を決めることができないため、購入者の都合で加入したり加入しなかったりすることができないわけです。言い換えますと、管理組合はマンションを適正に維持管理し、そこで居住者がお互いに快適な生活をするためにはなくてはならないものなのです。さらに法的規定を比喩的にいえば、管理組合の成立は人為的なものではなく、自然発生的なもの（これを法律用語では当然成立といいます）と考えています。

2．マンション管理の三つの側面

それではマンションの管理、そして管理組合とは一体何をするところでしょうか。マンション管理には大きく分けて三つの側面があります。一つめは維持管理（メンテナンス）の側面、二つめには生活管理（コミュニティライフ）の側面、三つめにはそれらをマネジメントする運営管理（マネジメント）の側面です。

一つめのメンテナンスの側面は、共用部分としての廊下や階段、エレベーター、駐車場、集会所、駐輪場、バイク置き場などに対する日常的な清掃、設備の点検、修繕です。

二つめの生活管理の側面は、共同生活にかかわることです。マンションではペット飼育の問題、ピアノなど近隣間の音の問題、路上駐車の問題など、共同生活や共同利用に関わる問題がたくさんあります。マンションで居住者がお互いに気持ちよく生活するには共同生活のルールが必要ですし、そのルールを守ってもらうための啓蒙活動も必要になります。このようにルールをつくり、啓蒙活動をすること、これがマンションの生活管理の側面です。

表Ⅱ-2　マンション管理の三つの側面／運営管理・維持管理・生活管理

維持管理（メンテナンス）	……………ハード面
生活管理（コミュニティライフ）	……………ソフト面
運営管理（マネジメント）	……………ソフト面

三つめの運営管理の側面は、建物のメンテナンス、共同生活のための様々なルールを決めることなどを、各区分所有者が勝手にはできないために、必要なお金を集める、そのお金を運営する、また方針を決めるための話し合いをするといったことです。いわゆる経営的な側面が運営管理、マネジメントといえます。

　このように維持管理、生活管理、運営管理と、マンション管理には幅広い側面があります。また、マンション管理学が体系としてまだ十分に確立していないことから、人によっては維持管理のことをハード面、ハードな側面と呼んだり、生活管理や運営管理のことをソフト面、ソフトな側面と呼んだりしています。呼び方は何にしろ、こうした維持管理から生活管理まで、それらをうまく経営していく非常に幅広い分野を管理組合は担うことになります。

3．運営管理の側面－管理組合マネジメント－

　それでは管理組合の役割としてまず運営管理（マネジメント）からみてみます。

●管理組合の構成員

　管理組合は区分所有者により構成されます。ここで気をつけることは、マンションを買ってそこに住んでいない人のことです。これは「不在所有者、不在オーナー、外部所有者」と呼んだりしますが、この人たちも管理組合の構成員です。

　別に、居住者の集まり、居住者の団体として「自治会」や「町内会」「町会」をつくっているところがあります。これは居住者の集まりです。自治会となれば任意の団体ですが、管理組合は必ず所有者が全員入る団体です。この管理組合と、いわゆる町内会的な自治会とを混同しないようにしなければなりません。

　区分所有法の第3条には「区分所有者は全員で建物並びにその敷地及び附

§II　マンション管理の仕組み

図II-2　管理組合の構成員

```
管理組合（名称は何でもよい）：区分所有者により構成される（不在所有者も
　　　　　　　　　　　　　　　含まれる）
　　　　　　　cf. 居住者により構成される任意組織が自治会である。
　　　　　　　　管理組合　　と　　自治会
　　　　　　　　所有者組織　　　　居住者組織
                       居住所有者
              ┌──────┐┌──────┐
              │不在所有者│↓借家人　│
              │          ││（賃借　│
              │          ││人等）　│
              └──────┘└──────┘
                  所有者　　居住者
```

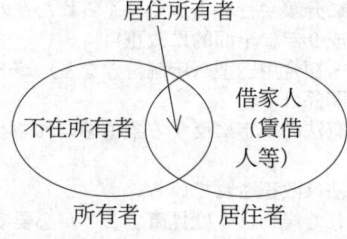

属施設の管理を行うための団体を構成し……」と書いてあります。ですから管理組合という名前にしなさいとは誰も言っていないので、本当は何と名乗ってもいいのです。しかし、実際に一番多いのは「管理組合」です。なかにはややこしいのですが、「自治会」いう名称の組織で、管理組合の活動をしているところもありますし、「管理自治会」と呼んでいるところもあります。

●管理規約とは何か

　管理組合運営の基本になるものとして**管理規約**があります。マンションの管理を進める基本にまず区分所有法があります。この法律をベースにし、各マンションでルールを決めることができます。これが管理規約です。マンションは持家ですが、何でもかんでも各自が自由に使えるわけではありません。一つの建物で皆ながお互いに気持ちよく暮らすにはルールが必要になります。例えば「住戸を事務所に使ってはだめですよ」とか、「犬や猫などのペットを飼わないでください」とか、「ペットを飼う場合にはこういう条件を守ってください」とか、「建物全体の修繕費用の負担はこうしましょう」ということを決めておくものです。管理規約はマンションの憲法ともいわ

表II-3　管理規約

> マンション内のルールを決める
> マンション内の憲法とも言われる
> ＊区分所有法第30条：建物またはその敷地もしくは附属施設の管理または使用に関する区分所有者相互間の事項はこの法律に定めるもののほか、規約で定めることができる。
> 　・原始規約（はじめに分譲会社によってつくられたもの）
> 　・標準管理規約（平成9年に全面的に改正）
> 　　　単棟型・団地型・複合用途型（店舗付きなど）がある。
> ＊区分所有法と規約の関係は？
> 　・管理規約に区分所有法の規定に反する条項をいれてもその部分は無効である。
> 　・1983年に区分所有法は改正されている。
> 　　それ以前につくられた規約は一度見直すことが必要である。
> 　・重要な事項は区分所有法で決議の方法が決まっている。
> ＊規約で確認すること
> 　・区分所有者に不利な項目はないか。特定の区分所有者が有利な項目はないか。
> 　・規約でどのように決まっているのか。

れ、そこを買った人やそこに住む人々の利用や管理の仕方のルールを決めたものです。

　規約は基本的には区分所有法をベースにします。ですから、区分所有法は1983年に改正されていますので、それより以前につくられた規約で、新しい区分所有法と矛盾することがあれば、規約の見直し・改正が必要になります。

　管理規約によって何でも決められるわけではなく、区分所有法の規定に反する条項を入れてもその部分は無効になります。そこで、どのような管理規約がいいのかということになりますが、一つのモデルとして、標準管理規約があります。正式名称は「**中高層共同住宅標準管理規約**」です。標準管理規約には三つのタイプがあります。1棟のマンション用が**単棟型**の標準管理規約です。2棟以上のマンション用が団地型の標準管理規約です。1階に店舗があるような場合、これは**複合用途型**になります。

現在の標準管理規約は1997年に改正されています。「標準管理規約が変わったからうちのマンションの管理規約も急いで変えなければいけないのか」という質問を受けますが、標準とはあくまでも標準です。ですから規約の内容は標準と違ってもいいのですが、よく比較をして現在のままがいいのか、変更したほうがよいのか、どちらが自分のマンションにあっているのかを考える必要があります。

　実際に皆さんがお住まいになっているマンションでは、管理規約といえば、**原始規約**をそのまま使っていることが多いのではないでしょうか。原始規約とは分譲会社（ディベロッパー）が分譲時につくった規約のことを言います。古いマンションや、地域によってはかなり個性の強いものがみられます。ぜひ、自分のマンションの規約と標準のものを見比べながら、どういう点が違うのか、区分所有者に不利な項目はないか、ある特定の区分所有者だけが有利になる項目はないかなどを確認する必要があります。

　区分所有法という法律を基本とし、規約でそれぞれのマンションのルールを決めることができます。しかし、とても大事なことは規約だけでは勝手に決められないということです。そこで次に「集会」が必要になります。

●集会がなぜ必要か

　マンションでとても大事なことは管理組合の**集会**、区分所有者の皆さんが集まる集会で方針を決めなければなりません。そしてこの集会で決まったことは規約に書いてあることと同じ効力を持ちます。そのため区分所有者は全員集会に参加する権利を持ち、議決権を持ち、直接その決定にかかわることもできます。このようにマンションでは直接民主制の形がとられます。

　集会でどのようなことを決めるのか、その内容により区分所有法で決議の方法が決まっています。「**普通決議**」「**特別決議**」といわれるものです。マンションの管理の大きな方針に関わること、例えば「共用部分を変更する」とか、「敷地や附属の施設を変更する」のは、必ず集会で決めることになります。これが特別決議になります。さらに「規約を変える」「法人にする」「法

表Ⅱ-4　集会（総会）：管理組合の最高の意思決定機関

集会での決議は管理規約と同一の効力がある。いわば、国会における議会のようなものである。マンションでは区分所有者全員が議決権を持つ直接民主制をとる。
重要なことは区分所有法で決議の方法が決まっている。
（特別決議事項）
　区分所有者及び議決権の各4分の3以上の多数による決議。
　ただし、区分所有者の定数は規約で過半数まで減ずることができる。
　　・共用部分の変更
　　・共有敷地・附属施設の変更
　区分所有者及び議決権の各4分の3以上の多数による決議。
　　・規約の設定・変更・廃止
　　・管理組合の法人化
　　・管理組合法人の解散
　　・団地規約の承認
　　・義務違反者に対する使用禁止・競売・引き渡しの訴えの提起
　　・大規模建物の滅失の復旧
　区分所有者及び議決権の各5分の4以上の多数による決議。
　　・建替え
（普通決議事項）
　区分所有者及び議決権の各過半数による決議。
　規約で別の決議方法も可能となる。
　規約で定めることができるものもある。
（特別決議事項）は集会以外で決めることはできない。
（普通決議事項）のなかでも義務違反者に対する差止請求の訴訟、提起などは集会で決める。

人を解散する」等々、こういったことは特別決議のなかでも、区分所有者と議決権の4分の3以上の多数による集会の決議が必要になります。建替えに関しては、5分の4以上の多数による集会の決議が必要です。ですから、勝手に「過半数でいいよ」などと決めても有効ではありません。大事なことは集会で決めること、そして勝手に規約のなかで都合のいいことを決めても、区分所有法と矛盾する点は有効ではありません。

　そのためマンションでは、最低年1回は「総会」という形で集会を開きます。区分所有者の全員が参加するものです。事業報告、会計報告をはじめ、

次年度の事業計画・予算案を審議し、役員の交代などが総会で決められます。臨時に集まる必要がある場合には、臨時総会を開きます。

●管理者とは何をする人か

規約、集会はマンション管理の重要なものですが、もう一つ重要なものとして「**管理者**」があります。管理者とはそのマンションを管理する最高責任者のことを言います。区分所有者が集会で管理者を誰にするかを決めます。管理者は、管理組合の業務を統括する役割を担う人でもあるわけです。区分所有者以外の人や法人がなってもいいのですが、マンション管理の直接民主主義の考え方に基づくと、区分所有者の代表がなるのがよいでしょう。

表II-5　管理者：管理の最高責任者

区分所有法第25、26条：26条に管理者の権限 管理者は、共用部分並びに第21条に規定する場合における当該建物の敷地及び附属施設を保存し、集会の決議を実行し、並びに規約で定めた行為をする権利を有し、義務を負う。管理者はその職務に関し、区分所有者を代理する。

●組合運営のかなめは理事会

マンションでは区分所有者のなかから役員として理事と監事を選びます。理事の方々で**理事会**を構成し、理事長が選出されます。これは区分所有法で定められているわけではありませんが、いつもいつも区分所有者全員が集まり、ものごとを決めていてはなかなか前に進みません。そこで区分所有者の代表を選び、総会で決めたことをより具体的に進めるための相談をする、総会で審議する案を作るなどの業務を行います。これが理事会の役割で、管理組合の執行機関です。監事も組合員のなかから選ばれ、監査機関になります。さきほどの管理者には、理事の長、理事長がなることが一般的です。

以上のように、マンション管理の基本の3本柱として、管理規約、集会、管理者が重要になります。管理者が選出されているのか、誰がなっている

図II-3　管理組合の組織

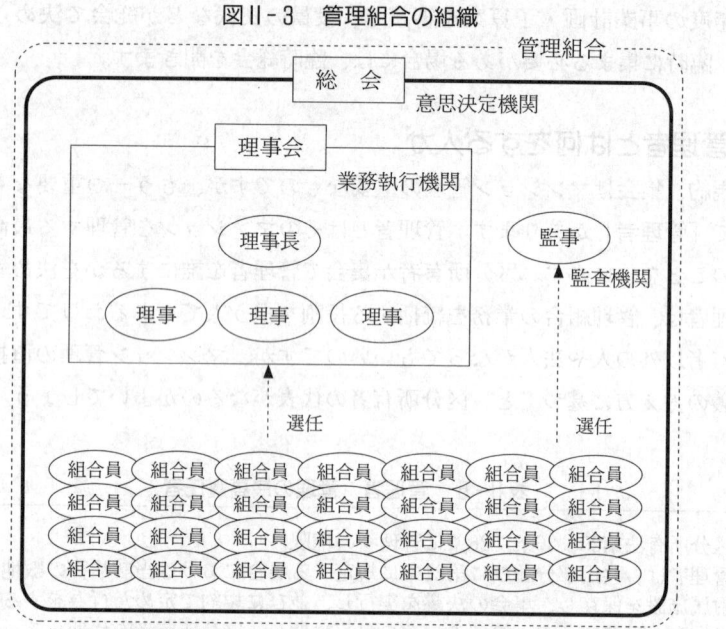

```
                      管理組合
    ┌─────────総　会─────────┐
    │                    意思決定機関    │
    │  ┌──理事会──────┐              │
    │  │       業務執行機関│              │
    │  │    (理事長)     │   (監事)     │
    │  │                │    ↑監査機関  │
    │  │ (理事)(理事)(理事)│              │
    │  └────────────┘              │
    │         ↑選任        ↑選任      │
    │ 組合員 組合員 ……                  │
    │ （区分所有者多数）                │
    └──────────────────────┘
```

〈出典〉東京都住宅局開発調整部民間住宅課　編集・発行：分譲マンション維持・管理ガイドブック

か、これはそのマンションの管理組合がどれだけ正常に機能しているのかの一つの目安となります。管理規約、集会、管理者の基本三点が揃っていないマンションもありますので、まずはこの基本をきちんと整えましょう。

管理規約・集会・管理者は管理の基本3本柱

●管理会社・管理員の仕事

　マンションの管理組合の役割についてみてきました。実際にはこれだけ多くの仕事を建物のメンテナンスなど実にさまざまなことを全て、管理組合の区分所有者だけでやっていけるものでしょうか。後でのべますが、管理組合の理事は輪番で選出されることが実際には多くなっています。ですから、順

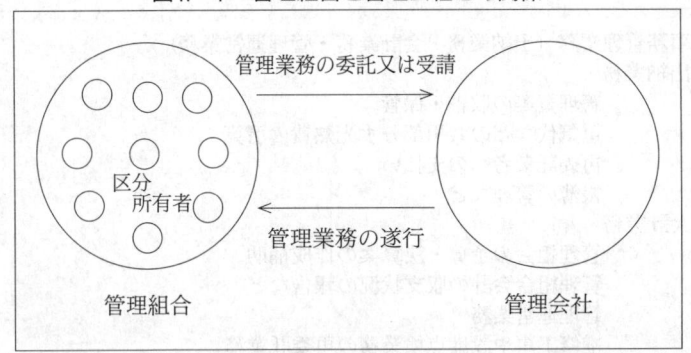

figII-4　管理組合と管理会社との関係

番で理事になった人が、当番でこれら全てのことを手分けしてやる、それも昼間は仕事に出かけている人が多いなかで行なうことは現実にはとても難しいことです。そこで、管理組合は管理会社に管理の仕事を委託する場合が多くなっています。そうすると、管理会社、そして現地では管理員が管理組合活動をサポートすることになります。

　管理会社とは一体どのような仕事をするのでしょうか。そこで次に管理会社の役割をみてみます。管理会社の仕事には大きく分けて四つあります。一つは事務管理業務、二つめには管理員——いわゆる管理人さんですが、窓口業務を中心とした管理員業務、三つめには清掃業務、四つめには設備管理業務です。

　この四つの分け方は標準管理委託契約書、正式名称は「**中高層共同住宅標準管理委託契約書**」に基づいて分類しています。標準管理委託契約書とは、管理組合が管理会社に業務を委託する時の契約書の標準型になります。この契約書の最後に別表がつけられています。この別表をみますと、「事務管理業務」には出納業務、この中には管理費を集め、共用部分の電気代等を管理費の中から精算する、あるいは管理会社が清掃業務の委託を受け、さらに清掃業者に委託する、この再委託業者への支払いをするとか、その他いろいろな管理組合運営の補助があります。

表II-6 管理会社の仕事

```
1. 事務管理業務（出納業務・会計業務・管理運営業務）
    出納業務
            管理費等の収納・保管
            電気代などの共用部分水光熱費の清算
            再委託業者への支払い
            帳簿の管理など
    会計業務
            管理組合の予算・決算案の作成補助
            管理組合会計の収支状況の報告など
            管理運営業務
            補修工事や設備点検業務の再委託業務
            保険など各種契約の代行
            大規模修繕計画立案の補助
            総会・理事会運営の補助
            通知事項の伝達等
2. 管理員業務（窓口業務）
3. 清掃業務
4. 設備管理業務
            エレベーターの保守点検
            消防設備保守業務
            貯水槽清掃業務
            建築設備定期点検
            特定建築物定期検査
            変電設備保守点検
            浄化槽設備保守点検
```

「管理員業務」は、私たちがよく管理人さんと呼んでいる人の仕事になります。受付、点検または設備点検を立会い報告するなどがあります。

「清掃業務」には、玄関ホール、廊下や階段、集会所、その他の屋外空間、ごみ置き場などの清掃があります。規模の大きいマンションですと、植栽の手入れ・剪定などもかなりの費用がかかってきます。

「設備管理業務」には、エレベーター、消防設備、電気設備などの保守点検、貯水槽の清掃などがあります。

管理会社に以上の四つの業務を全て委託する場合もありますが、管理組合

が管理員を直接雇用したり、清掃や植栽の手入れ・剪定業務、設備点検業務を管理会社に委託しないで直接業者に委託する場合もあります。

●管理に必要な費用－管理費と修繕積立金－

次は共同管理のための費用です。まず管理費があります。**管理費**にはどんなものが含まれるかを、標準管理規約（第26条）でみてみましょう。管理員の人件費、共用部分の電気代・水道代、エレベーターなどの設備の保守点検代などがあります。総会資料の決算書をみますと、管理費のなかで多いのは、管理会社・管理員に支払う費用、そしてエレベーターの保守点検費用で

表II-7　管理費用

1. 管理員（人）人件費
2. 公租公課
3. 共用設備の保守維持費・運転費
   共用部分にかかわる水道光熱費
   エレベーター・電気・防火・給排水設備等の保守点検
4. 備品費及び通信費及び事務費
5. 共用部分などに係る火災保険その他損害保険料
6. 経常的な補修費、軽微な損傷箇所の補修費
7. 清掃費、消毒費、ごみ処理費
8. 管理委託費
9. 管理組合の運営に要する費用
10. その他

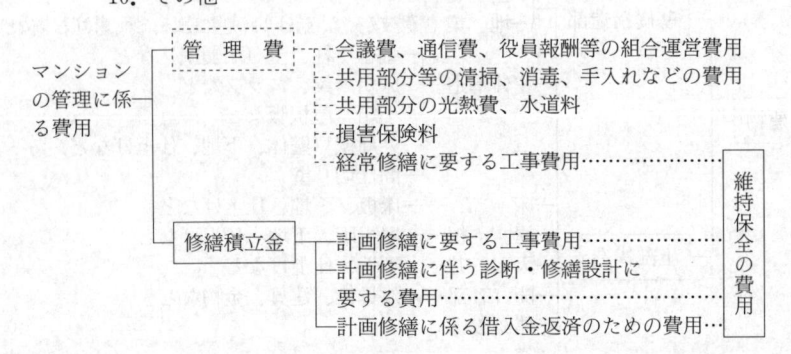

マンションの管理に係る費用
- 管理費
  - 会議費、通信費、役員報酬等の組合運営費用
  - 共用部分等の清掃、消毒、手入れなどの費用
  - 共用部分の光熱費、水道料
  - 損害保険料
  - 経常修繕に要する工事費用‥‥‥‥‥‥
- 修繕積立金
  - 計画修繕に要する工事費用‥‥‥‥‥‥
  - 計画修繕に伴う診断・修繕設計に要する費用‥‥‥‥‥
  - 計画修繕に係る借入金返済のための費用‥

維持保全の費用

す。ですから規模の小さいマンションは戸当り費用が割高になる傾向がありますし、比較的規模の大きいマンションでは規模の効果が働き、やや安くなる傾向があります。

　管理費と別に、**修繕積立金**があります。修繕積立金は将来の修繕に備えて積み立てるお金です。どうしても費用が足りないと修繕は遅れがちになり、適切な時に適正な修繕を実施できなくなります。足りない分を一時金として区分所有者から修繕時に集めてもいいのですが、できれば必要な費用は月々の修繕積立金で集めるほうが修繕を円滑に進めていけます。最近分譲されるマンションでは入居時に修繕積立基金を集める場合も多くなっています。管理組合のなかには修繕積立金を管理費と一緒に集めている場合もありますが、管理費と修繕積立金は本来目的が違うものですので、集める時に便宜上は一緒に集めていても会計は分けて、将来の修繕のためにしっかりと費用を積み立てておく必要があります。

4．維持管理の側面－建物のメンテナンス－

　修繕積立金に関連して、次は建物の維持管理、メンテナンスをみていきます。

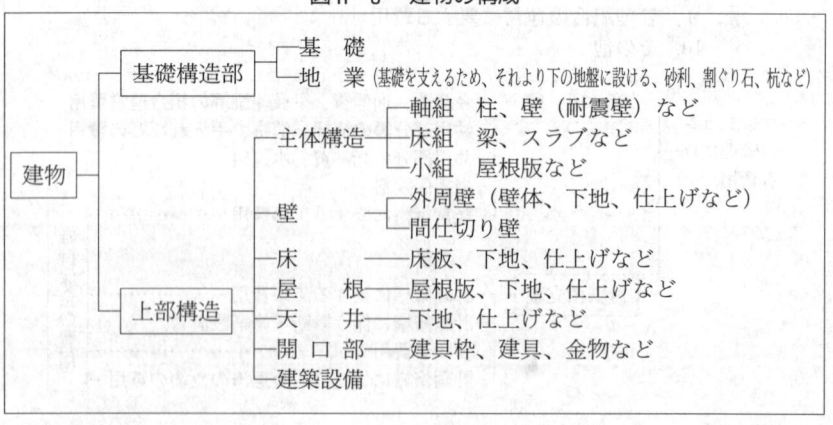

図Ⅱ-5　建物の構成

```
                        ┌ 基　礎
            ┌ 基礎構造部┤
            │          └ 地　業（基礎を支えるため、それより下の地盤に設ける、砂利、割ぐり石、杭など）
            │                    ┌ 軸組　柱、壁（耐震壁）など
            │          ┌ 主体構造┼ 床組　梁、スラブなど
            │          │        └ 小組　屋根版など
            │          │        ┌ 外周壁（壁体、下地、仕上げなど）
建物 ───────┤          ├ 壁─────┤
            │          │        └ 間仕切り壁
            │ 上部構造 ├ 床─────床板、下地、仕上げなど
            │          ├ 屋　根──屋根版、下地、仕上げなど
            │          ├ 天　井──下地、仕上げなど
            │          ├ 開口部──建具枠、建具、金物など
            └          └ 建築設備
```

●マンションの建物のしくみ

　マンションという建物はどのような仕組みになっているのでしょうか。大きくは、マンション建物本体と、駐車場・駐輪場・集会所などの附属施設にわけられます。建物は、基礎構造部と、主体構造・壁・床・屋根・天井・開口部・設備などの上部構造からできています。材料でみますと、鉄筋コンクリート構造［鉄筋コンクリート造（RC）・鉄骨鉄筋コンクリート造（SRC）・プレキャストコンクリート造（PC）］と鉄骨構造［鉄骨造（S）］があります。そして構造型式から分類しますと、ラーメン構造と壁式構造があ

表II-8　工法・構造による区別

I．材料別	鉄筋コンクリート構造・鉄筋コンクリート造（RC）※1	
	鉄骨鉄筋コンクリート造（SRC）※2	
	プレキャストコンクリート造（PC）※3	
	鉄骨構造……………鉄骨造（S）※4	
	※1　Reinforced Concrete の略で、通常 RC という。鉄筋で補強されたコンクリートで、現場で建物の形態に応じて型枠を組み、コンクリートを流し込んで造る構造。	
	※2　Steel encased Concrete の略で通常 SRC という。鉄骨と鉄筋コンクリートを組み合わせた構造。	
	※3　Precast Concrete の略で、あらかじめ工場で製作された鉄筋コンクリート製の各部材を現場で組み立てて造る構造。	
	※4　Steel Structure の略で、鉄骨部材で組み立てて造る構造。	
II．工法別	架構式構造……………木材、鋼材などの細長い材料によって、主体構造を構築するもの。（鉄骨構造や木構造など）	
	一体式構造……………主体構造を仮枠などから一体として造り出すもの。（鉄筋コンクリートや鉄骨鉄筋コンクリート構造など）	
III．構造型式別	ラーメン構造………水平および鉛直（水平材に対して直角に接すること）部材が剛に接合されて全体が構成されているもの。	
	壁式構造…………水平または、鉛直の力を負担する壁（耐力壁）と梁と床版で構成されているもの。	

図II-6　建物の構造

鉄筋コンクリート造（RC）ラーメン構造　　鉄筋コンクリート造（RC）壁式構造

鉄骨鉄筋コンクリート造（SRC）　　壁式プレキャスト造（PC）

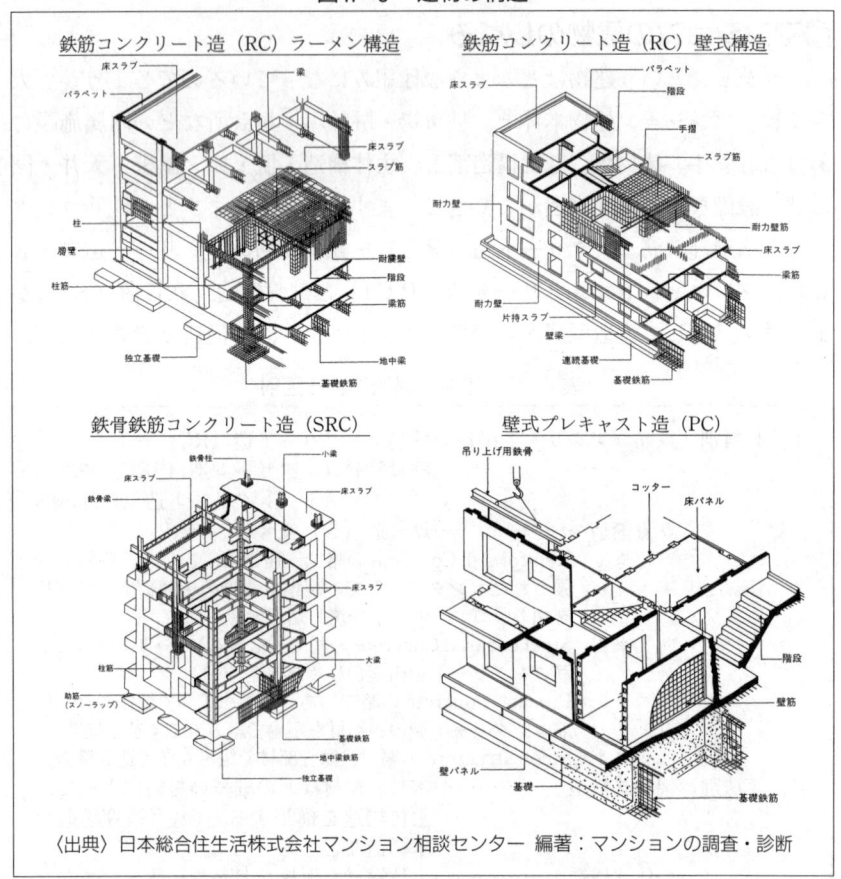

〈出典〉日本総合住生活株式会社マンション相談センター　編著：マンションの調査・診断

ります。

●維持管理とは何か

　以上のようにさまざまな手法によって造られる建物を維持管理する基本は、日常的な保守・点検や清掃にあります。管理組合は主に共用部分を担当

§II マンション管理の仕組み　　　　　35

図II-7　マンションの維持管理

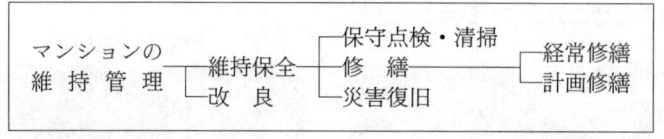

```
マンションの ─┬─ 維持保全 ─┬─ 保守点検・清掃
維 持 管 理    │           ├─ 修　　繕 ──┬─ 経常修繕
              └─ 改　良    └─ 災害復旧   └─ 計画修繕
```

します。日常的な点検や清掃は単に建物をきれいにするだけではありません。例えば、落ち葉が詰まり、水が流れなくなることもありますから、日常的な点検や清掃は建物を傷めない・事故予防からも必要になります。突発的な事故があればすぐに対応することも必要です。

　さらに、重要なことは計画的に修繕を進めることです。マンションの居住者から「マンションは何年もつのか」という質問をよく受けます。メンテナンスをしなければ20年や30年でもかなり痛んできますし、しっかりメンテナンスをすれば、建築学の分野では60年、さらにはそれ以上もつと考えています。ですからどれだけきちんとメンテナンスをするかによってマンションの寿命は変わってきます。そこで、**計画修繕**が必要になります。

●計画修繕がなぜ必要か

　最近では経年したマンションに、ある日突然足場が組まれ、ネットが張られ、工事がはじまる、という姿をよくみかけるようになりました。築後10年〜15年ぐらいのマンションで、近隣の人ははじめ何をしているのかと不安に思い、よくみると、外壁を塗り替えているのだなと理解することになります。あの作業は外壁を塗り、みためをきれいにするだけだと思っている人もいますが、実は違います。マンションの主要構造部分は、鉄とコンクリートでできています。鉄は引っ張られる力に強い材料です。逆に押される力には弱いものです。一方、コンクリートは押される力に強く、引っ張られる力に苦手な材料です。こうして鉄とコンクリートの二つがくっつくことで、お互いの欠点を補いながら長所を生かす仕組みになっています。

　ところがコンクリートはもともとセメントと砂と砂利を水で錬って造った

大規模修繕の様子
（勉強のために他のマンションの人が見学）

大規模修繕の様子

ものですから、コンクリートが、乾燥するとひびわれが生じ、そこに空気や水がだんだんと入っていき、なかの鉄筋を錆びさせてしまいます。錆びた鉄筋は膨張しますので、まわりを囲んでいるコンクリートをぐいぐいと押し出します。その結果、コンクリートがほろっと落ちてしまうことになります。また、コンクリートは本来アルカリ性のものですが、空気中の二酸化炭素に触れると中性化が進み、鉄を守ることができず弱くなります。ですからコンクリート表面に入ったひびわれは小さいうちに、また取り返しがつかなくなる前に、しっかりと埋め、建物の傷みの進行を防ぐ必要があります。

　さらには水をコンクリート躯体に侵入させないことが外壁の修繕基本事項になります。将来建物を長持ちさせるために色をきれいにするだけでなく、予防のためにも傷んだところは適切に修繕することが大事です。

§II マンション管理の仕組み　　　　　　　　　　37

図II-8　外壁の劣化の進行例（概念図）

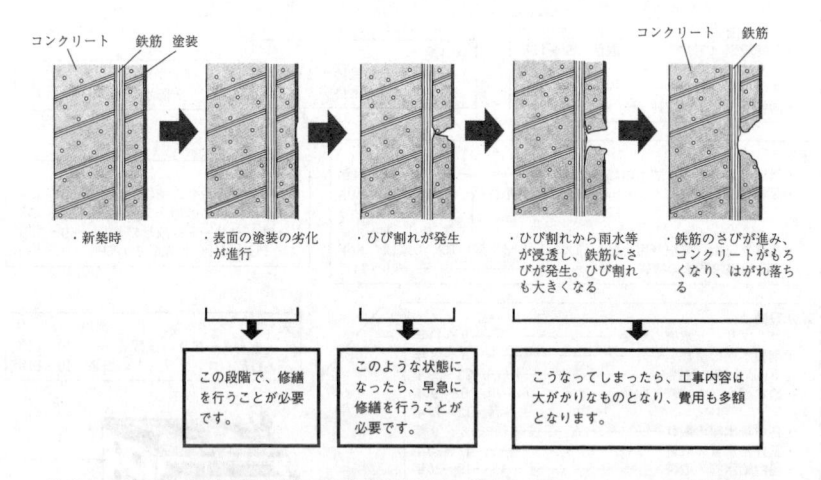

・新築時 → ・表面の塗装の劣化が進行 → ・ひび割れが発生 → ・ひび割れから雨水等が浸透し、鉄筋にさびが発生。ひび割れも大きくなる → ・鉄筋のさびが進み、コンクリートがもろくなり、はがれ落ちる

- この段階で、修繕を行うことが必要です。
- このような状態になったら、早急に修繕を行うことが必要です。
- こうなってしまったら、工事内容は大がかりなものとなり、費用も多額となります。

〈出典〉東京都住宅局開発調整部民間住宅課　編集・発行：分譲マンション　長期修繕計画・計画修繕ガイドブック

外壁に発生したひびわれ

バルコニー天井への漏水とコンクリートの劣化

●大規模修繕の時期と長期修繕計画

　計画修繕は、何をどのぐらいの割合ですればいいのでしょうか。目安としては、3年から6年で鉄部の塗装、9年から15年経てば外壁の塗装や屋上防水のやり直し、そして築20年をすぎると、さらにもう一度大規模修繕をしな

図II-9 マンションの修繕項目とその周期

TV受信設備
- 共聴設備（アンテナ）の取替——9～11年
- ブースターの取替——10～13年
- 共聴機器の取替——16～20年
- 同軸ケーブルの取替——16～20年

鉄部
- 外部金物の塗替——3～6年
- 外部建具の塗替——3～6年

バルコニー
- 防水の改善——8～14年

屋根
- 露出アスファルト防水の修繕又は取替——10～14年
- 保護層のあるアスファルト防水の修繕又は取替——かぶせ工法 20年（次回12年）／撤去工法 30年
- 瓦葺き屋根（屋根葺用化粧石綿スレート（平型）葺）の修繕——30年
- PC屋根線防水の補修——10～14年

外壁
- モルタル塗りの補修・塗装——9～15年
- タイル張りの補修——9～15年
- コンクリート打放しの塗装——9～15年
- PC・HPC目地防水の取替——9～15年

給水設備
- コンクリート水槽の塗替——9～11年
- 鋼製水槽の塗替——5～8年
- FRP水槽の取替——23～29年
- 給水ポンプの補修・取替——オーバーホール 6～9年／取替 12～17年
- 各戸量水器の取替——8～9年
- 屋外給水管の取替——12～20年
- 屋内給水管の取替——12～20年

天井
- モルタル塗りの塗替——10～14年
- 打放しコンクリートの塗替——10～14年

EV設備
- エレベーターの取替——30年

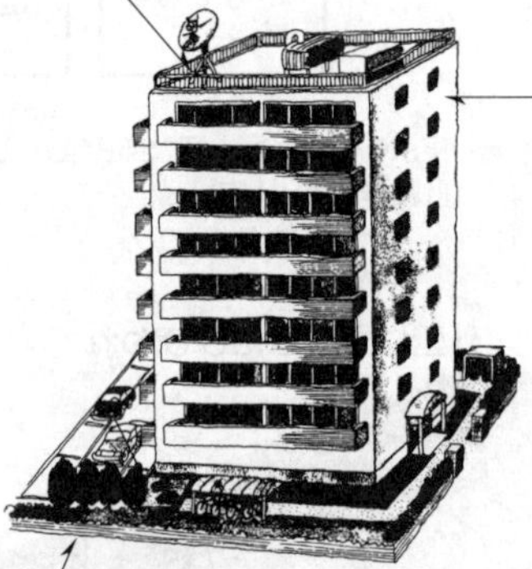

床
- モルタル塗りの塗替——10～15年
- 張り床の取替——16～21年
- タイル張りの取替——19～21年

汚水設備
- 汚水ポンプの補修・取替——オーバーホール 3～4年／取替 9～10年
- 汚水処理場機械装置の補修・取替——オーバーホール 5～7年／取替 11～13年
- 雑排共用竪管の取替——16～24年
- 雑排専用管の取替——16～24年
- 屋内汚水管の取替——30年

電気設備
- 引込開閉器の取替——16～20年
- 主開閉器の取替——16～20年
- 共用分電盤の補修——16～20年
- 照明器具（屋外共用灯）の取替——10～14年
- 照明器具（屋内共用灯）の取替——15～18年
- 制御盤の補修——13～17年

土木・造園
- 遊戯施設の補修——12～17年
- 道路街渠の補修——16～24年
- 屋外汚水管の取替——24年
- 屋外雨水管の取替——30年

ガス設備
- 屋内ガス管の取替——30年
- 屋外ガス管の取替——19～21年

その他
- 集合郵便受箱の取替——17～23年

消防設備
- 消火ポンプの補修・取替——オーバーホール 6～9年／取替 12～18年
- 屋内消火栓配管の取替——30年
- 警報設備の取替——24年

ければいけないのと同時に、設備関係の工事なども必要になってきます。こうした外壁や屋上、設備の修繕を通常**大規模修繕**と呼んでいます。

修繕を場当たり的にするのではなく、計画的に行うために長期の修繕計画が必要です。**長期修繕計画**を立て、それに基づいていつ何の修繕をするのか、そのための費用はどのぐらいかかるのかを計算し、それに基づき費用を積み立てることになります。これが先ほどの修繕積立金です。

●大規模修繕の進め方

例えば費用をしっかり積み立てて、そろそろ大規模修繕にとりかかる時期がきたとします。マンションでは、毎年役員が交代することが多く、役員の任期の1年以内に大規模修繕を終えることは難しく、そのため修繕工事が次年度、次年度へと先送りされやすくなります。そこで、組織の体制作りとして、大規模修繕のための**専門委員会**を理事会の諮問機関としてつくる方法があります。もちろん、理事会で取り組んでもなんら問題はありませんが、計画途中で理事が全員入れ替わり、またゼロからのスタートにならないように

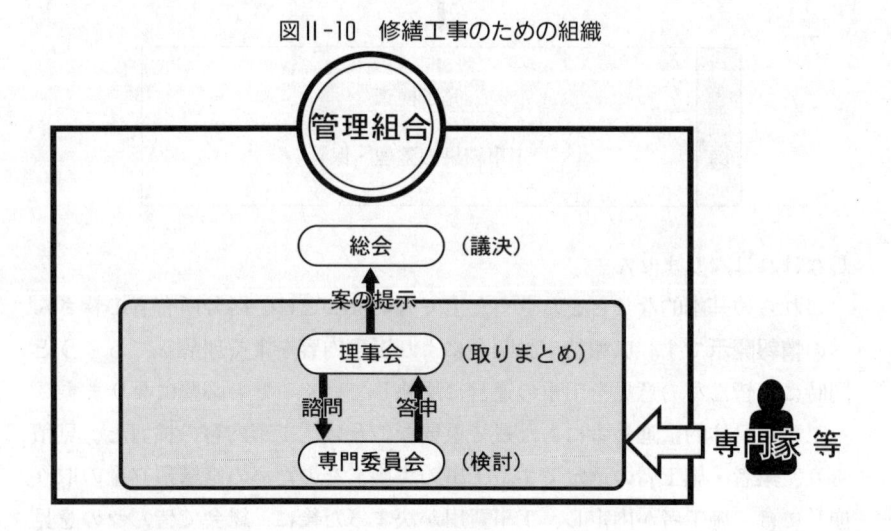

図II-10 修繕工事のための組織

図Ⅱ-11　修繕工事の四つの段階

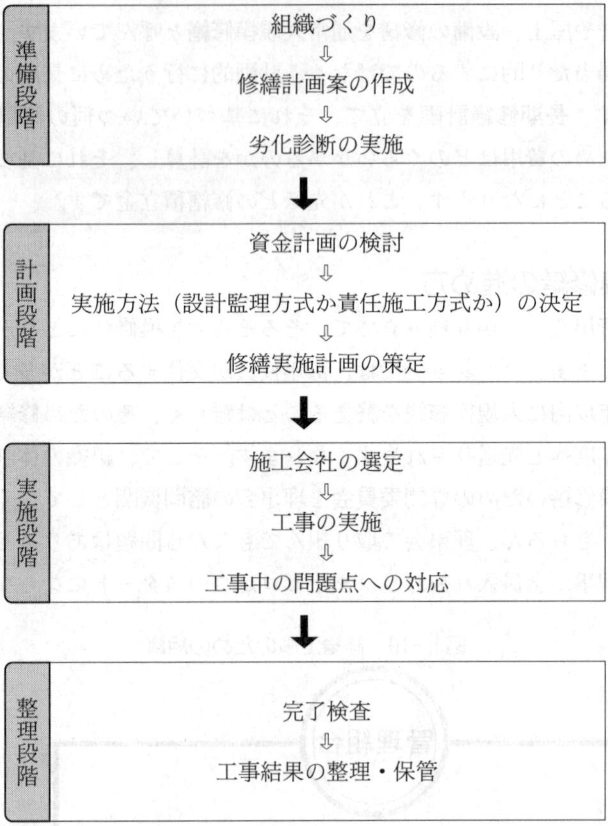

準備段階
組織づくり
⇩
修繕計画案の作成
⇩
劣化診断の実施

計画段階
資金計画の検討
⇩
実施方法（設計監理方式か責任施工方式か）の決定
⇩
修繕実施計画の策定

実施段階
施工会社の選定
⇩
工事の実施
⇩
工事中の問題点への対応

整理段階
完了検査
⇩
工事結果の整理・保管

しなければなりません。

　これらの基本的なことをおさえた上で大切なことは、区分所有者の皆さんへの**情報開示**です。広報誌や説明会により工事内容をよく理解してもらうと同時に、皆んなの意見を工事の運営に反映していくことも必要になります。

　工事を具体的に進めるにあたって重要なことは、工事内容の検討と、見積もり、業者・施工者の選定です。工事の実施、そのための修繕積立金の取り崩しには、施工者が内定し、工事費用が決まった後に、総会で皆んなの意見

§II　マンション管理の仕組み　　　　　　　　　　　　　　　41

図II-12　設計監理方式の仕組み

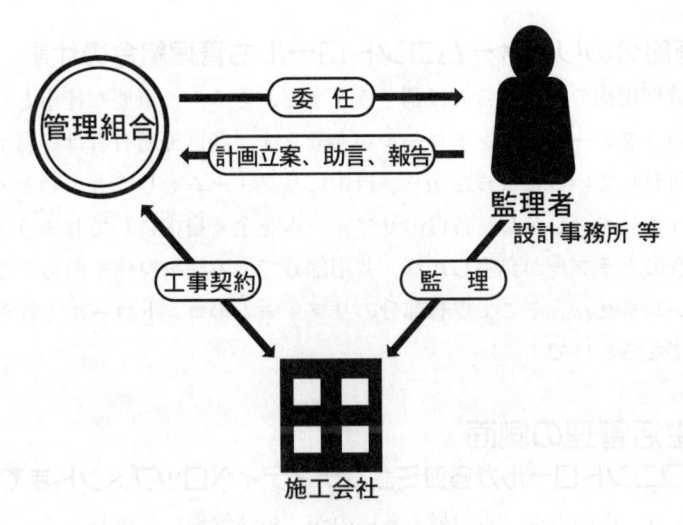

図II-13　責任施工方式の仕組み

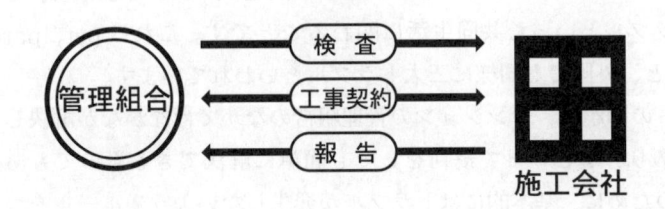

を諮ることになります。

　工事の実施には、**責任施工方式**と**設計監理方式**があります。責任施工方式は、管理組合と施工会社が工事の設計から施工まで全てを一括し契約する方式です。設計監理方式は、工事の設計を施工会社から切りはなして、設計事務所などの専門家に委託し、その上で施工会社が契約どおりに工事を行っているかの監督をしてもらう方式です。

　以上のように大規模な修繕工事を円滑に行うためには、「計画」「費用」

「体制」と、そして「正しい情報」が大切になります。

●専有部分のリフォームコントロールも管理組合の仕事

　標準管理規約で管理組合の役割をみますと、もう一つ重要な仕事として専有部分のリフォームのコントロールがあります。各区分所有者は専有部分は自分が所有しているところだから、自由にリフォームをしてもよいと考えるかもしれません。しかし、各自のリフォームを全く自由にしてしまうと、上下階の音のトラブルが発生したり、共用部分である建物自体を傷めることにもなりかねません。そこで専有部分のリフォームのコントロールも管理組合の仕事になるわけです。

5．生活管理の側面
ーライフコントロールからコミュニティディベロップメントまでー

　マンション内のトラブルで最も多いのが、生活管理にかかわることです。国土交通省の調査をみましても、一番多い問題はペットや駐車場、近隣間の音のトラブルといった共同生活に関わることです。これは pet、parking、person と、外国でも同様に三大トラブルといわれています。

　これらの問題は、マンションの管理組合のなかではなかなか解決しにくい問題であり、かといって裁判をしても簡単に解決できるものでもありません。そのために、基本的にはトラブルが発生しないようにルールをつくり、お互いに守り合えるように啓蒙活動を行います。例えば、広報活動に力を入

表II-9　生活管理の側面

ペット飼育の問題、騒音問題への対応など 標準管理規約では以下のことも管理組合の仕事として位置づけられている。 ・官公署・町内会との渉外業務 ・風紀・秩序および安全の維持に関する業務 ・防災に関する業務 ・広報及び連絡業務

れるとか、コミュニティ活動に力を入れることがあります。
　自治会などの居住者組織を管理組合と別につくっている場合は、地域の町内会でのおつきあいなどはそちらですることになりますが、自治会がない場合には地域の町内会や官公署との渉外交渉、風紀秩序および安全の維持に関する業務、防災に関する業務、広報や連絡業務などをふくめた生活管理面が管理組合の仕事になります。

§III マンション管理の現実

「§II　マンション管理の仕組み」ではマンション管理の基本的な仕組みをみてきました。しかし現実には、マンション管理といえば、「マンショントラブル」「マンション問題」といわれるように、トラブルを抱え、泣いている人も少なくありません。次には、マンション管理の現実に目をむけてみます。

1．どんなマンションが多いのか

今まで、国土交通省は定期的に全国のマンションの管理組合を対象に調査をしてきました。日本は狭いといえども、各地域ごとでマンションの事情は異なります。この地域の違いは、§VIIでみることにして、まずはわが国のマンションの概要を平成11年度の国土交通省の調査結果（907管理組合対象）からつかむことにしましょう。

●マンションの概要

完成年

マンションがいつできたのかを、完成年でみますと、10年以上前につくられたマンションがストックの約半数、20年以上前につくられたマンションが約4分の1になります。

棟数と住戸数

どんなマンションが多いのかを、マンションの棟数からみていきます。マンションには1棟のもの（「単棟型」）と、2棟以上のもの（「団地型」）があり、単棟型のマンションが69.2％と約7割を占めています。このように単棟型マンションが全体としては多いのですが、なかには何十棟もある団地型マ

§Ⅲ　マンション管理の現実

図Ⅲ-1　マンションの完成年次

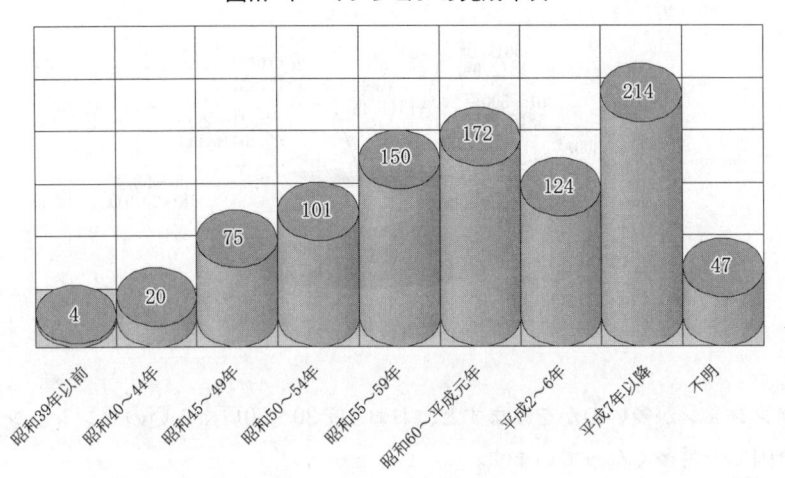

昭和39年以前	昭和40~44年	昭和45~49年	昭和50~54年	昭和55~59年	昭和60~平成元年	平成2~6年	平成7年以降	不明
4	20	75	101	150	172	124	214	47

ンションもあるので、わが国のマンションの平均棟数は2.5棟となっています。戸数にすると一マンションの平均は127戸です。これも大規模なマンションがあるために平均値が大きくなっています。そこでどのくらいの規模の

図Ⅲ-2　マンションの棟数

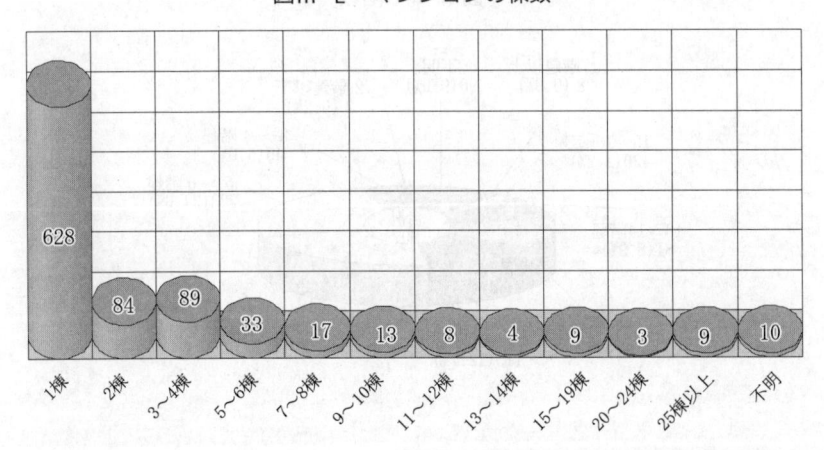

1棟	2棟	3~4棟	5~6棟	7~8棟	9~10棟	11~12棟	13~14棟	15~19棟	20~24棟	25棟以上	不明
628	84	89	33	17	13	8	4	9	3	9	10

図III-3　マンションの総戸数

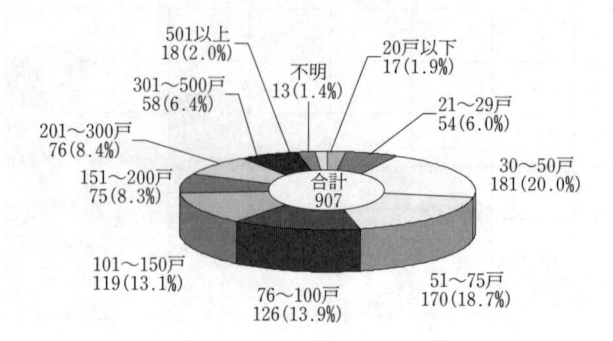

- 501以上　18(2.0%)
- 不明　13(1.4%)
- 20戸以下　17(1.9%)
- 301～500戸　58(6.4%)
- 21～29戸　54(6.0%)
- 201～300戸　76(8.4%)
- 30～50戸　181(20.0%)
- 151～200戸　75(8.3%)
- 101～150戸　119(13.1%)
- 76～100戸　126(13.9%)
- 51～75戸　170(18.7%)
- 合計　907

マンションが多いのかをみますと、おおよそ30～50戸ぐらいのマンションが全国で一番多くなっています。

階数

マンションの階数の平均は8.4階です。完成年が新しいほど、階数が高くなる傾向があります。

図III-4　階数

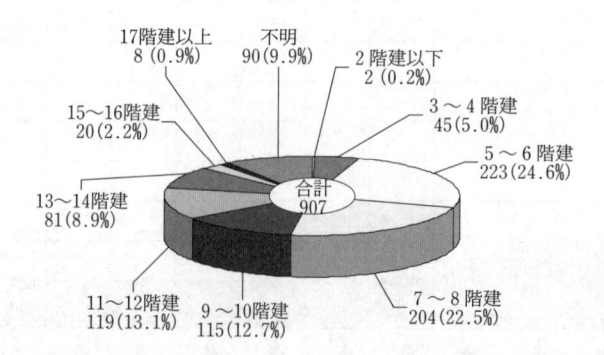

- 17階建以上　8(0.9%)
- 不明　90(9.9%)
- 2階建以下　2(0.2%)
- 15～16階建　20(2.2%)
- 3～4階建　45(5.0%)
- 13～14階建　81(8.9%)
- 5～6階建　223(24.6%)
- 11～12階建　119(13.1%)
- 9～10階建　115(12.7%)
- 7～8階建　204(22.5%)
- 合計　907

●マンションの利用状況
分譲主所有住戸
　売れ残り住戸や賃貸用住戸を持っているなど、マンションの分譲会社がまだいくつかの住戸を所有していることがあります。約2割のマンションで分譲主所有の住戸があります。

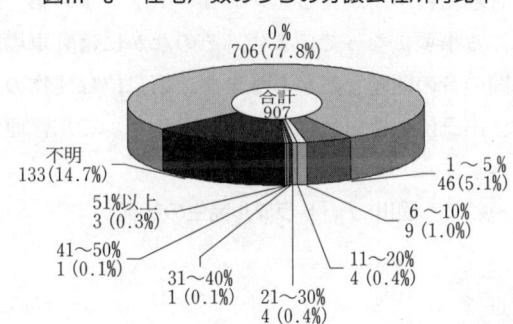

図III-5　住宅戸数のうちの分譲会社所有比率

合計 907

- 0％　706(77.8％)
- 1〜5％　46(5.1％)
- 6〜10％　9(1.0％)
- 11〜20％　4(0.4％)
- 21〜30％　4(0.4％)
- 31〜40％　1(0.1％)
- 41〜50％　1(0.1％)
- 51％以上　3(0.3％)
- 不明　133(14.7％)

空き家率
　マンションで、3カ月以上人が住んでいない住戸（空き家）は全国平均で2％です。約4割のマンションでは空き家率が0％となっています。しかし、なかには空き家率が21％以上となっているマンションもあります。古いマンションで、空き家化が進む傾向がみられます。

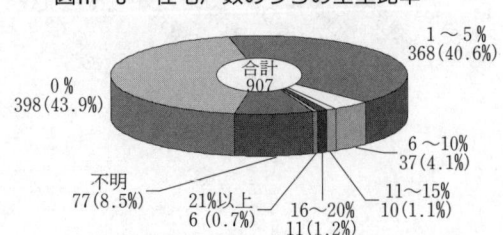

図III-6　住宅戸数のうちの空室比率

合計 907

- 0％　398(43.9％)
- 1〜5％　368(40.6％)
- 6〜10％　37(4.1％)
- 11〜15％　10(1.1％)
- 16〜20％　11(1.2％)
- 21％以上　6(0.7％)
- 不明　77(8.5％)

2．管理組合は何を悩んでいるのか
―相談事例からみたマンション管理問題とそれへの対応―

　簡単ですが、全国のマンション概要をみました。これらのマンションでは、実際に管理組合が管理を進めていくと様々な悩みがもち上っています。管理組合の皆さんはどんなことを悩み、困っているのでしょうか。

　最も新しい国土交通省の調査結果（平成11年度実施・全国の907管理組合が回答）では、管理組合がかかえるマンショントラブルの第一位は、居住者間のマナーをめぐる事項になっています。そのなかには駐車場問題、ペット飼育問題、近隣間の音の問題などがあります。第二位は建物の不具合で、水漏れ問題が多く、第三位は費用負担をめぐるトラブルで、管理費などの滞納が問題となっています。

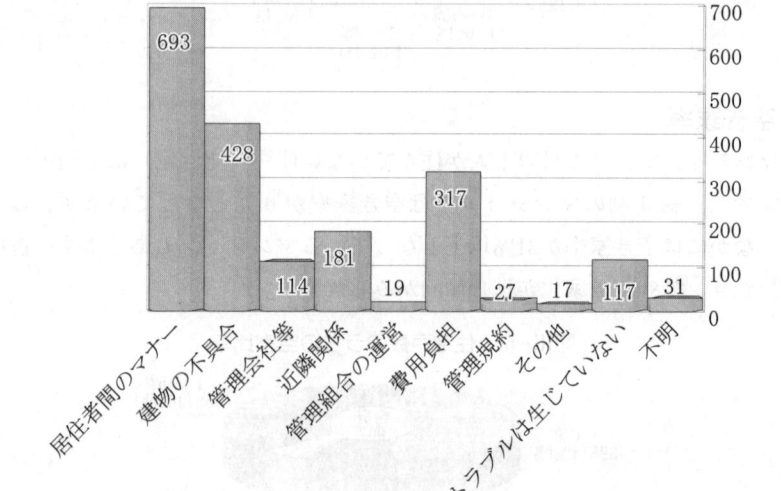

図III-7　トラブル発生の状況

項目	件数
居住者間のマナー	693
建物の不具合	428
管理会社等	114
近隣関係	181
管理組合の運営	19
費用負担	317
管理規約	27
その他	17
特にトラブルは生じていない	117
不明	31

§Ⅲ マンション管理の現実

図Ⅲ-8 トラブルの内訳

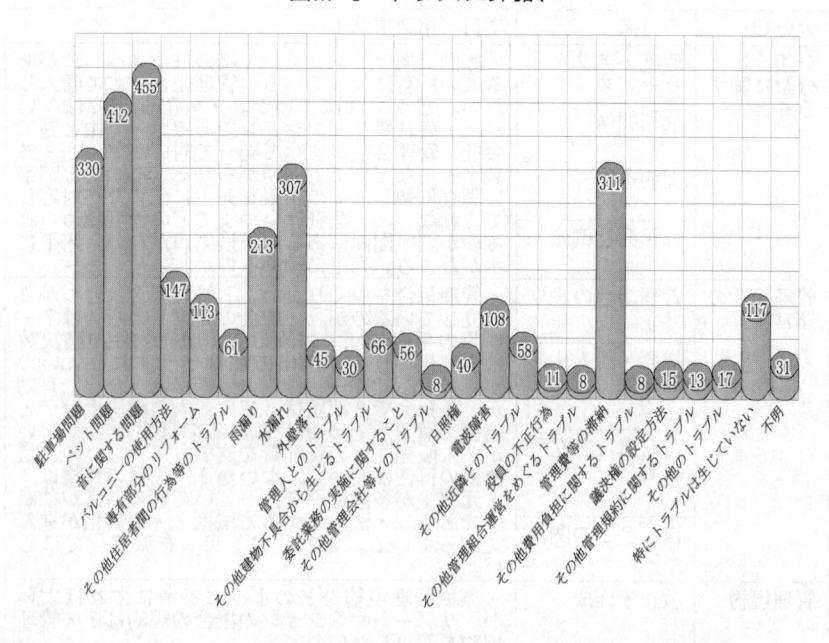

項目	件数
駐車場問題	330
ペット問題	412
音に関する問題	455
バルコニーの使用方法	147
専有部分のリフォーム	113
その他居住者間の行為等のトラブル	61
雨漏り	213
水漏れ	307
外壁落下	45
管理人とのトラブル	30
その他建物不具合から生じるトラブル	66
委託業務の実施に関すること	56
その他管理会社等とのトラブル	8
日照権	40
電波障害	108
その他近隣とのトラブル	58
役員の不正行為	11
その他管理組合運営をめぐるトラブル	8
管理費等の滞納	311
その他費用負担に関するトラブル	8
議決権の設定方法	15
その他管理規約に関するトラブル	13
その他のトラブル	17
特にトラブルは生じていない	117
不明	31

　もう少し、マンショントラブルの内容を詳しくみてみます。㈶マンション管理センターには毎日、管理組合から多数の相談が寄せられています。そのうち、1ヶ月分だけの相談事例を取り出してどのような相談があるかをまとめたものが表Ⅲ-1です。その相談内容（ ケース ）を紹介し、管理組合の取り組み実態を国土交通省の調査結果をみながら、マンショントラブル予防と解決のための基本的な方向（ コメント ）を考えていきます。

表III-1　管理組合からの相談事例

大分類	小分類	項目（相談事例より）
分譲会社・分譲に関すること	瑕疵・アフターサービス	・等価交換マンションで1階の駐車スペースがある人の所有になっている。管理組合として購入したい。どうすればよいか。・欠陥住宅ではないか？・売れ残りマンションである。・売主と施工会社、管理会社がすべて同一で対応が悪い。・外装タイルなど施工上問題がありそうなので専門家に調査依頼し、その結果を売主に伝えたが対応してくれない。・瑕疵はいつまでどの程度認められるのか。・図面にある床下換気口がない。床下に水がたまる。売主に頼めるのか。
	権利関係	
	契約違反	
	分譲会社倒産	
管理組合の運営	管理組合の設立	・管理組合をつくりたい。・管理組合はいつから成立しているのか。・総会の欠席者の扱いは？・理事の手当ては？・報酬は？・競売物件の議決数は？理事の任期や選出方法はどうすればよいのか。・電話で委任状作成の依頼があったが、有効か。・総会で2部屋持っている人の議決権は？・総会で管理会社が議長になるのはおかしくないか？未販売住戸の管理費を支払っていないのに議決権の行使はおかしくないか？・役員の資格は？・元地主が多数住戸を持っていて管理運営が独断的である。・法人にする方法は？・賃貸化が進んで困っている。・アドバイザーを派遣してほしい。
	総会・法人化・理事会	
	占有者と不在所有者	
	自治会との関係	
管理規約	改正・作成	・標準管理規約をどのように参考にすればよいか。リゾートマンションの場合の規約は？・管理規約を変更したい。
管理会社	業務内容・委託料	・管理会社を変えたい。経理で不明瞭な点がある。修繕積立金の名義を会社にしているなど。・管理会社に委託料の明細を要求してもよいか。・管理会社が委託内容の説明を求めても拒否する。・委託管理をやめて自主管理をしたい。どうすればよいか。・前理事が管理会社と癒着していいようにしていた。管理会社を変えたい。
	業者紹介・選定・変更	
	管理形態の変更	
管理員	業務内容	・管理員の雇用形態は？管理員オーナーが横暴である。どうしたらよいか。総会など管理員が一人で何でもやっている。管理組合を私有化している。・管理員に関するマニュアルがほしい。
	雇用関係	
日常清掃・保守・点検	日常清掃	・専用庭の植栽の剪定はだれが費用負担するのか。・エレベーターのメンテナンス代が高いが、どうか。・受水槽の検査は必要か？
	保守・点検	
管理費・水道料金	滞納・未納	・管理費を2年ぐらい払わない人がいる。どうすればよいか。・競売物件の滞納管理費は？・管理費を滞納しているので水を止めてもよいか？・1階の事務所が管理費を支払わない。・滞納者の催促をどうすればよいのか。店舗と住宅の管理費があまりにも違いすぎる。・滞納の予防方法は？
	金額	
	負担方法	

大分類	小分類	項目（相談事例より）
計画修繕	計画・立案	・修繕積み立て金の取り崩しは特別決議か？・積み立て金額の改正は特別決議か？大規模修繕を行った際の、一時金の負担額は全戸同じでよいか。費用の負担割合は？・積立金の上手な運用は？公庫のリフォーム融資を受けたい。・長期修繕計画はどのようにつくるのか。・積立金預金名義は管理会社でいいか。給排水管の工事は？・業者の紹介をしてほしい。・専門委員会とは？
	積立金	
	診断	
その他の修繕	修繕方法	・ベランダのパーティションが風で壊れた。だれが費用負担するのか・湯沸しの故障と留守が原因で階下に被害を与えた。管理費で補修してよいか。・ガラスの破損は管理組合の負担か？・水漏れ事故があった。その費用負担は？原因がよくわからない。どうすればよいか。・ガス感知器の点検は必要か。
	業者紹介・選定	
	費用負担	
改善・変更・リフォーム	専有部分	・専有部分のリフォームの指導は？泥棒が入ったので1階の人がシャッターをつけたいという人がいる。いいか？・フローリング床について。騒音は大丈夫か？・建替えの事例をおしえてほしい。・共用部分変更の普通決議と特別決議の境目は？・防犯カメラ設置の決議は？
	共用部分	
	建替え	
駐車場	運営	・駐車場の専用使用権が売られ、外部の人が購入した。どのように解決すればよいか。駐車場の使用が固定しており、新しい人が利用できない。・料金変更は普通決議か？・駐車場の使用優先順位のつけ方は？
	増設	
集会所	運営・増設など	・集会所を売却する決議を行った。しかし、4人が行方不明である。どうすればよいか。
生活トラブル	騒音・ペット	・ペット問題があるのでアドバイスがほしい。・ごみ置き場に不法投棄が多いので、撤去したい。撤去してよいか。・使用細則の作り方は？・犬を飼っても良いといわれてマンションを買ったのに、管理組合から処分するようにいわれた。どうすればよいのか。・ベランダにものを置いてどうにもならない。良い方法は？・酒癖がわるく大声でわめき近隣に迷惑をかける居住者を退去させられないか？・ベランダに鳩が住みついて糞や悪臭がある。その住戸の人が掃除をしない。どうすればよいか。・床をフローリングにして上下階の音のトラブルが発生している。
	ごみ処理・洗濯物	
	用途転用・暴力団入居	
	路上駐車	

㈶マンション管理センターへの相談内容　2000年6月の相談事例より

3．分譲会社との関係、初期の所有・管理設定の問題

●分譲会社との関係
瑕疵・アフターサービス

> ケース 建物の不具合として、「自分のマンションは欠陥マンションではないか」「これは施工ミスではないか」という**瑕疵**に関する相談があります。

コメント 瑕疵とはもともと法律用語ですが、建物に欠陥があった場合には分譲会社（売主）にその修繕を求めることができます。これを売主の瑕疵担保責任といいます。しかし、瑕疵担保責任による対応を求めるには、売主が瑕疵を認めることが前提となります。瑕疵かどうかの判断が困難である場合や、売主が瑕疵であることを認めない場合には、裁判にまで発展することになります。このように瑕疵をめぐるトラブルを避け、売主の信用を確保し、マンション購入者に安心を与えるために設けられているのが**アフターサービス**です。瑕疵などの欠陥を分譲会社が一定期間無料で修繕します。アフターサービスの期間はこの30年間に大きく前進してきました。マンションの分譲会社の多くが加入している㈳日本高層住宅協会（2001年より不動産協会と統合）では、1973年には主だった事項のアフターサービス基準が2年だったものを、その4年後には屋上防水5年、外壁防水3年に、1993年には屋上防水10年、外壁防水7年、浴室防水10年、給排水管5年と延ばし、さらに1999年には「住宅品質確保の促進に関する法律」の成立に伴い、主要部分を10年に延長してきています（表Ⅲ-2）。建物に欠陥がないことが望ましいのですが、問題があれば専門家に相談が必要です。

表III-2 アフターサービス規準（㈳日本高層住宅協会）

サービス期間10年の箇所

部位・設備	現象	期間(年)
屋上・屋根・ルーフバルコニー・雨水排水管（屋内）・外周壁・防水床・窓・玄関扉	雨漏り・漏水	10
防水床（浴室）	漏水	10
耐力壁（外周壁・戸境壁等）コンクリート床 コンクリート天井 基礎・柱・梁	亀裂・破損	10
外廊下・外階段・バルコニー（床の部分）	亀裂・破損	10

サービス期間10年以外の箇所

部位・設備	現象	期間(年)
非耐力壁・パラペット・立ち上がり壁（バルコニー・外廊下）・庇・化粧柱	亀裂・破損	2
屋上・屋根・ルーフバルコニー	排水不良	2
	塗装のはがれ	2
ルーフドレイン・スリーブ・雨水排水管	変形・破損	2
	排水不良・取付不良	2
	塗装のはがれ	2
外廊下・外階段・バルコニー	排水不良	2
	塗装のはがれ	2
外部手摺 面格子	破損	2
	塗装のはがれ	2
壁 外周壁（外周壁の内側を含む）	はがれ・浮き・亀裂	2
	塗装のはがれ	2

部位・設備		現象	期間(年)
壁	内部間仕切 非耐力壁（コンクリート）	亀裂・破損	2
	木造下地材	変形・破損	2
		破損	2
	内部壁仕上 モルタル塗りタイル張	破損	2
	ボード張クロス張・紙張	破損	2
	塗装吹付		2
床	外部床仕上（玄関ホール・ピロティ等）・コンクリート床	亀裂・破損	2
		排水不良	2
	内部床仕上 下地材	変形・破損	2
	タイル張・石張	亀裂・破損	2
	板張・寄木張Pタイル張ジュータン敷畳敷	破損	2
天井	天井仕上 下地材	変形・破損	2
	板張・Pボード張	破損	2
	クロス張塗装吹付	破損	2
窓・玄関扉		変形・破損・作動不良	2
		塗装のはがれ	2
オートロック		作動不良	2
外部金物・網戸		変形・破損・作動不良・取付不良	2

部位・設備		現象	期間(年)
敷居・鴨居・柱		変形・破損	2
内部扉・襖・障子		変形・破損・作動不良・取付不良	2
建具金物 カーテンレール		変形・破損・作動不良・取付不良	2
造付家具 （押入を含む）		変形・破損・作動不良・取付不良	2
電気設備	各戸専用分電盤	取付不良・機能不良	2
	配線	破損・結線不良	5
	スイッチ・コンセント・ブザー	取付不良・機能不良	2
	照明器具（管球を除く）インターホン 住宅情報盤 マルチメディア設備	取付不良・機能不良	2
給排水設備	給水管・排水管	漏水・破損	5
	トラップ・通気管	漏水・取付不良・破損	2
	給水栓	漏水・取付不良	2

部位・設備		現象	期間(年)
給排気設備	給排気ダクト	変形・破損・取付不良	2
	換気扇・換気口 レンジフード	破損・作動不良・取付不良	2
ガス設備	ガス配管	破損	5
	ガス栓	破損・取付不良	2
	バランス釜・湯沸器・TES等	破損・作動不良・取付不良	2
各種メーター（私設メーターに限る）		破損・計測不良	2
厨房設備		漏水・作動不良・取付不良	2
衛生設備		漏水・排水不良・破損・作動不良・取付不良	2
エレベーター設備		機能不良・結線不良	2
機械式駐車設備		機能不良	2
浴室設備		破損・作動不良・取付不良 漏水	2 5
各戸専用 暖冷房設備	配管	漏水・排水不良	2
	機器	漏水・排水不良・変形・破損・作動不良・取付不良	2
植栽		枯損	1

分譲会社の倒産ー設計図書の引渡しー

ケース 「駐車場の土地を分譲会社が持ったまま倒産してしまった」「分譲会社が倒産し、瑕疵の交渉をしたくても相手がいない」という相談もあります。

コメント マンションを購入した後は、分譲会社と一切関係を持たないわけにはいきません。先ほどの瑕疵やアフターサービスの関係もあります。分譲会社が倒産しない方がよいのはもちろんですが、その前に、権利関係をしっかり確認し、マンションに関わる図面や書類（第一は設計図書）を引き継いでおくことも大切です。マンション管理適正化法により設計図書は分譲会社が管理組合に引き渡さなければならなくなりますが、現在管理組合で設計図書をもっているのは57.2％と、約半数です。管理組合が設計図書を保管すべきであることは、分譲会社の倒産にかかわらず必要です。こうした体制を整えていきましょう。

図III-9　設計図書の保管者

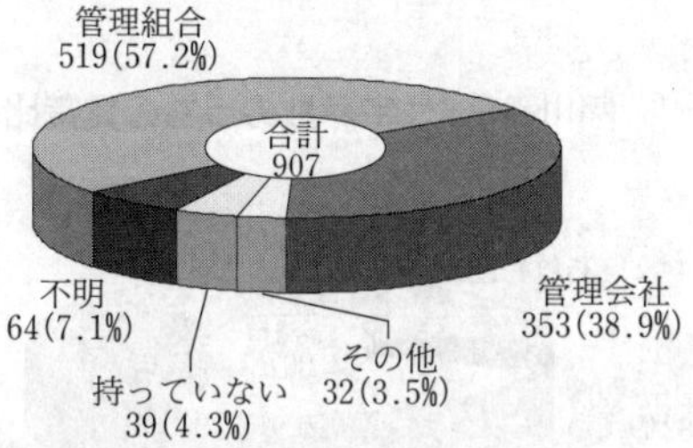

管理組合 519(57.2%)
合計 907
管理会社 353(38.9%)
その他 32(3.5%)
持っていない 39(4.3%)
不明 64(7.1%)

売れ残りによる賃貸化

ケース 「分譲マンションを買ったのに、ここは賃貸住宅！？」なんてことを聞きます。「マンションの売れ残り住戸を賃貸住宅として利用している。賃借人が多く管理がしにくい。どうすればよいのでしょうか」という相談があります。

コメント マンションの売れ残り住戸を賃貸用にするといった事例があります。また、マンションのなかに賃貸化住戸（ここでは賃貸住宅と区別するためにこのように呼ぶことにします）、例えば**等価交換**で建てたマンションでは、元地主の持分の住戸が賃貸化住戸になる、あるいは社宅や借家目的にはじめから購入されて賃貸化住戸となることもあります。もちろん、もともと住んでいた居住者が他に移転し、その後を貸すこともあります。しかし、最近ではこのように入居後じわじわ賃貸化が増えるのではなく、分譲の段階から賃貸化が進むケースが増えています。そして、こうしたマンションでは、不在所有者も賃貸で入る居住者も管理に関心が低くなりがちで、管理上の問題が多くなっています。こうした場合の対応方法は「賃借人と不在所有者」の ケース で説明をします。

　ちなみにマンションのなかで賃貸につかわれている住戸は全国平均で12％、概ね1割です。傾向としては、古いほど、都心部ほど、それから住戸の面積の小さい場合、立地のよいマンションで賃貸率が高くなる傾向にあります。

図III-10　住宅戸数のうちの賃貸比率

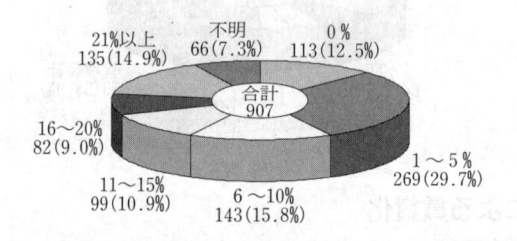

21％以上　135（14.9％）
不明　66（7.3％）
0％　113（12.5％）
合計　907
1～5％　269（29.7％）
6～10％　143（15.8％）
11～15％　99（10.9％）
16～20％　82（9.0％）

§Ⅲ マンション管理の現実

表Ⅲ-3 管理組合からみた賃貸化による管理問題例

運営管理面
- 賃借人が総会に出席できず、不在所有者も出席しない為に、総会の出席率が低い。総会が成立しない。総会での決定事項が伝わりにくい。総会で、規約の改正や管理費の値上げ等の重要なことが決められない。
- 賃借人も不在所有者も役員に就任できないので、役員のなり手が減る。居住所有者の役員の負担が大きい。
- 不在所有者と連絡がつきにくい。そのための時間と費用がかかる。不在所有者の連絡先がわからない場合があり、連絡できない。
- 住戸毎に不在所有者（賃貸人）と賃借人との契約関係が異なる為に、管理組合としては賃借人の扱いが難しい。
- 管理費や修繕費の負担者が不明確である。そのため、費用が集めにくい。管理費を不在所有者が支払うのか、賃借人が支払うのか、意見がくいちがって両者とも払わないことがある。管理費、修繕費の滞納が多い。その請求にも時間とお金がかかる。管理費の支払に賃借人や不在所有者は協力的でない。
- 組合の運営で利害関係者が増え、意見がまとまりにくい。
- 入居者の出入りが激しくなり、組合運営に継続性を維持しにくい。

維持管理面
- 共同清掃に不在所有者や賃借人が参加せず、非協力的である。
- 修繕費を賃借人や不在所有者がだししぶる。また、両者でどちらが負担するかでもめて、支払わない。
- 修繕について、賃借人、不在所有者、居住所有者の意見がまとまらず、修繕がおくれる。
- 大規模修繕をきめるのに、不在所有者には郵便で可否を尋ねるために、時間と経費がかかる。
- 不在所有者や賃借人は建物の修繕や共用部分の監視に関心が低い。

生活管理面
- 賃借人が塾などに用途転用し、人の出入りが多くなり、共用部分がよごれる。また、騒音が起り、エレベーターが独占的に使用されることがある。勝手に共用部分に看板をかけたりしている。
- 賃借人が夜中によっぱらってかえってきてさわぐ。
- 賃借人が共同生活を乱したり、常識のない行為をする。
- 不在所有者が身元を確認せず貸した為、暴力団関係者が入居し、共同生活が乱れる。
- 入居者間の交流が少なくなり、住宅内への人の出入りの監視がしにくくなり、犯罪を防ぎにくい。

- その他、賃借人からは、「役員の就任、共同清掃への参加等の義務を負わされるのに、駐車場の専用使用の権利がない」などの意見もある。

●初期の所有・管理設定の問題
わかりにくく複雑な権利関係—消えた共用部分？駐車場は誰の物？—

> ケース　「集会所が売られ、事務所になった」「1階の廊下が突然仕切りされ、通れなくなった」「1階の駐車スペースが特定の個人のものになっている」などが問題になっています。

コメント　マンションの所有関係は一般的には理解しにくいものです。もちろん購入時に分譲会社から説明をうけます。マンションなど不動産の売買の際には、必ず分譲会社（又は仲介業者）はマンション購入者に対して、その物件にかかわる重要なことを契約前に書面で説明することになっています。これが**重要事項説明**といわれるものです（内容は表Ⅲ-4）。しかし、その内容は一般的には消費者にはわかりにくいものです。そのため、「皆んなで使っていたから当然皆んなで共有していると思っていたら、突然集会室が売り飛ばされた」という話もあります。このように集会室や管理員室、駐車場が分譲会社の所有になっていることや、知らないうちに敷地の一部が売られ、道路に面しない（無接道敷地）マンションになっていた事例もあります。そのため、長い間裁判をしているマンションもあります。「気が付けば、1階の駐車場が特定の人の所有になっている」ケースもありました。こうなりますと、マンション居住者が永続的に駐車場を使えなくなり、また管理組合は収入として駐車場料金が入ってこないことから経営上苦しくもなってきます。

　例えば、駐車場の権利関係についてみてみましょう。「駐車場を共用部分とし、管理組合が賃貸にしている」場合が約8割ありますが、その他に共用部分であっても永久的に利用できる「専用使用権」が売られている「専有部分」になっているマンションが約2割あります。

§III　マンション管理の現実　　　　　　　　　59

図III-11　駐車場の権利形態

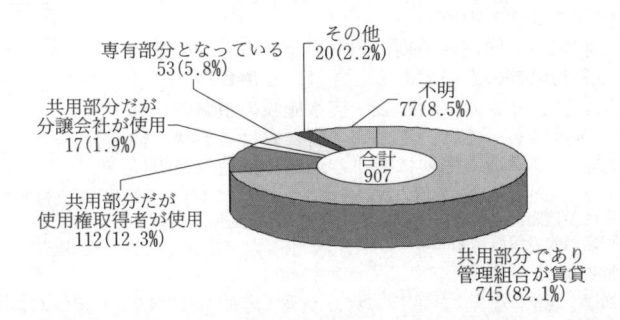

専有部分となっている
53(5.8%)

その他
20(2.2%)

不明
77(8.5%)

共用部分だが
分譲会社が使用
17(1.9%)

合計
907

共用部分だが
使用権取得者が使用
112(12.3%)

共用部分であり
管理組合が賃貸
745(82.1%)

こうだったのが

こうなってしまった

ショップ
オープン

表Ⅲ-4　重要事項説明の内容

1．登記された権利の種類と内容
2．法令に基づく制限で契約内容の別に政令で定めるものの概要
3．建物の貸借の契約以外のものであるときは、私道負担
4．飲用水・電気およびガスの供給施設・排水施設の整備の状況
5．未完成物件の場合にあっては、工事完了時における形状、構造等
・宅地の場合：形状及び構造、宅地に接する道路の構造及び幅員
  通達：宅地の地積・外周の各辺の長さを記入した1/100の平面図を交付する
  宅地の道路からの高さ、石垣などの擁壁等の説明をする
  特に施設の位置は図面に
・建物の場合：形状および構造
  通達：建物の場合：戸建ての場合、位置・床面積・間取りを示す1/100以上の図面
  敷地及び敷地内の建物の位置を示す1/400以上の平面図
  物件の1/100以上の平面図
  主要構造部、内装および外装の構造または仕上げ
  主要構造部；柱・はり・床、壁・屋根・階段など。その材質。
  内装・外装；主として天井および壁面につき、その材質、塗料の状況を説明する。
  設備の設置および構造
  建築設備（電気、ガス、給水、排水、換気、暖房、冷房、消火、排煙、昇降機、避雷針等）と厨房・照明・備え付けの家具等で主要なものは図面で。
6．区分所有建物の場合にあっては、次の事項
 ①敷地に関する権利の種類・内容
  通達：敷地総面積として、実測面積・登記簿上の面積・建築確認面積を記載する。
  中古は登記簿面積だけで可。
  権利は所有権、地上権、賃借権を区別する。
  権利の内容、賃借料も記載する。
 ②共用部分に関する規約の定め
  規約共用部分、その他法定共用部分でも規約で確認的に共用部分とする旨のあるもの
 ③専有部分の用途などの制限に関する規約の定め
  事業用・用途転用の禁止、フローリング工事、ペット飼育、ピアノ使用禁止などの規約に定め
 ④専用使用権の内容
  駐車場、専用庭やバルコニーの使用料とその帰属先
 ⑤計画修繕積立金の定めおよび積立金
  直前の決算期の値、滞納の状態
 ⑥通常の管理費用
  管理費用、滞納の状態
 ⑦管理の委託先
  管理会社の名前と、登録番号

§Ⅲ　マンション管理の現実

　マンションの所有・利用関係は一般にはわかりにくいかもしれません。マンションでは各住戸は区分所有し、専有部分になりますが、皆で使う共用部分が必ずしも共有でないこともあります。そこで、**法定共用部分**と**規約共用部分**について説明をしておきます。

　法定共用部分とは、建物の階段室や廊下やホールのように、各専有部分に通じる部分やその他の専有部分を使用するために、どうしてもマンションの全員または一部の人が共用しなければならないところです。これらは、当然に共用部分となり、専有部分とすることができないために、「法定共用部分」となります。しかし、管理員室や集会室は、用途上区画されていれば区分所有の対象になりますので、共用部分であることを明示する必要があります。そこで、規約で共用部分であることを定めることになります。これが「規約共用部分」です。

　駐車場の所有関係に限らず、疑問に思うことがあれば登記で確認することも必要です。

4．管理組合内の運営管理面の問題

●管理組合の設立・法人化
管理組合の設立

> ケース　管理組合の運営で、「管理組合が法的に存在することはわかりますが、実態としてはないので、どうしたらつくれますか。」という基本的な相談があります。

　コメント　実際に管理組合の活動を開始するための、設立総会を開き、管理規約を決め、役員を選出し管理者を決めることからはじめることになります。

図III-12 管理組合設立のためのプロセス

管理組合設立のプロセスを図で示すと次のようになります。

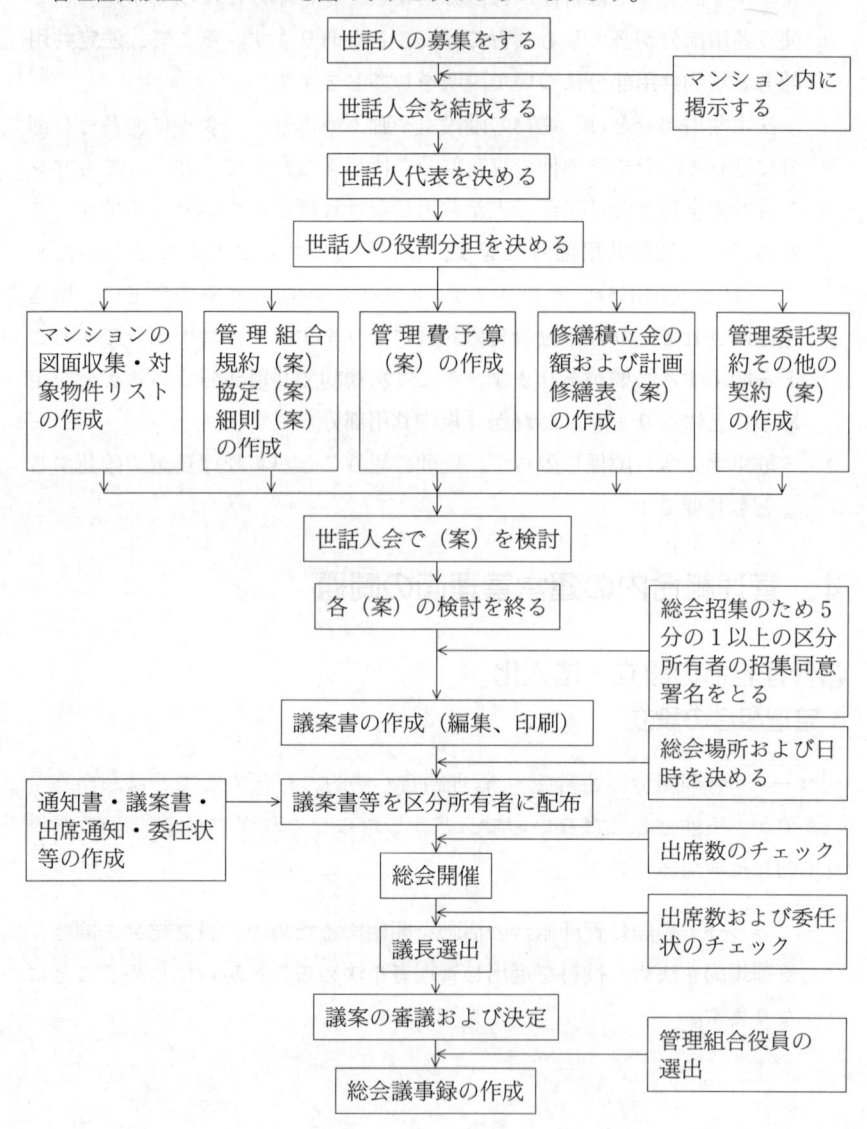

```
世話人の募集をする ← マンション内に掲示する
        ↓
世話人会を結成する
        ↓
世話人代表を決める
        ↓
世話人の役割分担を決める
        ↓
┌──────────┬──────────┬──────────┬──────────┬──────────┐
マンションの   管理組合        管理費予算      修繕積立金の    管理委託契
図面収集・対   規約（案）      （案）の作成    額および計画    約その他の
象物件リスト   協定（案）                      修繕表（案）    契約（案）
の作成         細則（案）                      の作成          の作成
               の作成
└──────────┴──────────┴──────────┴──────────┴──────────┘
        ↓
世話人会で（案）を検討
        ↓
各（案）の検討を終る ← 総会招集のため5分の1以上の区分所有者の招集同意署名をとる
        ↓
議案書の作成（編集、印刷） ← 総会場所および日時を決める
        ↓
通知書・議案書・出席通知・委任状等の作成 → 議案書等を区分所有者に配布
        ↓
総会開催 ← 出席数のチェック
        ↓
議長選出 ← 出席数および委任状のチェック
        ↓
議案の審議および決定 ← 管理組合役員の選出
        ↓
総会議事録の作成
```

管理組合の法人化ー手続きとメリット・デメリットー

> ケース 「管理組合を法人にしたいけれどどうすればよいのですか」「どんなメリット・デメリットがあるのですか」という相談です。

コメント 区分所有法の第1章第6節に管理組合法人の規定があります。そこをみますと、「第3条に規定する団体で区分所有者の数が30人以上であるものは、区分所有者の数及び議決権の各4分の3以上の多数による集会の決議で法人になる旨並びにその名称及び事務所を定め、かつ、その主たる事務所の所在地において登記することによって法人となる」とあります。つまり、管理組合の総会で区分所有者が法人にすると決議すれば管理組合を法人にすることができます。ただし、30戸以上のマンションに限ります。法人にすることを決めますと、法人の名称、事務所を定め、理事と監事を選び、そして事務所の所在を法務局に登記をします。

法人にする手続きを具体的にみていきます。総会で「法人にする」議決をとります。これは特別決議で、区分所有者と議決権の4分の3以上の多数による集会の決議が必要になります。ここで気をつけることとして、決議までに、役員以外の組合員は、管理組合を法人にするとは何かよくわからなくて不安かもしれません。そこで、正しい情報をきちんと周知することが大切です。そして法人体制に備えて規約を改正します。さらには登記の手続きのために、登記申請書、登記用紙、総会の議事録（議事録は法人にすることを皆で議決した旨がわかるように）、理事会議事録（代表理事は○○さんになりましたということがわかるように）、印鑑届書（法人代表印）、法人規約をもって登記をします。

管理組合法人の運営として、代表理事を選びます。一人でも二人以上の共同代表で共同責任体制もとれます。理事の任期は原則2年、3年以内に決めることができます。法人にしても管理組合の体制が大きく変わるわけではなく、やはり集会が区分所有者の最高の意思決定機関になり

ます。
　さて、管理組合を法人にしているマンションはどのような理由から法人にしたのでしょうか。法人にしているマンションは全国でそう多くはありません。全国でわずか5％ほどです（図Ⅲ-13）。これらのマンションで管理組合を法人にしたきっかけを聞いてみますと、一つには「お金の借り入れ」のためです。現在は実際上の差はありませんが、以前の住宅金融公庫の**共用部分リフォームローン融資制度**では管理組合を法人にしていないと融資が受けられない、または法人にしている場合に有利な借り入れの条件がありました。二つめには、「裁判」のためです。裁判のためにいちいち総会を開いていては裁判のタイミングを逃すことから、理事会で速やかに裁判へ移行できるように、（必ずしも裁判をしているマンション全てが法人にしているわけではありませんが、）法人にしているマンションもあります。三つめには「不動産を取得する」ためです。何らかの理由により共有のスペースを増やすことになった場合、その登記のために全区分所有者に印鑑を押してもらうのは大変と、管理組合を法人にして管理組合で不動産を取得する場合があります。四つめとして、最近増えてきたことですが、「管理組合体制の強化、整備のため」です。つまり法人にすることで内部体制を整え、外部との関係を明確にすることです。法人にするには規約を整備すること、会計をきちんとすることなどがあります。こうした基準をクリアできるように、内部

図Ⅲ-13　管理組合の法人化

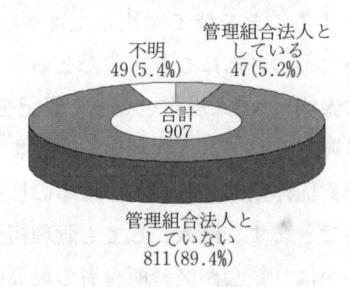

不明
49(5.4%)

管理組合法人と
している
47(5.2%)

合計
907

管理組合法人と
していない
811(89.4%)

§III マンション管理の現実

の体制を整備する。それが万が一の時に対外的にすみやかに対応できる体制となります。今すぐ何かトラブルや問題があるわけではないのですが、万が一の時に対応できる予防的体制づくりのために法人化を図るマンションが最近増えてきています。

実際に法人にした管理組合にお話をうかがいますと、法人にした場合

表III-5　管理組合の法人化

- ●手続き
- ・区分所有者が30人以上であり、集会（総会）において区分所有者および議決権の各4分の3以上による決議で法人となる旨を決議し、名称と事務所を定めること。
- ・理事と監事を選任し、理事および主たる事務所の所在地を管轄する法務局にて登記すること。
- ・必要な書類：登記申請書・登記用紙・総会議事録・理事会議事録・印鑑届書・法人規約
- ●法人にした場合の管理組合の運営
- ・法人の業務執行および代表の機関として理事がおかれることから、管理者はいらない。
- ・理事は法人を代表する権限をもつ。規約や集会で定めれば、代表理事、共同代表の形態をとれる。
- ・理事の任期は原則2年。規約で3年以内と定めることができる。
- ・法人にしても、原則は集会が最高の意思決定機関であるが、一定の事項を除いて、規約で、理事その他の役員が決するものを定めることができる。
- ●法人化した場合のメリット・デメリット（管理組合へのヒヤリングより）
- ＜メリット＞
- ○住民の意識の向上；住民の意識が向上する。
- ○管理組合内部体制の強化；議事録の整備や理事会運営の体制強化。理事長などの精神的負担が軽くなる。
- ○外部への体制強化；裁判所の裁判官の印象が良くなる。第3者に身分をはっきりさせることができる。借り入れを理事長名で行う必要がない。任意団体でないので、銀行や業者が一目おく。
- ○運営上のメリット；登記ができる。預金名義が継続できる。管理費の請求など、継続して行える。訴訟手続きを簡単にできる。
- ＜デメリット＞
- ○手間・暇・費用がかかる；法人規約をつくる必要がある。コストがかかる。登記等の手間がかかる。

のメリットとして、「お金の借入れ」「裁判のしやすさ」「不動産の取得しやすさ」の他に、「住民の管理意識の向上」「管理組合の体制強化」「理事長の精神的な負担軽減」「対外的な信頼の獲得」などがあります。一方、目に見えるデメリットは「あまりない」というのが全体的な意見ですが、「法人のための規約をつくる必要がある」「登記や変更登記の手間がかかる」など、すこし面倒な作業が必要となります。それぞれのマンションで法人にする必要性と、そのメリット・デメリットを考えあわせてください。

●管理組合と自治会の関係
管理組合と自治会

ケース　管理組合を運営する上で、「自治会とどのように役割分担をすればよいのでしょうか」や「自治会と管理組合を車の両輪のような協力体制にするにはどうすればよいのでしょうか」といった相談があります。

コメント　管理組合は所有者の団体、自治会は居住者の団体です。そのため、すべての所有者がそこに住んでいる場合には、所有者すなわち居住者となり、この二つの団体の構成員は同じになります。

　実際のマンションではこの二つの組織をどのようにしているのでしょうか。概ね三つのタイプがあります。一つめは管理組合とは別にマンション内に自治会をつくっているタイプ（二組織タイプ）、二つめには管理組合の中に自治会部門を設けているタイプ（一組織タイプ）、三つめにはマンション内では自治会をつくらず、各自で地域の町内会に加入しているタイプです。

　管理組合と自治会では、構成員が異なり、さらに管理組合は共有財産の維持のため、自治会は居住者相互の親睦のためと、目的も違います。そのため、分けて運営するのが理論的には理想かもしれません。しか

§III　マンション管理の現実　　　　　　　　　　　　67

し、現実には上記のどのようなタイプをとるかはマンションの規模による影響が大きくなっています。規模が大きくなれば組織を二つにわける場合が多いようです。規模が大きい場合には、管理組合の仕事が多くなり、管理組合の業務をできるだけスリムにするために、自治会を別にする場合があります。一方、規模が小さいマンションでは、二つの組織の構成員がほとんど同じになることが多く、別々に組織をつくると運営上煩雑になることから、管理組合が自治会的活動もしている場合があります。

　どのような組織形態であれ、管理組合および自治会の目的が円滑に実施できることが大切です。二組織とした場合（二組織タイプ）では、自治会は生活にかかわることを中心に、ごみ処理の問題や居住者間の親睦を深めるためのコミュニティ活動、古新聞を集めるなどの廃品回収などが行われています。ペット飼育の問題などは自治会とともに管理組合で取り組んでいる例が多くなっています。また、二組織間の協力体制を強

化するために、自治会の会長と管理組合の理事長は同じ人がなる場合や、管理組合の副理事長が自治会の会長になるなどの、役員を兼任することや、合同会議で意見や情報の交換を行うことで、組織間の交流を図っている場合があります。

組織を二つにしない場合（一組織タイプ）では、管理組合のなかにコミュニティ委員会や文化部・生活部をつくり、活動しています。

実際には組織が一つしかない場合でも、地域の町内会との付き合い、地方公共団体との接渉には「自治会」という名称で対応している場合もあります。

管理組合と自治会の原則的な違いを把握した上で、マンションの規模、賃貸化の状態などを考慮し、自分たちのマンションにあった方法を選ぶことが重要です。

●総会・理事会の進め方
総会の開催方法と議決権

ケース 「現在総会が開かれていないが、総会はどうすれば開催できるのですか」という相談があります。

コメント マンションでは大事なことは集会で決めることになりますので、1年に1回は集会を開催することが必要です。これが総会です。現在、集会を「年に1回以上開いている」マンションは全体の約8割です。このように多くのマンションでは「年に1回以上、定期や臨時に開いて」いますが、逆にほとんど開いていないところもあります。このようなマンションでは管理組合が実質的に機能していないようです。総会が開催されていない場合、開催方法としては、管理者が招集する場合と、管理者がいない場合には区分所有者の5分の1以上かつ議決権の5分の1以上の意見がまとまれば総会を開催（招集）することができます。

§Ⅲ　マンション管理の現実

図Ⅲ-14　集会開催状況

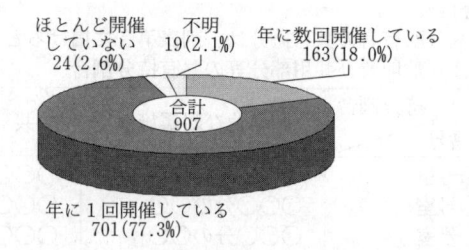

- ほとんど開催していない　24(2.6%)
- 不明　19(2.1%)
- 年に数回開催している　163(18.0%)
- 年に１回開催している　701(77.3%)
- 合計　907

ケース　総会の議決権に関する相談で、「２部屋もっている人の議決権は？」という議決権の割合に関する相談があります。

コメント　議決権は規約で別に定めていない場合には、所有している共用部分の共有持分割合（専有部分の床面積の割合）に応じて定められます。例えば、50㎡の住戸を持っている区分所有者と100㎡の住戸を持っている区分所有者では議決権の割合は１：２になります。このように専有部分の床面積に応じて議決権を決めている場合と、住戸の広さに関わらずすべて１としている場合があります。２戸以上所有している場合でも、上記の考え方が適用されます。なお、１区分所有者の議決権が１／５以上や１／４以上になると、この一人が反対することで重要な決議が成立しにくいことが想定されます。そのため、１区分所有者の議決権が１／５や１／４を超えないように制限をしている場合もあります。

図Ⅲ-15 共有持分割合 例

(共有持分)
第10条 各区分所有者の共有持分は、別表第3に掲げるとおりとする。
　別表第3　敷地及び共用部分等の共有持分割合

持分割合　　住戸番号	敷地及び附属施設	共　有　部　分
○○号室	○○○分の○○	○○○分の○○
○○号室	○○○分の○○	○○○分の○○
○○号室	○○○分の○○	○○○分の○○
○○号室	○○○分の○○	○○○分の○○
○○号室	○○○分の○○	○○○分の○○
○○号室	○○○分の○○	○○○分の○○
・ ・ ・ ・	・ ・ ・ ・	・ ・ ・ ・
合　　　　計	○○○分の○○○	○○○分の○○○

理事会の運営と理事の資格―選出方法、任期、報酬―

ケース　理事会について、「理事のなり手がない」といった共通した悩みの他に、「理事(役員)の任期は何年がよいのでしょうか」「どのように選べばよいのでしょうか」「役員には報酬を出した方がよいのでしょうか」「賃貸化が進んできたので賃借人にも役員になってもらってよいでしょうか」「不在所有者から割増料金をとってよいでしょうか」といった相談があります。

コメント　理事会の運営や理事などの役員選出についての相談がありますが、全国のマンションの様子をみてみますと、理事会を「大体月に1回は開いて理事で話し合う」マンションが54.4％で、約半分を占めています。それよりも開催頻度が少ないマンションもあり、一般的な傾向からすると比較的規模の小さいマンションでは話し合う機会が少なくなっています。

§Ⅲ　マンション管理の現実　　　　　71

図Ⅲ-16　理事会開催状況

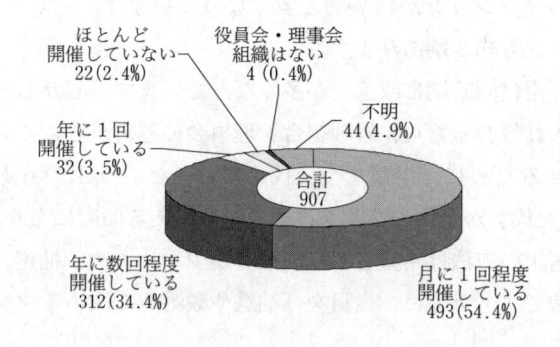

- ほとんど開催していない　22(2.4%)
- 役員会・理事会組織はない　4(0.4%)
- 年に1回開催している　32(3.5%)
- 不明　44(4.9%)
- 年に数回程度開催している　312(34.4%)
- 月に1回程度開催している　493(54.4%)
- 合計　907

図Ⅲ-17　役員の任期

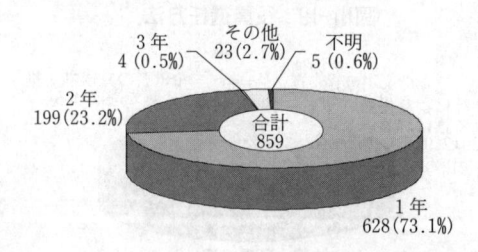

- 3年　4(0.5%)
- その他　23(2.7%)
- 不明　5(0.6%)
- 2年　199(23.2%)
- 1年　628(73.1%)
- 合計　859

図Ⅲ-18　役員の改選時期

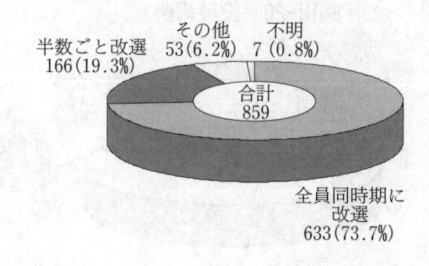

- 半数ごと改選　166(19.3%)
- その他　53(6.2%)
- 不明　7(0.8%)
- 全員同時期に改選　633(73.7%)
- 合計　859

理事の任期については、再任をさまたげないとするものの、原則は「1年」のマンションが約7割と多くなっています。そして、「2年」のマンションも約2割あります。

　理事は「全員同時期に改選」が多くなっています。しかし一方で、理事が全員入れ替わったら、管理組合、理事会の運営がしにくいので継続性を持たせるために「半数ずつ交代にする」という工夫もあります。「半数ずつ交代」が全体の2割を占め、年々増える傾向にあります。

　役員の選出の方法は希望者や立候補者が少ないため、抽選、順番が多いのが現状です。実際に、役員を「抽選や順番」で決めるマンションが約7割です。

　もう少し役員についてみましょう。「役員に報酬を払うのですか？」

図III-19　役員選任方法

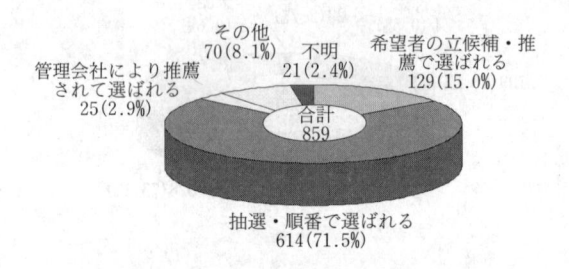

- その他 70(8.1%)
- 不明 21(2.4%)
- 希望者の立候補・推薦で選ばれる 129(15.0%)
- 管理会社により推薦されて選ばれる 25(2.9%)
- 抽選・順番で選ばれる 614(71.5%)
- 合計 859

図III-20　役員報酬

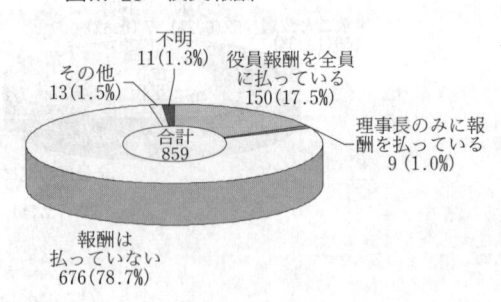

- 不明 11(1.3%)
- その他 13(1.5%)
- 役員報酬を全員に払っている 150(17.5%)
- 理事長のみに報酬を払っている 9(1.0%)
- 報酬は払っていない 676(78.7%)
- 合計 859

という相談がありましたが、最近は報酬というほどではありませんが、少額を支払っているケースが17.5%あります。その金額をマンションに聞いてみますと、1ヵ月に数千円から数万円のところまで幅があります。

理事の選び方の工夫や報酬の具体的な金額は§Vでのべることにします。

賃借人と不在所有者－賃貸化への対応と賃借人の役員資格－

ケース　マンションで賃貸化が進み、「管理組合の役員のなり手が減る」「賃借人が規約やルールを守らない」「賃借人が共同生活上のトラブルを起こす」といった問題があります。

コメント　賃貸化が進み、居住者のなかに所有者と賃借人といった立場の異なる人が一緒に居住することになります。賃借人にも基本的にはマンションに住む居住者として規約やルールを守ってもらう必要があります。そのため、規約やルールを賃借人にも渡すことが基本的に必要になります。

一方、所有者の中にも居住している人とマンションに住んでいない人が存在することになります。どちらも管理組合の構成員です。そのため、重要な知らせを掲示板や回覧版、ポストへの配付や手渡しだけでは伝えられません。不在所有者への連絡には手間・ひまがかかります。そして、マンションに住み、毎日建物をみているわけではありませんから、どうしても修繕やお金のかかることには消極的になりがちになります。こうした立場の異なる居住者、所有者の管理意識の相違を管理組合の対応で小さくする必要があります。そのためには、不在所有者にはマンションの情報を、広報誌や理事会だよりを送るなどしてできるだけ伝える必要があります。

こうした対応のしかたで実際に管理問題の発生が異なっています。

賃借人の役員就任資格については、相談のなかにもありましたが、賃借人も役員に就任するマンションが現在、全国で約1割あります。どんなふうに賃借人にも役員をしてもらうのか、またどのように賃借人にも管理に関心をもってもらい、参加してもらうのか、この工夫は§Ⅴでもちょっとみることにします。

表Ⅲ-6　管理組合の賃貸化への対応状況

```
                                                    数字は構成率％
1. 賃貸についての規約やルール
    1．特にない……………………………………………………73.4
    2．条件付にしている…………………………………………24.4
    3．不明 …………………………………………………………2.2
    ＊禁止しているのは0％
2. 所有者が住戸を他人に貸す場合の届け出制度
    1．届け出制度あり……………………………………………61.1
    2．届け出制度なし……………………………………………38.9
3. 賃借人に規約や使用細則の配付
    1．配付をしている……………………………………………63.3
    2．配付をしていない…………………………………………36.7
4. 賃借人に規約やルールの説明
    1．説明をする…………………………………………………61.1
    2．説明をしない………………………………………………38.9
5. 「規約や使用細則を遵守する」誓約書の提出
    1．家主（不在所有者）、賃借人の両方が提出………………5.6
    2．家主（不在所有者）のみが提出…………………………16.6
    3．賃借人のみが提出…………………………………………12.2
    4．誓約書の提出はない………………………………………66.7
6. 賃借人の総会出席資格
    1．いつでも出席できる………………………………………35.6
 ┌─ 2．条件付で出席できる………………………………………44.8
 │   3．一切認めていない…………………………………………14.9
 │   4．総会なし ……………………………………………………4.6
 └→内訳（複数回答可）
    1．会議の目的に利害関係を有する場合……………………41.0
    2．理事会が必要と認めた場合………………………………35.8
    3．委任状がある場合…………………………………………59.0
```

§Ⅲ　マンション管理の現実

```
7．賃借人の総会での議決権行使
   1．いつでも行使できる……………………………………12.8
   2．委任状があれば代理人として………………………44.2
   3．一切行使できない……………………………………38.4
   4．総会なし ………………………………………………4.6
8．賃借人の管理組合の役員就任資格
   1．すべての役員になれる………………………………14.9
   2．三役以外はなれる ……………………………………6.9
   3．一切なれない…………………………………………70.1
   4．役員は決っていない …………………………………4.6
   5．決っていない …………………………………………3.4
```

首都圏・関西圏の87マンション

図Ⅲ-21　管理規約における賃借人の役員就任規定

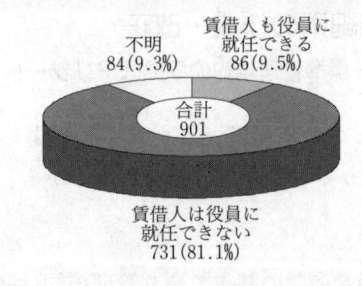

不明　84（9.3%）
賃借人も役員に就任できる　86（9.5%）
合計　901
賃借人は役員に就任できない　731（81.1%）

管理者は誰に？

ケース　「管理者は誰にすればよいでしょうか」という相談もあります。

コメント　管理者とはそのマンションの管理の最高責任者です。管理者は§Ⅱでのべましたように、管理組合の理事長がなることが望ましいのですが、実際に「管理者は誰ですか」という質問に、「管理組合代表者（理事長）」と回答したマンションが75.7%になっています。その他には「管理会社」の場合が4.6%、そして「不明」や「明記なし」の回答が1割以上あります。この1割の人には、「管理者」の意味がよく通じなかったのかもしれません。皆さんのマンションでは管理者は誰になっているでしょうか。

§III　マンションの管理の現実

図III-22　管理規約で定められた管理者

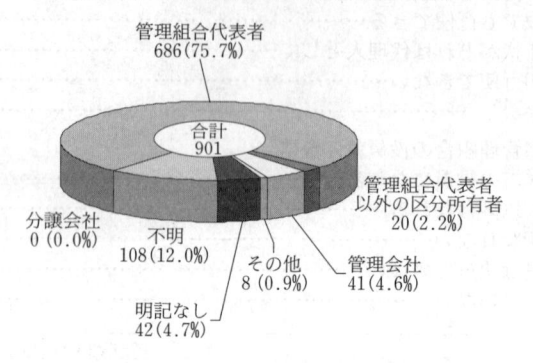

- 管理組合代表者　686(75.7%)
- 合計　901
- 管理組合代表者以外の区分所有者　20(2.2%)
- 管理会社　41(4.6%)
- その他　8(0.9%)
- 明記なし　42(4.7%)
- 不明　108(12.0%)
- 分譲会社　0(0.0%)

●管理規約・使用細則の作成・改正

管理規約の整備―標準管理規約の準拠は？リゾートマンションは？―

> ケース　「管理規約がないので、どうつくればよいのでしょうか？」「標準管理規約と違っていてもよいのでしょうか？」といった相談があります。

コメント　管理組合運営の基本である管理規約は99.3%のマンションにあります。しかし規約がないマンションも少数ではありますが存在しています。前にものべましたが、管理規約には標準管理規約があります。標準とはあくまでも標準ですが、一つの参考とするのによいでしょう。もちろん規約の内容が標準の物と違ってもよいのですが、よく内容を比較して、現在のままがよいのか、変更したほうがよいのか、どちらが自分のマンションに適しているかを考える必要があります。

実際にみなさんのマンションで使っている管理規約がどれだけ標準管理規約に準拠しているかをみてみます。「標準管理規約を知らない」というマンションも約4割あります。そして、「最も新しい標準管理規約（1997年に改正されたもの）」に準拠しているマンションは全体の約2

§Ⅲ マンション管理の現実　　77

割となっています。一度、皆さんのマンションの管理規約の内容をぜひ確認してみてください。

図Ⅲ-23　標準管理規約の認知状況

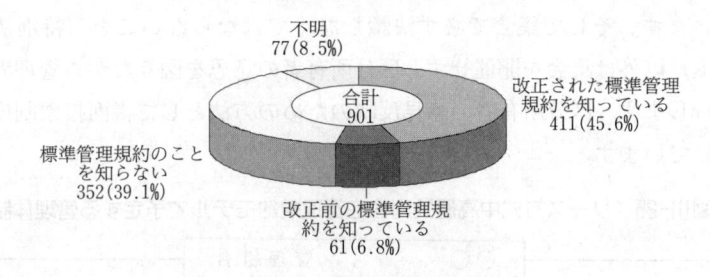

- 不明　77(8.5%)
- 改正された標準管理規約を知っている　411(45.6%)
- 改正前の標準管理規約を知っている　61(6.8%)
- 標準管理規約のことを知らない　352(39.1%)
- 合計　901

図Ⅲ-24　標準管理規約の準拠状況

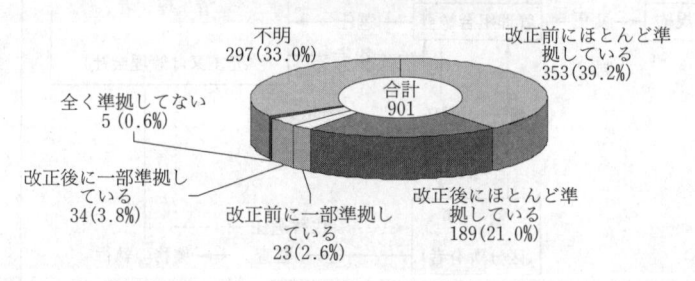

- 不明　297(33.0%)
- 改正前にほとんど準拠している　353(39.2%)
- 改正後にほとんど準拠している　189(21.0%)
- 改正前に一部準拠している　23(2.6%)
- 改正後に一部準拠している　34(3.8%)
- 全く準拠してない　5(0.6%)
- 合計　901

> ケース　リゾートマンションやワンルームマンションの場合に「所有者が誰も住んでいないのにどのように管理をし、どのように規約を定めればよいのでしょうか」という相談があります。

コメント　リゾートマンション、そしてはじめから他人に貸すことが想定されていたワンルームタイプのリースマンションと呼ばれるものでは、管理組合で理事会を運営し、皆んなが集まって物事を決める大原則がかなり難しい状態にあります。通常のマンションでも賃貸化が進んでいくことを考えますと、多くの所有者が不在の場合の方法を今後は真剣に考える必要があります。現在のところは、昭和60年に㈳高層住宅管理

業協会で作られた「リース方式中高層共同住宅管理規約モデル」があります。この規約が想定している管理方法をみてみますと、このモデルでは、管理者に売主または管理会社がなり、監事を区分所有者から選んでいます。そして集会で必ず決議しなくてはならないこと（特別決議事項）以外は集会を開催せず、区分所有者の意思を図りながら管理者が執行します。区分所有者の意見反映のための方法として書面投票制度を設けています。

図III-25　リース方式中高層共同住宅管理規約モデルで予定する管理体制

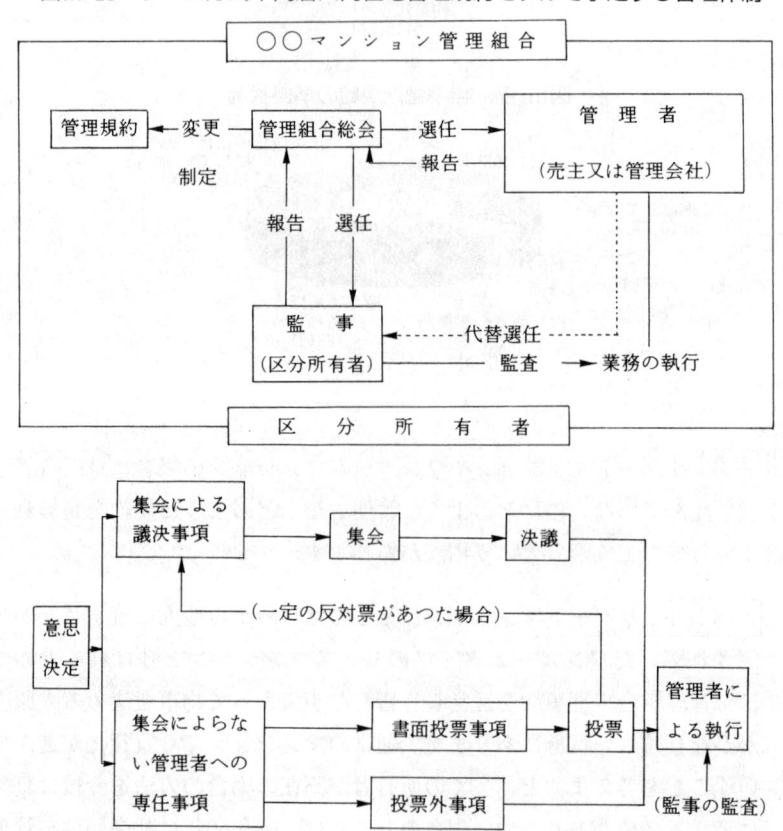

管理規約の改正

ケース 「管理規約を変えたいのだけれど・・・」という相談もあります。

コメント 管理規約はとても大切なものですので、内容をそう簡単に、思い付きでは変更できません。そのため、区分所有者および議決権の4分の3以上の多数による議決が必要です。管理規約の改正は以前の区分所有法では全員一致でないと変更できませんでしたので、この点では変更しやすくなったといえます。規約の改正案の検討は理事会のなかで行うこともありますが、理事会の諮問機関として規約改正委員会を作って本腰を入れて検討する方法があります。

どのぐらいのマンションで、管理規約の改正経験があるのでしょうか。新しいマンションなら改正する必要はないかもしれませんが、何十年も前から同じものを使っているのではかなり現実にあわなくなっている可能性があります。規約を改正するには4分の3以上の多数による決議が必要ですが、こうした決議をとり、規約を改正した経験のあるマンションは54.5%と、約半分あります。

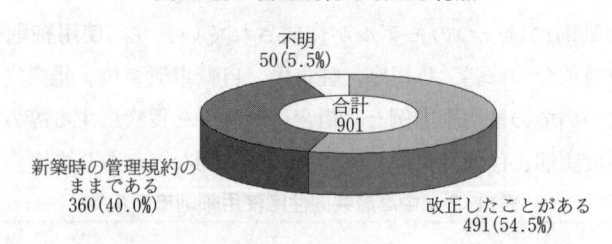

図III-26 管理規約の改正の有無

不明 50(5.5%)
合計 901
新築時の管理規約のままである 360(40.0%)
改正したことがある 491(54.5%)

使用細則・使用規定の作成

ケース 「使用細則・使用規定をどのようにつくればよいのでしょうか」という相談があります。

コメント 使用細則や使用規定とは、マンションの利用の仕方や生活に関することを規約とは別に定めたルールのことです。例えば、規約で「これについての詳細は別途○○使用細則で定める」という形態をとり、具体的な細かい内容を使用細則・使用規定で定めることができます。ペットの飼育に関してや、ピアノなどの楽器の演奏時間、集会室の使用方法、駐車場の使用に関することなどがあります。

実際のマンションでどのような使用細則・協定がつくられているかをみてみますと、何らかの使用細則や協定があるマンションは95％です。なかでも多いのは、使用・居住のルールや、駐車場・自転車置き場・集会所の共用施設、ペット飼育や専有部分のリフォームなどに関することです。

図III-27　使用細則・協定等の有無（ある場合の内訳）

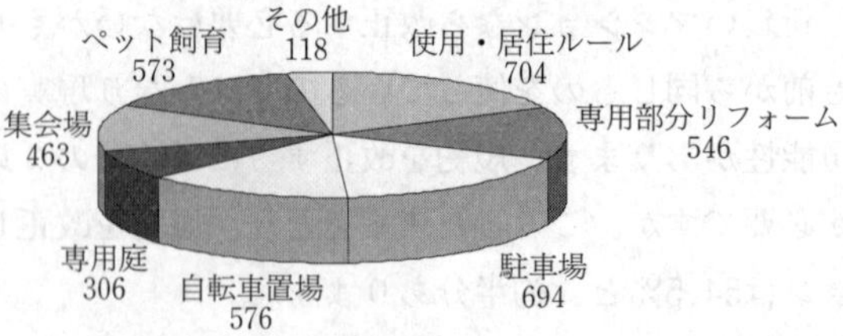

ペット飼育 573
その他 118
使用・居住ルール 704
集会場 463
専用部分リフォーム 546
専用庭 306
自転車置場 576
駐車場 694

使用細則には一つのモデルが作成されています。**使用細則モデル**には、専有部分の修繕、専用庭、駐車場、自転車置き場、集会室、ペット飼育についての使用細則例と、組合員が住戸を賃貸にする際の誓約書、組合員変更届、住所変更届、入居届の書式例などがあります。

表III-7　中高層共同住宅使用細則モデル

- ○○マンション使用細則（専有部分の使用、敷地及び共用部分等の使用など）
  別記様式第一　貸与時の誓約書，別記様式第二　組合員変更届，別記様式第三　通知受領場所届け，別記様式第四　入居届
- 専有部分の修繕等に関する細則
  別記様式第一　申請書，別記様式第二　工事計画のお知らせ，別記様式第三

§Ⅲ　マンション管理の現実　　　　　81

　　調査など申立書，別記様式第四　決定通知書
・専用庭使用細則
・駐車場使用細則
　　別記様式第一　契約申込書，別記様式第二　駐車場使用契約書，別記様式第三　契約自動車変更届け，別記様式第四　解約申入れ書
・自転車置き場使用細則
　　別記様式　自転車置き場使用申込書
・集会室使用細則
　　別記様式第一　集会室使用申込書，別記様式第二　集会室使用承認書
・ペット飼育細則　例1-2
　　別記様式第一　ペット飼育申請書，別記様式第二　誓約書，別記様式第三　ペット飼育承認書，別記様式第四　ペット飼育終了届，別途様式　ペット飼育届出書
＜参考＞　ペットクラブ会則例

●保険の契約

加入している保険

> ケース　「どのような保険に入ればよいのでしょうか」といった保険に関する相談があります。

> コメント　マンションの共用部分の管理責任は管理組合にあります。そのため、火事やガス爆発などの災害には火災保険、万が一外壁が落ちて通行人にけがをさせた場合のための施設賠償責任保険や、地震保険などがあります。

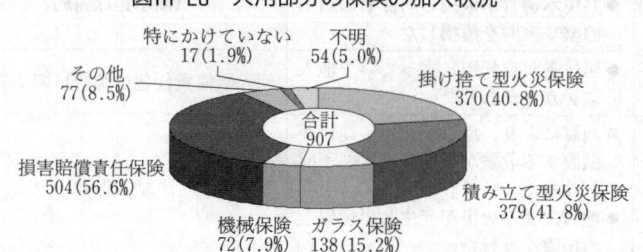

図Ⅲ-28　共用部分の保険の加入状況

合計 907

- 特にかけていない 17(1.9%)
- 不明 54(5.0%)
- その他 77(8.5%)
- 掛け捨て型火災保険 370(40.8%)
- 積み立て型火災保険 379(41.8%)
- ガラス保険 138(15.2%)
- 機械保険 72(7.9%)
- 損害賠償責任保険 504(56.6%)

管理組合で実際にどんな保険に加入しているかをみてみますと、賠償責任保険、掛け捨てや積み立て型の火災保険が多くなっています。
　これらの保険のなかには修繕積立金の運用機能をもったものもあります。ここでは、㈶マンション管理センターが提携している保険を紹介しておきます。

表III-8　マンション修繕費用積立保険

損害の例	保険のつけ方
建物（共用部分）●火災・ガス爆発により、界壁・廊下が損傷し消火活動により階下にも被害がおよんだ	マンション修繕費用積立保険
共用部分のガラス ●共用部分に定着した板ガラスが破損	ガラス損害担保特約
水濡れ ●共用水道管が破裂し、共用部分の壁を汚損した	水漏れ損害担保特約
賠償責任 ●外壁がはがれ落ちて、通行人に重傷を負わせた ●共用水道管が破裂し居住者の居室の壁や家財を汚損した	施設賠償責任担保特約（漏水担保特約）
●居住者が自転車に乗っていて他人にケガを負わせた	個人賠償責任包括契約に関する特約
地震 ●地震により、地盤が沈下し建物が倒壊する危険が発生し、居住不能となった ●地震により火災が発生し半焼以上の損害をうけた	地震保険

§Ⅲ　マンション管理の現実

●管理費・修繕積立金
管理費―金額や負担割合は？―

> ケース　「うちのマンションの管理費は高くって・・」「どのぐらいの金額が妥当でしょうか」「どのように負担すればよいのでしょうか」という相談があります。

コメント　管理費は建物の状態、施設や設備の状態、管理会社への委託の仕方、管理員の雇用条件、そして住戸数などによって違ってきます。

　実際の、あるマンションの管理費の構成比をみてみます。110戸、5階建てのマンションです。エレベーターはありません。管理費は、戸当り平均11,000円です。管理員業務と清掃業務を管理会社に委託をし、その委託業務費が全体の40.4％、機械設備点検費（電気設備・給水設備・火災報知機など）は全体の7.4％、共用部分維持管理費（受水槽清掃費・簡易専用水道点検費・排水管清掃費・庭園維持費・小修理・保険料）が全体の11.2％、電気・ガス・水道・下水道料が全体の10.2％、その他管理組合運営費（会議費・広報費・通信交通費・役員報酬費）は30.8％となっています。会計業務は会計担当理事が行っています。植栽の管理も直接業者に委託し、管理会社への委託を少なくするようにしています。

　9階建て・7棟・529戸の全面委託型マンションでは、管理費は、戸当り平均9,600円です。管理委託費が全体の56.2％、設備維持費（エレベーター、ガス管、給水・電気設備など）が12.0％、電気・ガス・水道・下水道料が全体の8.9％、環境整備費（植栽の剪定等）が7.7％、修繕費（経常修繕等）が7.7％、その他管理組合運営費（会議費・広報費・通信交通費・役員報酬費）7.5％となっています。

　国土交通省の調査では管理費の1ヵ月平均は、戸当たりで11,109円です。これはマンションの総戸数が多くなるほど安くなる傾向がありま

図III-29　戸当たり管理費月額

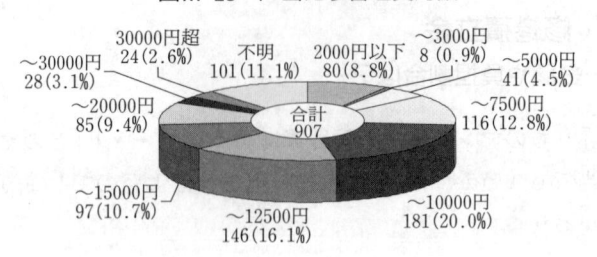

- 30000円超　24 (2.6%)
- ～30000円　28 (3.1%)
- ～20000円　85 (9.4%)
- ～15000円　97 (10.7%)
- ～12500円　146 (16.1%)
- ～10000円　181 (20.0%)
- ～7500円　116 (12.8%)
- ～5000円　41 (4.5%)
- ～3000円　8 (0.9%)
- 2000円以下　80 (8.8%)
- 不明　101 (11.1%)
- 合計　907

図III-30　管理費負担基準決定方法

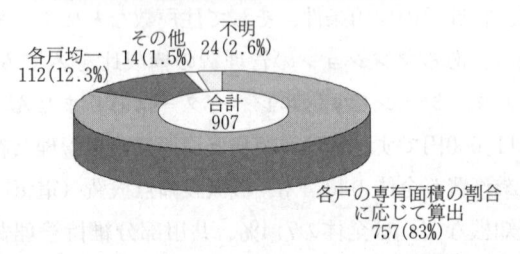

- 各戸均一　112 (12.3%)
- その他　14 (1.5%)
- 不明　24 (2.6%)
- 各戸の専有面積の割合に応じて算出　757 (83%)
- 合計　907

す。

　管理費の負担割合として、「管理費をどう負担しているか」をみますと、どの大きさの住戸も「各戸均一」の場合と「住戸の専有面積に応じて金額が異なる」場合があります。実際には「住戸の専有面積に応じて負担する」場合が多くなっています。なかには、管理費の金額を、「専有面積に応じる部分」と「一律金額部分」を組みあわせ、管理費の金額を決めているマンションもあります。

　また、専有部分の利用の仕方により費用負担を変えている事例があります。北海道のあるマンションでは、事務所に用途転用した場合には、「本来居住用のマンションなのに、皆さんに迷惑をかける」という理由から一般管理費に月々1,000円をプラスしています。

口座名義

ケース 「管理費や修繕積立金の名義はだれにすればよいのでしょうか」「管理会社の名義になっていて管理組合名義にしてくれません」といった相談があります。

コメント 平成11年に国土交通省から「積立金の名義は管理組合に」という通達が出されました。管理会社の名義のままで安心しているマンションもあるかもしれませんが、管理費・修繕積立金の名義が管理会社になっていて、そのまま管理会社が倒産し、せっかく積み立てたお金が管理組合になかなか戻ってこないことがありました。

そのため、管理費に関しても積立金に関しても、口座名義が「管理組合理事長」にしているマンションが約7割あります。

理事長名義にしたからといって、もちろん理事長が勝手に使うことはできません。「通帳と印鑑をわけてもつ」体制も必要です。現在、「通帳と印鑑を役員がわけてもつ」ケースは15％と少なくなっています。すべて管理会社にあずけてしまい、管理組合がチェック体制をもたないことのないようにする必要があります。

図III-31 管理費の口座名義

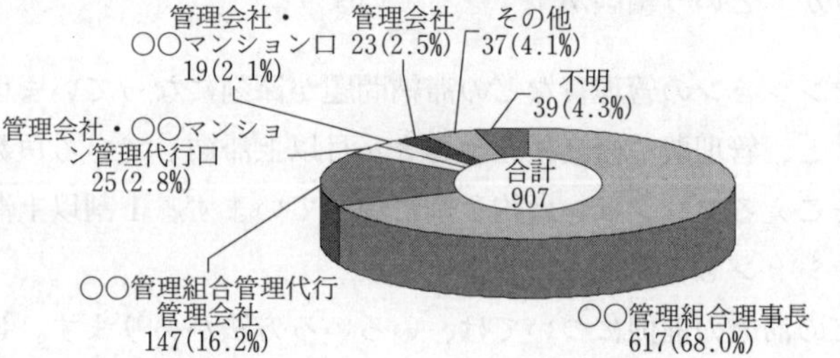

- 管理会社・〇〇マンション口 19(2.1%)
- 管理会社 23(2.5%)
- その他 37(4.1%)
- 不明 39(4.3%)
- 管理会社・〇〇マンション管理代行口 25(2.8%)
- 〇〇管理組合管理代行管理会社 147(16.2%)
- 〇〇管理組合理事長 617(68.0%)
- 合計 907

図III-32　修繕積立費の口座名義

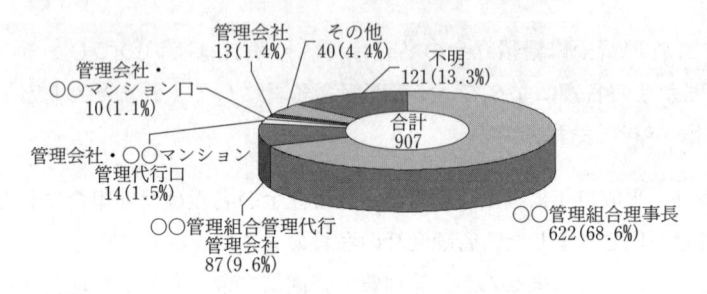

- 管理会社 13(1.4%)
- その他 40(4.4%)
- 不明 121(13.3%)
- 管理会社・○○マンション口 10(1.1%)
- 管理会社・○○マンション管理代行口 14(1.5%)
- ○○管理組合管理代行管理会社 87(9.6%)
- ○○管理組合理事長 622(68.6%)
- 合計 907

図III-33　管理費の口座の管理状況

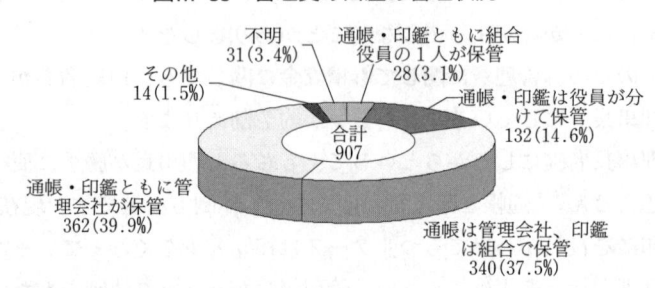

- 不明 31(3.4%)
- 通帳・印鑑ともに組合役員の1人が保管 28(3.1%)
- その他 14(1.5%)
- 通帳・印鑑は役員が分けて保管 132(14.6%)
- 通帳・印鑑ともに管理会社が保管 362(39.9%)
- 通帳は管理会社、印鑑は組合で保管 340(37.5%)
- 合計 907

滞納の状態と対応

ケース 「管理費や修繕積立金の滞納が増えて、どのように対応すればよいのでしょうか」という相談が多くなっています。

コメント マンションの管理費などの滞納問題が深刻になっています。全国でみますと、管理費や修繕積立金を3ヶ月以上滞納している戸数割合が、2％をこえるマンションは約2割になっています。1割以上滞納しているマンションも1％近くあります。

　管理費などの滞納の催促については、いろいろ方法があります。しかし、その前に管理組合は第一に管理費などの滞納状況を把握することが必要です。そこで、管理会社から月々の会計報告を受けることが大切です。私の知っている管理会社では、3ヶ月たてば管理会社名で滞納者に

督促状を事務的に出します。6ヶ月たてば、管理組合名で内容証明を出します。それでも回収できない場合は少額訴訟へと進みます。この手続きのうち、管理会社の判断でできることは管理会社名で督促状を出すまでになります。それより一歩先に進んだ催促は、管理組合の名前で行うことになりますので、管理組合からの依頼が必要です。必要に応じてすみやかに滞納に対応できるように管理組合内でどのような場合にはどのような催促をするかを決めておく必要があります。

図III-34　管理費・修繕積立金の滞納戸数割合

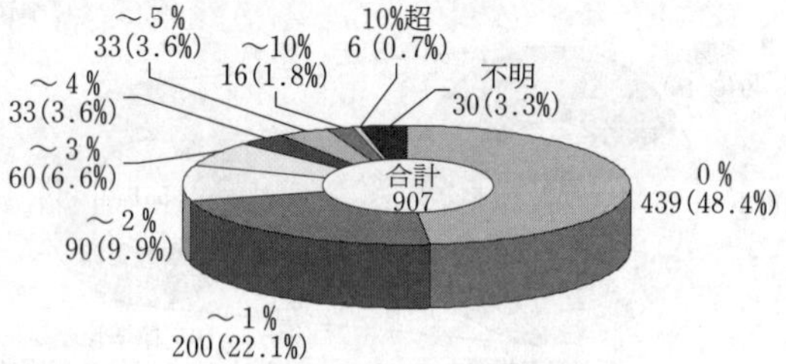

～5％ 33(3.6％)
10％超 6(0.7％)
～10％ 16(1.8％)
不明 30(3.3％)
～4％ 33(3.6％)
～3％ 60(6.6％)
合計 907
0％ 439(48.4％)
～2％ 90(9.9％)
～1％ 200(22.1％)

5．管理会社との関係

●管理会社・管理形態の変更

管理会社の変更—委託内容の確認—

> ケース　「管理会社の経理が不明瞭だ」「いくら言っても修繕積立金の口座名義を管理会社のままにしている」「管理会社を変えたい」「よい管理会社を紹介してほしい」などの相談があります。

コメント　管理組合から管理会社に対する不満は少なからずあり、相談も多くなっています。頼りにしているだけに文句も言いたくなるのが現状のようです。このような場合にはまず管理会社と話し合い、契約関係を明確にしましょう。契約の内容を確認し、どのような業務を委託し

ているのか、トラブルを回避するには抽象的な言い方ではなく、できるだけ具体的な記述で契約することも必要です。管理会社からすれば「それは契約に入っていない」こともあります。そして、管理組合は管理会社からきちんと報告をうけることが大切です。一気に管理会社を変える前に、こうした努力がまず必要で、契約関係を双方で理解しあうことが大切になります。現在、管理会社との契約の際に標準管理委託契約書に準拠しているマンションは、約7割となっています。

図III-35 標準管理委託契約書への準拠状況

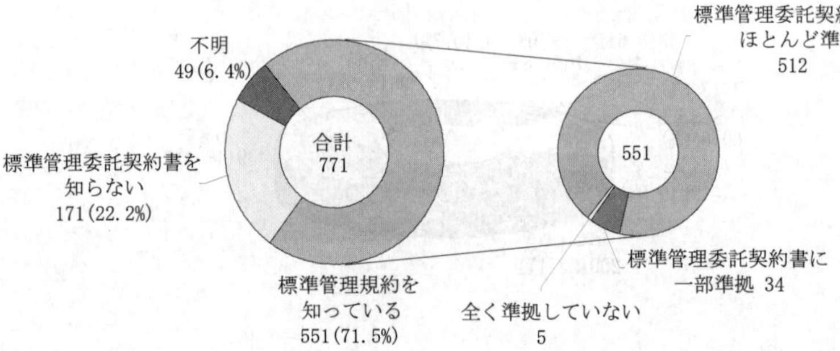

不明
49(6.4%)

標準管理委託契約書を知らない
171(22.2%)

合計
771

標準管理規約を知っている
551(71.5%)

標準管理委託契約書にほとんど準拠
512

551

標準管理委託契約書に一部準拠 34

全く準拠していない
5

　いろいろ検討した結果、管理会社を変えようとする場合に、現在委託している管理会社以外の、他社から見積もりをとることがあります。その場合に、利用できるものとして、**共通の管理業務発注仕様書**があります。これはかなり細かい項目ごとに管理組合が発注業務を決める仕組みになっています。この発注書の項目ごとにどの業務をどのように委託するかを検討するだけでも、今までの契約関係がいかにいい加減であったのかを確認することにもなりそうです。管理会社に業務を委託するのは管理組合の皆さんですので、管理組合の主体的な態度がまず必要になります。

　現在の管理会社が分譲当初から同じであるマンションは約9割あり、管理会社を変えているマンションの方が少ないのが現状です。

　また、「よい管理会社を紹介してほしい」ということですが、一つの

基準としてマンションの管理会社が国土交通省に任意に登録する制度がありました（マンション管理適正化法により任意ではなくなりました。）。この登録制度はあくまで任意でしたので、必ず登録しなければならないわけではありませんでした。しかし登録できる条件として、①営業所ごとに管理業務主任者をおくこと、②財産的基礎、金銭的信用に関する一定の基準があります。また③営業所ごとに現況報告と財務諸表を毎年提出すること、そして「業務処理準則」を遵守することになります。業務処理準則には①管理業務主任者による委託契約前の書面による重要事項説明、②一括再委託の禁止、③管理組合ごとに独立した会計処理、④管理組合ごとに会計帳簿作成、⑤管理組合への報告、通知業務などがあります。そのため、管理会社を選ぶ上での一定の目安になっていました。平成13年1月現在では登録している管理会社は全国で535ありました。これからはマンションの管理業を営む場合は全て登録することになりましたので、もっと増えてくるでしょう。すでに登録している管理会社の内容として、「マンション管理会社要覧」を高層住宅管理業協会のホームページ（http://www:kanrikyou.or.jp）でみることができます。

図III-36　管理会社決定方法

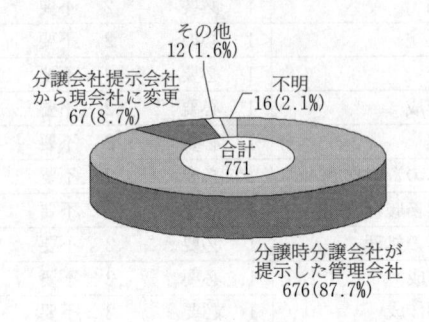

- その他 12(1.6%)
- 分譲会社提示会社から現会社に変更 67(8.7%)
- 不明 16(2.1%)
- 分譲時分譲会社が提示した管理会社 676(87.7%)
- 合計 771

表III-9　管理業務発注仕様書
（共通仕様発注書　事務管理業務部分のみ）

事務管理業務

組合員等名簿整備・更新	1	必要	2	不要
月次管理費等請求	1	必要	2	不要
月次入金・未入金報告	1	必要	2	不要
管理費等請求台帳整備・更新	1	必要	2	不要
滞納者通常督促	1	必要（滞納後　　月まで）	2	不要
各戸水道料等精算・請求	1	必要（　　月毎に1回）	2	不要
管理組合諸費用支払い	1	必要	2	不要
会計帳簿作成	1	必要	2	不要
月次収支状況報告	1	必要	2	不要
預金通帳保管	1	必要	2	不要
預金証書等保管	1	必要	2	不要
銀行取引印保管	1	必要	2	不要
保険証券保管	1	必要	2	不要
収支予算案作成	1	必要	2	不要
収支報告書案作成	1	必要	2	不要
理事会出席	1	毎回出席	2	要請の都度　3　不要
理事会資料作成	1	必要	2	不要
理事会議事録案作成	1	必要	2	不要
総会出席	1	毎回出席	2	要請の都度　3　不要
総会資料案作成・配布	1	必要	2	不要
総会議事録案作成	1	必要	2	不要
管理規約見直し案作成	1	必要	2	不要
細則新設案見直し案作成	1	必要	2	不要
建物・諸設備改善提案	1	必要	2	不要
宅地建物取引業者等への資料作成	1	必要	2	不要
外注業者契約事務、業務履行確認	1	必要	2	不要
管理組合駐車場契約等の処理	1	必要	2	不要
管理組合掲示文書等作成	1	必要	2	不要
消防署等への届出書類作成	1	必要	2	不要
損害保険事故関係事務の処理	1	必要	2	不要
車庫証明書発行	1	必要	2	不要

〈出典〉社団法人高層住宅管理業協会のホームページ

管理会社委託をやめて自主管理に

ケース 「管理会社に委託をするのをやめて自分たちでやりたいけれど、何か不安でどうすればよいのでしょうか」という相談もあります。

コメント 実際に管理会社に委託をしないでやっているマンションでお話を聞きますと、「どこでもできますよ」といとも簡単にいわれるマンションから、「こんなことなら管理会社に委託をしていればよかった」といわれるマンションまで評価は様々です。

現在、全て管理会社に委託しているマンションが全国で69.9%と約7割、管理会社に一部委託している場合が15.1%、管理会社を頼まないで管理員だけを雇っているのが1.5%、全く管理会社には頼まないで自分たちでやっているマンションは6.7%です。管理会社に委託をしない場合には、それだけの業務が管理組合の皆さん、特に理事の方々にかかってくることになります。こうした覚悟とそしてそれなりの体制を整備することが必要です。うまくいっているマンションでは、こうした役割分担の体制作りに成功したところといえるでしょう。実際に委託をしていないでどんなふうに進めているかは、§Vでのべることにします。

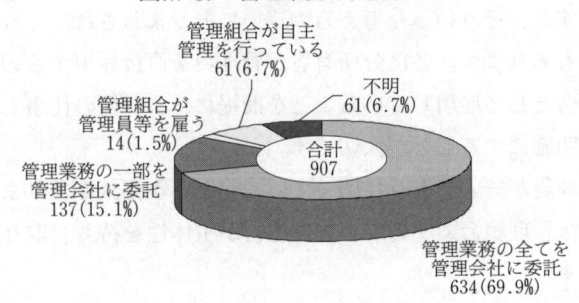

図III-37 管理業務の実施方法

- 管理組合が自主管理を行っている 61(6.7%)
- 不明 61(6.7%)
- 管理組合が管理員等を雇う 14(1.5%)
- 管理業務の一部を管理会社に委託 137(15.1%)
- 管理業務の全てを管理会社に委託 634(69.9%)
- 合計 907

●管理員の仕事と雇用
管理員の業務内容

> ケース 「管理員の態度がよくない」「管理員が何もしない」、逆に「管理員が仕切っている」などの相談があります。

コメント 管理員に対する相談というよりも批判が多くなっています。もちろん、「とってもよくやってくれています」と喜んでいるマンションもありますが、㈶マンション管理センターには誉める言葉はなかなか届いてきませんので、こういった相談が多くなっています。

　管理会社に委託をしているといっても、マンションにいるのは管理員です。そのため、マンションに住んでいる人の目は管理会社よりも管理員に集中することが多そうです。そこで、管理員の業務についても一度委託契約関係のなかで内容の確認をしましょう。そして、管理組合としては管理員にどんな業務を求めるのかをはっきりすることも大切です。理事のある人は「みなさんのご自宅に届いた荷物を預かるのは管理員の仕事だ！」といい、ある人は「荷物を預かるひまがあれば掃除をしろ！」ということになりますと、管理員は困ってしまいます。管理員に聞きますと、そういった考え方の違いに振りまわされてぐったりしていることもあります。各区分所有者が管理員を直接雇用するのではなく、管理組合として雇用していることを前提に、まず何の仕事をしてもらうのかを明確にすることが大切です。

　「管理員が一人で取り仕切っている」という相談もありますが、管理の主体は管理組合ですので、管理組合が主体性を持ち、取り組むことが必要です。

表III-10 管理業務発注仕様書（共通仕様発注書　管理員業務部分）

管理員業務

管理員業務	1　必要	2　不要
希望勤務形態	1　住込み	2　通勤
希望勤務日	週　　　　日勤務	
希望勤務時間	午前　　時　　分から午後　　時　　分まで	

（希望業務）

不在者宅配物の預かり	1	必要	2	不要
各種使用申込受理	1	必要	2	不要
転出・退出届受理	1	必要	2	不要
管理規約等閲覧対応	1	必要	2	不要
引越業者等指導	1	必要	2	不要
無断駐車指導	1	必要	2	不要
建物・敷地内定期巡回	1	必要	2	不要
建物・諸設備外観点検	1	必要	2	不要
各住戸量水器検針	1	必要	2	不要
外注業者業務履行確認	1	必要	2	不要
管理組合文書掲示・配布	1	必要	2	不要
火災・漏水事故等対応	1	必要	2	不要
日常清掃	1	必要	2	不要
その他（　　　　　）	1	必要	2	不要
その他（　　　　　）	1	必要	2	不要
その他（　　　　　）	1	必要	2	不要
その他（　　　　　）	1	必要	2	不要

〈出典〉社団法人高層住宅管理業協会のホームページ

管理員の雇用形態・勤務形態

ケース 「基本的に管理員は必要なのでしょうか」という相談があります。管理員の「勤務時間」や「住み込みがよいのか通いがよいのか」、「直接雇用をどのようにすればよいのか」「どのように人を探せばよいのか」という相談があります。

コメント 管理員がすることの多い業務には、例えば、ゴミ回収日のゴミ回収後の清掃、来客の受付、荷物の預かり、エントランスまわりの清掃、居住者への連絡、設備の点検の立会い、夜間など緊急時の対応などがあります。管理員がいない場合には、これらの業務を誰がどのように担当するのか、居住者で分担するのか、別の業者に頼むのかを検討することになります。

管理員を管理組合で直接雇用している事例を§Ⅴでのべることにします。

6．維持管理面の問題

●日常的な建物の維持管理
日常清掃

ケース 日常清掃にかかわる相談として、「清掃がきちんと行われていない」があります。

コメント これも業務委託契約の内容を確認することが必要です。それからファミリーマンションでよくみかけるのですが、「あなたは掃除をする人・私は汚す人」といった関係にならないように、「月に1回はみんなで掃除をしましょう」といった取り組みです。東京のあるマンションではこうした取り組みによって汚れ方がかなり変わったといわれまし

た。共同清掃は単に掃除をするだけでなく、居住者のコミュニティ形成にも寄与しています。私のマンションでも月1回の共同清掃の日があります。主には、建物の外、共用の庭の清掃をするのですが、この機会を通じて隣近所の方の顔や名前、特にご主人の顔を覚えました。また、その際に近隣の買い物や医者などの情報も教えていただきました。これは私個人の経験ですが、様々なマンションで同様のお話を聞きました。こうした工夫もマンションならではの取り組みではないでしょうか。

表Ⅲ-11　管理業務発注仕様書（共通仕様発注書　清掃業務部分の一部）

清掃業務

①　日常清掃	1　必要			2　不要
清掃対象部分・清掃仕様（ご希望の対象部分・仕様を選択して下さい）				
［屋外部分］ 建物周囲／ゴミ拾い	1　必要	（週	回）	2　不要
植込／散水	1　必要	（週	回）	2　不要
植込／除草	1　必要	（週	回）	2　不要
植込／ゴミ拾い	1　必要	（週	回）	2　不要
駐車場・駐輪場／ゴミ拾い	1　必要	（週	回）	2　不要
マンホール・側溝／排水口・ドレンのゴミ除去	1　必要	（週	回）	2　不要
ゴミ集積場／ゴミの仕分け・整理	1　必要	（週	回）	2　不要
ゴミ集積場／洗い清掃・用具整理	1　必要	（週	回）	2　不要
その他（　　　　）／	1　必要	（週	回）	2　不要
その他（　　　　）／	1　必要	（週	回）	2　不要
その他（　　　　）／	1　必要	（週	回）	2　不要
［屋内部分］ ポーチ／床掃き拭き	1　必要	（週	回）	2　不要
ポーチ／排水溝・ドレンのゴミ除去	1　必要	（週	回）	2　不要
風除室／床掃き拭き	1　必要	（週	回）	2　不要
エントランスホール／床掃き拭き	1　必要	（週	回）	2　不要
エントランスホール／ゴミ箱・灰皿処理	1　必要	（週	回）	2　不要
エントランスホール／備品除塵	1　必要	（週	回）	2　不要
エントランスドア／ドア拭き	1　必要	（週	回）	2　不要
エントランスドア金属ノブ／金属ノブ磨き拭き	1　必要	（週	回）	2　不要
エントランスドアガラス／ガラス拭き	1　必要	（週	回）	2　不要
エントランス応接コーナー／備品除塵	1　必要	（週	回）	2　不要
エレベーターホール／床掃き拭き	1　必要	（週	回）	2　不要
エレベーターホール／ゴミ箱・灰皿処理	1　必要	（週	回）	2　不要
エレベーターホール／ガラス拭き	1　必要	（週	回）	2　不要
エレベーターホール籠／床掃き拭き	1　必要	（週	回）	2　不要

〈出典〉社団法人高層住宅管理業協会のホームページ

設備の保守点検

> ケース 設備の点検について、「設備の点検をしなければならないのか」という相談があります。

コメント 設備の点検は法的に決まっているものがあります。それは、マンションの安全のため、住んでいる人の命や生活を守るためです。どのような点検が必要かを表Ⅲ−12に示しました。

表Ⅲ−12 マンションの保守点検表

項　　目	内　　　容	備　　考
特殊建築物の定期調査 （市町村によって実施しているところと、していないところがあります。）	建築基準法第12条第1項の規定にもとづく定期調査報告。 実施時期：3年毎に1回 調査対象：一般事項・敷地関係・構造関係・防火関係・避難関係・衛生関係・その他	定期調査を委託する。
昇降機の定期検査	建築基準法第12条第2項の規定にもとづく定期調査報告。 実施時期：毎年1回	昇降機の保守点検を委託する。
特殊建築物の建築設備の定期調査 （市町村によって実施しているところと、していないところがあります。）	建築基準法第12条第2項の規定にもとづく定期調査報告。 実施時期：毎年1回 検査対象：3階以上または床面積300㎡以上のもの	定期点検を委託する。
消防用設備等の点検および報告	消防法第17条の3の3の規定にもとづく点検報告。 実施時期：機能点検6ケ月毎に1回 　　　　　総合点検は毎年1回	消防設備点検を委託する。
水　質　検　査	水道法第20条および第34条の2の規定にもとづく水質検査 実施時期：遊離残留塩素の測定は毎日	給水施設維持管理を委託する。

項　　目	内　　　　　容	備　　考
水道施設の検査	検査対象：※専用水道の遊離残留塩素 　　　　　※貯水槽の有効容量が100m³以上のもの 水道法第19条および第34条の2第2項の規定にもとづく施設検査 実施時期：1年以内に1回	給水施設維持管理を委託する。
貯水槽の清掃	水道法第19条および第34条の2第1項の規定にもとづく水槽の清掃 実施時期：1年以内に1回	貯水槽清掃を委託する。
自家用電気工作物の点検および試験	電気事業法第74条②項および④項の規定にもとづく電気工作物の維持および検査 実施時期：・月次点検は毎月1回 　　　　　・年次点検は6ケ月及び1年ごとに1回 　　　　　・臨時点検は随時	保守点検を委託する。
ガス消費機器の調査	ガス事業法第40条の2の規定にもとづく調査 実施時期：毎年1回以上	ガス会社が実施する。
電気工作物の調査	電気事業法第52条の規定にもとづく調査 実施時期：隔年（2年）に1回以上	電力会社が実施する。
清　　掃	清掃の箇所によって日・週・月および年の単位で行う。 ※清掃の実施にともなって発見された異常箇所の報告	清掃業務を委託する。
アンケート調査	組合員に対して専有部分と共用部分の接点の状況を調査するもの。 実施時期：年に1回程度または計画修繕工事の実施前	理事会または専門委員会が実施する。
管理組合または管理会社による点検調査	共用部分の調査 実施時期：年1回程度または計画修繕工事の実施前。	理事会または専門委員会が実施する。

●計画修繕への取り組み
長期修繕計画の作成・作成者

ケース 計画修繕についての相談は大変多くなっています。まず「計画をどのようにつくればよいのでしょうか」という相談があります。

コメント マンションを計画的に修繕するには、そのための長期修繕計画が必要です。1995年以降につくられたマンションでは、分譲会社が作成した長期修繕計画をつけて販売されることが多くなっています。しかし、それでもある程度時期がくれば計画の内容に見直しが必要になります。それは計画どおりに建物が傷むとは限らないからです。そこでそんなに修繕工事を急がなくてもよい場合もあります。逆に、計画よりも急いで行った方がよい場合もあります。計画内容の見直しのためには、建物の痛みぐあいを診断することが必要です。人間と同じで、診断を受けて、問題のあることが発見された場合には計画よりも早く対応することが必要となります。これを**建物の調査・診断**といい、建築の専門家の協力が必要です。

図III-38 長期修繕計画の作成状況及び作成主体

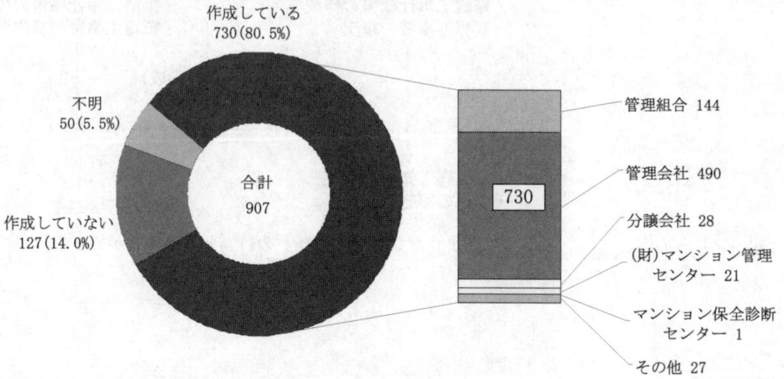

作成している 730(80.5%)
不明 50(5.5%)
作成していない 127(14.0%)
合計 907

730
管理組合 144
管理会社 490
分譲会社 28
(財)マンション管理センター 21
マンション保全診断センター 1
その他 27

§Ⅲ　マンション管理の現実

図Ⅲ-39　建物の点検と診断のながれ

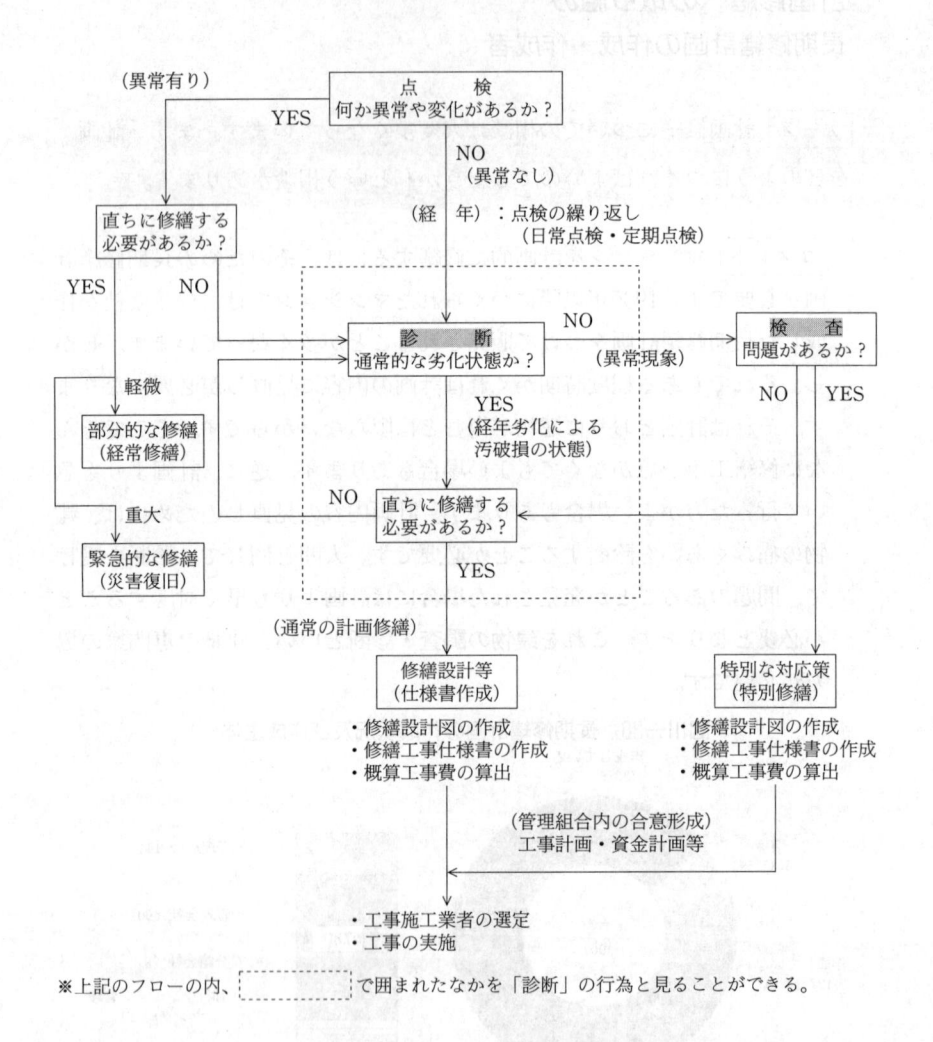

```
                    ┌─────────────────┐
                    │   点　　検       │
        (異常有り)   │何か異常や変化があるか？│
        ┌───YES─────┤                 │
        │           └─────────────────┘
        │                    │NO
        │                 (異常なし)
        │        (経　年)：点検の繰り返し
        │                  (日常点検・定期点検)
        ▼
  ┌──────────┐
  │直ちに修繕する│
  │必要があるか？│
  └──────────┘
   YES    NO
    │     │      ┌─────────────┐         ┌──────────┐
    │     └─────▶│   診　　断   │── NO ──▶│  検　査  │
    │軽微        │通常的な劣化状態か？│(異常現象)│問題があるか？│
    ▼            └─────────────┘         └──────────┘
 ┌──────┐            │YES              NO  YES
 │部分的な修繕│       (経年劣化による
 │(経常修繕)│         汚破損の状態)
 └──────┘              │
   │重大              ▼
   ▼          ┌──────────┐
 ┌──────┐NO ──│直ちに修繕する│
 │緊急的な修繕│    │必要があるか？│
 │(災害復旧)│    └──────────┘
 └──────┘         │YES

              (通常の計画修繕)

         ┌──────────┐       ┌──────────┐
         │修繕設計等  │       │特別な対応策│
         │(仕様書作成)│       │(特別修繕)  │
         └──────────┘       └──────────┘
         ・修繕設計図の作成    ・修繕設計図の作成
         ・修繕工事仕様書の作成 ・修繕工事仕様書の作成
         ・概算工事費の算出    ・概算工事費の算出

              (管理組合内の合意形成)
              工事計画・資金計画等

         ・工事施工業者の選定
         ・工事の実施
```

※上記のフローの内、[   ]で囲まれたなかを「診断」の行為と見ることができる。

§Ⅲ マンション管理の現実　　101

　現在、「長期修繕計画を作成している」マンションは80.5%と、約8割のマンションに計画があります。そして誰が作成しているかをみますと、圧倒的に管理会社が多くなっています。

修繕積立金と工事費用の調達方法

> ケース　「修繕積立金はいくらにすればよいのでしょうか」という相談もあります。

> コメント　全国のマンションの中で、修繕積立金の制度を持っているマンションは96.3%となっています。つまり、ほとんどのマンションに修繕積立金制度があります。

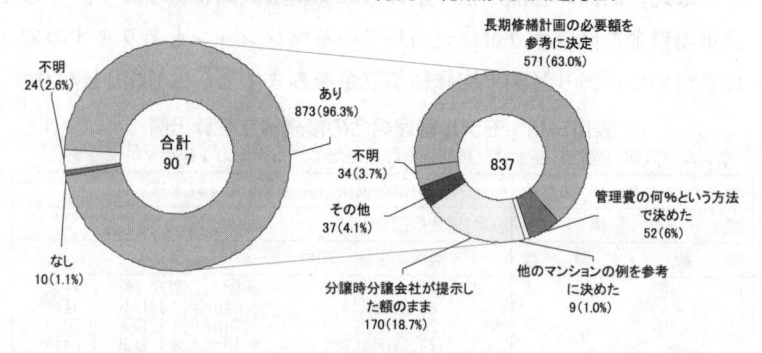

図Ⅲ-40　修繕積立金制度の有無及び決定方法

不明 24(2.6%)
あり 873(96.3%)
合計 907
なし 10(1.1%)

長期修繕計画の必要額を参考に決定 571(63.0%)
不明 34(3.7%)
その他 37(4.1%)
837
管理費の何%という方法で決めた 52(6%)
他のマンションの例を参考に決めた 9(1.0%)
分譲時分譲会社が提示した額のまま 170(18.7%)

　修繕積立金の金額は長期修繕計画に基づいて算出することになります。しかし実際に、修繕積立金を「長期修繕計画に基づいて金額を算出している」マンションが63%と、すべてのマンションではありません。
　適正な時期に適切な修繕をするには、計画に基づいて金額を決める必要があります。そのため、どのマンションでも同じ金額というわけにはいきません。そこで、マンションの状況に応じて比較的簡単に修繕積立金額を算出できる制度が㈶マンション管理センターにあります。この制

度を利用して算出された金額を概算値、目安として利用することができます。

一つの事例を紹介しましょう。8階建て、75戸、平均約70㎡の住戸専有面積のマンションとします。これから30年間に必要な修繕の費用を計算しますと、戸当り3,191,060円となります。そこで、これを単純に30年間（360ヶ月）で割りますと、約8,870円／戸・月になります。もちろんはじめに一時金で集めている場合には、月々の金額を抑えることもできますし、だんだん金額をあげていく、または駐車場料金を修繕積立金に充当するなどで、月々の修繕積立金を下げることもできます。

全国の修繕積立金額の平均をみますと、1カ月平均で戸当たり7,378円になっています。これが今マンションで各住戸が月々積立金として負担する費用の平均値になります。ちなみに長期修繕計画があるマンションでは比較的高い金額が積み上げられている傾向にあります。そして、駐車場料金を修繕積立金に充当しているマンションもありますので、それを含めて戸当り月額平均修繕積立金をみますと、9,183円となります。

表Ⅲ－13　モデル管理組合の修繕積立金算出例

モデル／入居（建設）後すぐに長期修繕計画をたてた市街地の1棟型マンション

所　　在　　地	神奈川県横浜市（完成2000年4月末日）
建　物　構　造	ＳＲＣ造
階　数　・　戸　数	8階建　1棟　75戸
住　宅　型　式	専有面積　　バルコニー面積　　型式　　　戸数 63.52㎡　　　6.54㎡　　2ＬＤＫ　41戸 75.19㎡　　　7.74㎡　　3ＬＤＫ　30戸 79.51㎡　　　8.18㎡　　3ＬＤＫ　 4戸 （平均 69.04㎡　　平均 7.11㎡　　　計 75戸）
建　築　面　積	750㎡
外　壁　材　料	タイル張り（混在割合率80%） 一部吹付タイルローラー押さえ
解放廊下・階段の防水面積	850㎡
屋　根　材　料	陸（ロク）屋根アスファルト、非歩行防水
張出バルコニー	あり　面積（バルコニー面積による）
屋　外　避　難　階　段	8階まで、1か所（矩形階段）
エ　レ　ベ　ー　タ　ー	1基（9人乗り）

§Ⅲ　マンション管理の現実

（2000～2020年まで省略）　　　　　　　　　　　　　　　　　　　　単位：万円

● 修繕項目 ●	2021年 21年(21)	2022年 22年(22)	2023年 23年(23)	2024年 24年(24)	2025年 25年(25)	2026年 26年(26)	2027年 27年(27)	2028年 28年(28)	2029年 29年(29)	2030年 30年(30)	合　計
外壁　　　　(12)				5254.39							10508.78
鉄部塗装　　(4)				474.30				474.30			3320.10
屋上防水　*1 (12)				479.44							958.88
給水管　　　(20)											2197.50
雑排水管　*2 (20)											1035.00
照明器具　　(10)										240.00	720.00
給水搭槽　*3			75.00		1537.50					127.50	1942.50
エレベーター設備(30)										1920.00	1920.00
団地内道路　(20)											
その他の修繕項目				3.75	310.41	76.88		23.72		114.38	1130.14
合　　計				78.75	6518.53	1614.38		498.02		2401.88	23732.89
累　　計	12621.34	12621.34	12700.09	19218.62	20833.00	20833.00	20833.00	21331.01	21331.01	23732.89	

注意事項
① 修繕項目の横の（　）内は修繕周期を示す。
　　*1　露出アスファルト防水　12年　ただし外断熱工法で修繕の場合、次回は20年
　　　　アスファルト防水　　　かぶせ工法20年、次回12年。　撤去工法30年
　　*3　20年　ただし浴室排水共用は25年
　　*3　ポンプオーバーホール　8年、同取替　15年、槽本体取替　25年
② 「その他の修繕項目」は、外壁から団地内道路の修繕費用の５％相当額としており、その費用はそれぞれの修繕実施予定年に按分して計上する。

● 長期修繕計画期間内(30年)に　　●　　　　　　　戸当り平均専有面積--------> 　69.04 ㎡/戸
　　必要な修繕費用　（戸当り）　　　　工事回数　→戸当り平均月額修繕積立金---> 　8,870 円/戸(A)
(1) 外　壁　の　修　繕　140.117 万円　　2回　　　　㎡当り平均月額修繕積立金---> 　128.48 円/㎡
(2) 鉄　部　塗　装　　　44.268 万円　　7回　　　　タイプ別修繕積立金（専有面積按分）
(3) 屋上防水の修繕　　　12.785 万円　　2回

タイプ	専有面積 (㎡)	戸数 (戸)	修繕積立金 (円)	修繕積立金 合計　(円)
タイプ1	63.52	41	8,160	334,560
タイプ2	75.19	30	9,660	289,800
タイプ3	79.51	4	10,210	40,840
合　計	(69.04)	75	(8,870)	665,200

(4) 給　水　管　の　修　繕　29.300 万円　　1回
(5) 雑排水管の修繕　　　13.800 万円　　1回
(6) 照明器具等の修繕　　 9.600 万円　　3回
(7) 給水搭槽の修繕　　　25.900 万円　　5回
(8) エレベーターの修繕　25.600 万円　　1回
(9) 団地内道路等の修繕　 0.000 万円　　0回
＊　小　　計　＊　　　 301.37 万円　注1
(10) その他の修繕項目　等　15.069 万円　×0.05
　　＊　合　　計　＊　　316.439 万円

＊予　　備　　費＊　　　 2.667 万円
＊借入金返済残額＊　　　 0.000 万円
＊修繕積立金残高＊▲　　 0.000 万円
＊繰　入　金　額＊▲　　 0.000 万円
　　　　　　　　　　　 319.106 万円 ÷360ケ月＝

（　）は平均値　　　注2

注1　本システムでは具体的に計算していない小規模な修繕工事の費用として(1)～(9)の修繕費用の５％相当額を計上する。
注2　タイプ別修繕積立金合計の総計÷総戸数で算出した〝戸当り平均月額修繕積立金〟である。端数処理の関係で(A)と違う金額になることがある。

103

図III-41　戸当たり修繕積立金（現在）

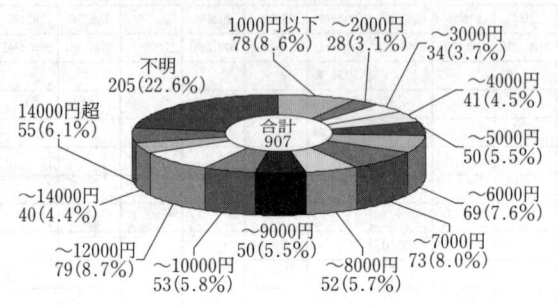

合計 907

- 1000円以下　78(8.6%)
- ～2000円　28(3.1%)
- ～3000円　34(3.7%)
- ～4000円　41(4.5%)
- ～5000円　50(5.5%)
- ～6000円　69(7.6%)
- ～7000円　73(8.0%)
- ～8000円　52(5.7%)
- ～9000円　50(5.5%)
- ～10000円　53(5.8%)
- ～12000円　79(8.7%)
- ～14000円　40(4.4%)
- 14000円超　55(6.1%)
- 不明　205(22.6%)

ケース　「修繕の費用負担をどういう割合ですればよいのでしょうか」「大きい部屋も小さい部屋もあるけれど、どのような割合にすればよいのでしょうか」や、「足りないお金はどうして集めればよいのですか」「住宅金融公庫のリフォームローンを利用したいけれど、そのための条件は何でしょうか」という相談があります。

コメント　修繕積立金は、専有部分の床面積割合に応じて負担することが原則です。実際に「修繕積立金をどのように負担しているのか」をみますと、「面積に応じて」負担することにしているマンションが8割以上です。このように住戸の広さに応じて修繕積立金の金額をマンション内で変えているところが多くなっています。団地型で複数棟あるマンシ

図III-42　修繕積立金負担基準決定方法

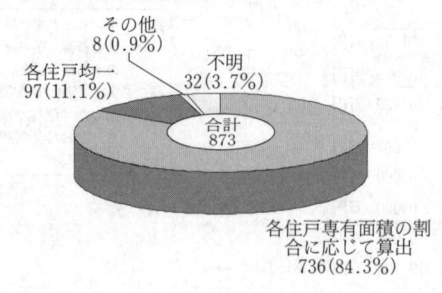

合計 873

- その他　8(0.9%)
- 各住戸均一　97(11.1%)
- 不明　32(3.7%)
- 各住戸専有面積の割合に応じて算出　736(84.3%)

§Ⅲ　マンション管理の現実

図Ⅲ-43　工事費用の調達方法（複数回答）

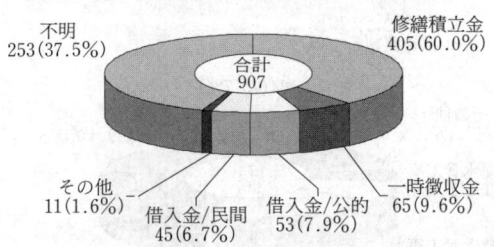

不明　253(37.5%)
修繕積立金　405(60.0%)
合計　907
その他　11(1.6%)
借入金/民間　45(6.7%)
借入金/公的　53(7.9%)
一時徴収金　65(9.6%)

ョンでは、棟ごとの会計と団地レベルの会計を持っている場合もあります。

　修繕のための必要な金額を算出し、足りない場合にはそれを一時金で負担するのか、徐々に値上げをしていくのか、今から一気に値上げをするのかの方法を選択することになります。大規模修繕を行ったマンションでは、工事費用をどのように調達したかをみてみましょう。96％のマンションで積立金を工事費用に充当しています。一時金を徴収したマンションが9.6％（不明を除くと15.4％）、借り入れをしたマンションが14.6％（不明を除くと23.2％）です。なかでも、工事費をすべて修繕積立金でまかなったケースが約4割と多くはありません。今後、今の修繕積立金では不足するため、値上げが必要になることもあります。私の住んでいるマンションでも、長期修繕計画と今の修繕積立金の状態、どれだけ不足しているかの説明があり、そのあと値上げの仕方についてのアンケート調査がありました。積立金の値上げには区分所有者全員に現状を理解してもらうことが必要です。

　また、足りない費用を借りることもできます。例えば住宅金融公庫に**共用部分リフォームローン制度**があります。その利用条件は§Ⅵの住宅金融公庫の②で紹介しています。

　わが国のマンションストックのなかで、既に外壁塗装工事を実施したマンションは49.4％、屋上防水工事をしたマンションは41.9％となっています。約半数のマンションでは、既に大規模修繕の経験があることに

図III－44 大規模修繕実施状況

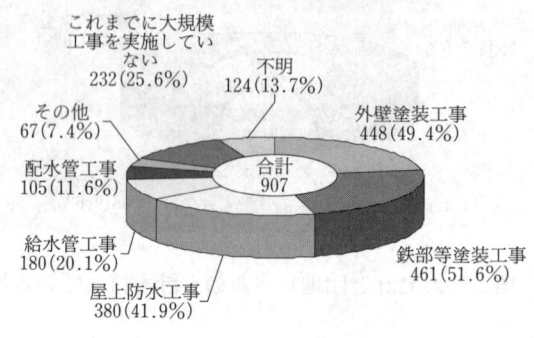

- これまでに大規模工事を実施していない 232(25.6%)
- 不明 124(13.7%)
- その他 67(7.4%)
- 配水管工事 105(11.6%)
- 給水管工事 180(20.1%)
- 屋上防水工事 380(41.9%)
- 鉄部等塗装工事 461(51.6%)
- 外壁塗装工事 448(49.4%)
- 合計 907

なります。

●専有部分リフォームと修繕への対応
専有部分のリフォーム

> ケース　専有部分のリフォームは今、大流行ですが、「上の階の人がフローリングにしたためにうるさくて仕方がない。どうすればいいのでしょうか」という悲痛な相談もあります。また、専有部分のリフォーム工事に伴うトラブルとして、「朝早くから夜遅くまで工事をしてうるさい」「資材を運ぶのにエレベーターが独占使用された」「資材を運ぶ際にエレベーターや共用部分が傷められた」「資材が共用部分に置きっぱなしである」や、また工事の人からは「資材を運ぶのに、駐車場がない」、そこで管理組合からは「どのようにすれば問題が少なくなりますか」といった相談があります。

コメント　どの建物でもトラブルになるわけではありませんが、トラブルを少なくするために、フローリングの仕方をコントロールしているマンションがあります（床衝撃音の遮音等級を示すL値を定めているマンションです）。またリフォーム工事に伴うトラブルを予防するには、管

§III マンション管理の現実

理組合でルールを作ることが必要です。リフォームをする際に、「近隣の承諾を得る」「管理組合に届け出る」「図面をつけて管理組合に申請をし、許可をもらう」ことや、工事中に「資材を運ぶ場合は共用部分を傷めないように養生する」ことをルールとし、管理組合は「工事用の車が利用できるスペースを用意する」「工事時間を決める」などです。管理組合としてはリフォームを禁止してトラブルを回避したくもなりますが、それでは住まいとしての魅力が低くなります。リフォームを管理組合でうまくコントロールすることが大切です。

実際に約8割のマンションで専有部分リフォームの何らかのルールを決めています。管理組合の承認や届け出を必要とする制度を実施しているマンションが半数近くあります。

表III-14 衝撃音レベルに関する適用等級

建築物	用途	部位	特級 遮音性能上非常に優れている	1級 遮音性能上好ましい	2級 遮音性能上ほぼ満足しうる	3級 遮音性能上最低限度である
集合住宅	居室	隣戸間界床	L-40 L-45※	L-45 L-50※	L-50 L-55	L-60

原則として軽量、重量両衝撃源に対して適用、但し※印は重量衝撃源のみに適用

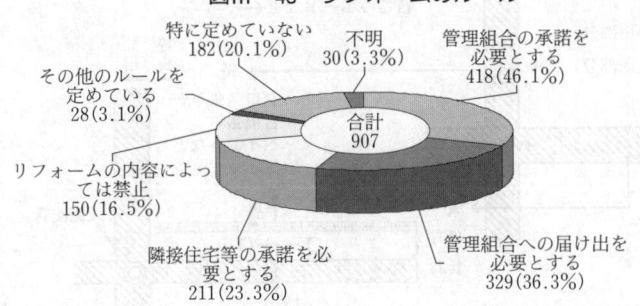

図III-45 リフォームのルール

- 特に定めていない 182(20.1%)
- 不明 30(3.3%)
- 管理組合の承諾を必要とする 418(46.1%)
- その他のルールを定めている 28(3.1%)
- リフォームの内容によっては禁止 150(16.5%)
- 隣接住宅等の承諾を必要とする 211(23.3%)
- 管理組合への届け出を必要とする 329(36.3%)
- 合計 907

専有部分と共用部分の修繕負担

ケース マンションの修繕で、「共用部分ですか、それとも専有部分でしょうか」、つまり「管理組合が費用負担すべき修繕ですか、それとも個人で負担するべきでしょうか、どちらでしょうか」という相談です。

コメント そこで、共用部分と専有部分について図Ⅲ-46で説明をしておきます。そして、一つの考え方として、専有部分でも個々人に任せておくと、なかなか修繕できず、そのために全体の不利益につながるものは、管理組合で音頭をとることも必要ではないでしょうか。区分所有法（30条1項）でも専有部分の管理に関して共同管理することを規約で定めることができるとしています。標準管理規約では専有部分であっても共用部分と構造上一体となった部分の管理を管理組合ができるとしています。

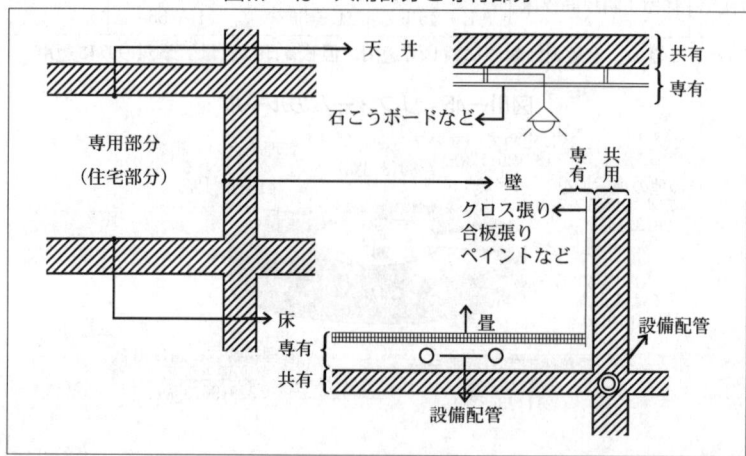

図Ⅲ-46 共用部分と専有部分

●共用部分リフォームと共用施設の運営
駐車場の増設・運営

ケース 「駐車場増設をどのようにすればよいのでしょうか」という相談です。

コメント 多くのマンションで駐車場の足りないことが深刻な問題になっています。そこで、全国のマンションで、戸数に対して何台分の駐車場があるか、駐車場の充足率をみてみましょう。平均は51.4%です。最近のマンションでは「100%」のところも多いのですが、全体的には約半数です。

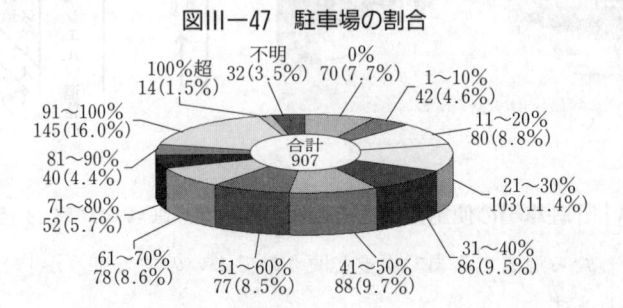

図III-47 駐車場の割合

- 不明 32(3.5%)
- 0% 70(7.7%)
- 1～10% 42(4.6%)
- 11～20% 80(8.8%)
- 21～30% 103(11.4%)
- 31～40% 86(9.5%)
- 41～50% 88(9.7%)
- 51～60% 77(8.5%)
- 61～70% 78(8.6%)
- 71～80% 52(5.7%)
- 81～90% 40(4.4%)
- 91～100% 145(16.0%)
- 100%超 14(1.5%)
- 合計 907

駐車場増設は総論賛成、ではどこにつくるのかとなれば各論反対となり、なかなか実施できないことがあります。駐車スペースの線を引きなおして台数を増やす、2段式や3段式にする、隣の土地を買って増設する、広場や植栽部分を駐車場にする、敷地内道路の一部分を駐車場にするなどの工夫がみられます。

駐車場増設例

ボンエルフ道路にして駐車スペースを増設

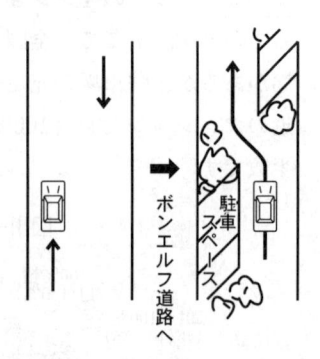

| ケース | 「駐車場の使用期間をどのようにすればいいのでしょうか、一度決まったら退去するまでずっと使うのでよいのでしょうか」という相談もあります。

| コメント | 駐車場の使用は一度決まったら退去するまでずっと使える場合（継続使用）と、何年かおきに抽選にする場合（一定期間ごとに選定）があります。駐車場の使用期間は「継続使用」の場合が約8割と多く、一度駐車場の使用権利を得ると退去するまで権利があることが多くなっています。「一定期間ごとに選定」する場合が約1割です。しかし、一方で期限のない永遠の使用権利をもっている場合も約1割あります。

また、駐車場の不足問題への対応として、せめて1世帯1台分を確保

§III マンション管理の現実

するためにマンション外の駐車場を管理組合で借り、内外の駐車場を含め、抽選により、場所のローテーションを工夫している場合もあります。外部の駐車場料金が高いときはその差額を管理組合が負担しているマンションもあります。

ちなみに、駐車場料金は、地域により金額はまちまちですが、収入を管理費に充当する場合と、積立金に充当する場合、独立会計にする場合があります。現在のところ、管理費に充当するケースが多くなっています。ただし、修繕を円滑にすすめる立場からは積立金に充当する方がよいとする考え方もあり、それぞれのマンションの事情にあわせて方法を決めるとよいでしょう。

図III－48　駐車場の使用期間

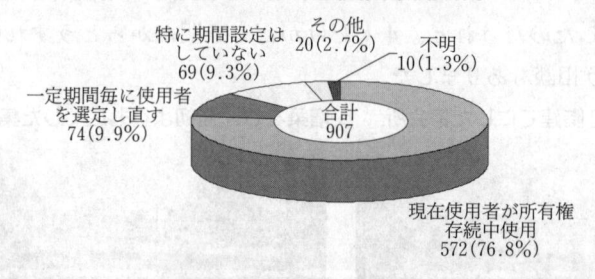

- 特に期間設定はしていない　69（9.3%）
- その他　20（2.7%）
- 不明　10（1.3%）
- 一定期間毎に使用者を選定し直す　74（9.9%）
- 現在使用者が所有権存続中使用　572（76.8%）
- 合計　907

図III－49　駐車場収入の使途

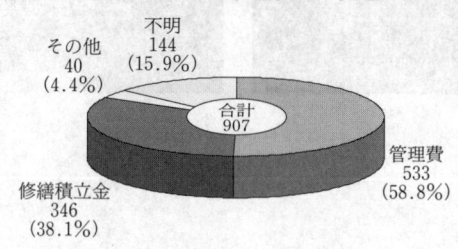

- その他　40（4.4%）
- 不明　144（15.9%）
- 修繕積立金　346（38.1%）
- 管理費　533（58.8%）
- 合計　907

集会所

> ケース 小規模なマンションで集会所がなくて困っているところがあります。またはじめにつくられたものが狭いため、「集会所を広くしたい」という相談もあります。

コメント 集会所をマンションの拠点とするために入居当初よりも3倍の広さにしたマンションや、2階建てにしたマンションなど、様々な取り組みがみられます。

集会所は拡大する方向の話をよく聞くのですが、たまたま㈶マンション管理センターに寄せられた相談のなかには、逆に「集会所を売ろうと皆で決議したのだけれど、4人だけが行方不明だからどうすればよいか」という相談もありました。

建替えて2階建てにした集会所　　増築をし、当初よりも広くした集会所

自転車置き場

> ケース 自転車置き場については、「スペースが狭い」「不足している」ことが問題になっています。自転車置き場の使用を無料にすると、使えない自転車を置いたままにし、スペースが足りなくなるので、自転車置き場を有料にする方法で自転車を整理してもらう対策がとられています。その際、「自転車置き場の金額はいくらぐらいにすればよいのでしょうか」という相談があります。

コメント 私が訪問しましたマンションでは、使用料は自転車・バイクの登録シール作成費が負担できる程度とし、自転車1台当り月数百円のケースが多くなっていました。なかには初年度に1万円を払いかつ月々の使用料を500円～1,000円としているマンションもあります。そして、自転車台数を減らす工夫として、同時に共用自転車を無料で貸し出しているマンションもあります。自転車置き場・バイク置き場使用料を徴収することは、ある空間を専用使用するということから費用を徴収するという意味もありますが、目的はそれだけでなく、使用されない自転車やバイクをぜひ処分してくださいとの管理組合の願いが込められています。

共用自転車

建替え

> ケース　マンションの建替えについての相談があります。

> コメント　マンションの建替えについて、築年数が経ってきますと心配になってくるかもしれません。現在、建替えを具体的に検討しているマンションは0.8%です。全体としては、まだ少ないのですが、今後は大きな課題になってくるでしょう。この点は§IVのマンションの高齢化で考えてみます。

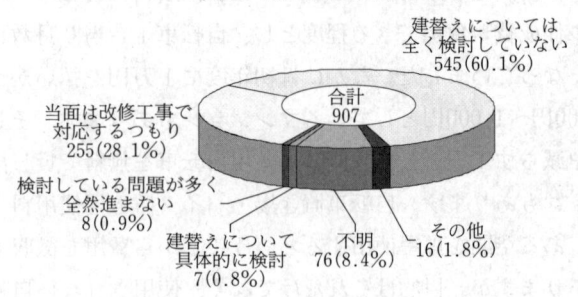

図III－50　建替えの計画予定

- 建替えについては全く検討していない　545(60.1%)
- 当面は改修工事で対応するつもり　255(28.1%)
- 検討している問題が多く全然進まない　8(0.9%)
- 建替えについて具体的に検討　7(0.8%)
- 不明　76(8.4%)
- その他　16(1.8%)
- 合計　907

7．生活管理面の問題

●生活トラブル

生活トラブルについては、ペット飼育の問題や上下階・近隣間の音の問題などさまざまな相談があります。これらの相談をみれば、居住者のマナーの問題から弁護士に相談をして解決すべき深刻な問題まで幅広くなっています。

用途転用

ケース 「住戸が事務所などに利用されることを防ぎたい」という相談があります。

コメント 住戸を本来の目的以外に利用すること、つまりマンションの住戸を居住用に利用しないで、事務所や時には店舗に変更して利用することを**用途転用**（変更）といいます。用途転用を未然に防ぐ基本は管理規約でしっかりと「居住」にしか使えないことを明記することです。さらには、リフォームの際には事前に届け出することや承認を必要とすることで事務所や店舗に改造することを未然に防ぐこともできます。こうした予防対策も有効でなく、それでも事務所や店舗になった場合には管理組合として確固とした対応が必要です。

ペット飼育やゴミ処理問題、路上駐車の問題

ケース ペット飼育やゴミ処理問題、路上駐車の問題の相談があります。

コメント 生活トラブルの問題は、居住者のマナーにかかっていることが多く、管理会社ではなかなか解決できない問題です。これこそが、管理組合の力のみせどころにもなります。やはり、管理組合で粘り強い啓蒙とともに、違反や近隣に迷惑をかけた場合の即座の対応が重要です。

ペット飼育については、いろいろな事例が報告されていますが、首都圏の新聞の一面記事に登場しました横浜市のマンションの事例を紹介します。ここでは条件付でペットを飼えるようにしています。条件は使用細則で決まっており、飼育できるペットは犬・猫・ウサギ、１世帯当り１頭、飼い主はペットクラブに入ること、ペット飼育申請書（表にはペ

ットの名前、年齢、写真）と近隣の飼育同意書と入会金（1万円）、ペット飼育負担金（月1,000円）・敷金（6,000円）を添えて申し込み、理事会の承認を得ることなどが決まっています。

現在、ペット飼育を禁止しているマンションは約半数で、条件をつけて認めている場合が、約3割になっています。

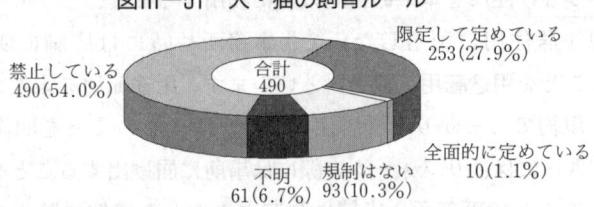

図III-51　犬・猫の飼育ルール

- 限定して定めている　253（27.9％）
- 禁止している　490（54.0％）
- 合計　490
- 全面的に定めている　10（1.1％）
- 規制はない　93（10.3％）
- 不明　61（6.7％）

8．管理組合が求めること

●居住者の不安と期待

マンション居住者へのアンケート結果から「居住者の管理意識が低い」ことや、「管理について十分理解されていない」という問題が出ています。そして、管理組合運営における将来への不安として、「大規模修繕の実施」「修繕積立金の運用」「無関心入居者の増加」「居住者の高齢化」が多くなってい

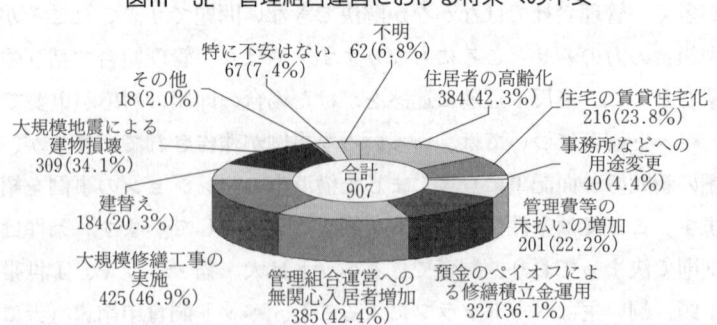

図III-52　管理組合運営における将来への不安

- 不明　62（6.8％）
- 特に不安はない　67（7.4％）
- その他　18（2.0％）
- 大規模地震による建物損壊　309（34.1％）
- 建替え　184（20.3％）
- 大規模修繕工事の実施　425（46.9％）
- 管理組合運営への無関心入居者増加　385（42.4％）
- 住居者の高齢化　384（42.3％）
- 住宅の賃貸住宅化　216（23.8％）
- 事務所などへの用途変更　40（4.4％）
- 管理費等の未払いの増加　201（22.2％）
- 預金のペイオフによる修繕積立金運用　327（36.1％）
- 合計　907

図Ⅲ-53　行政への要望

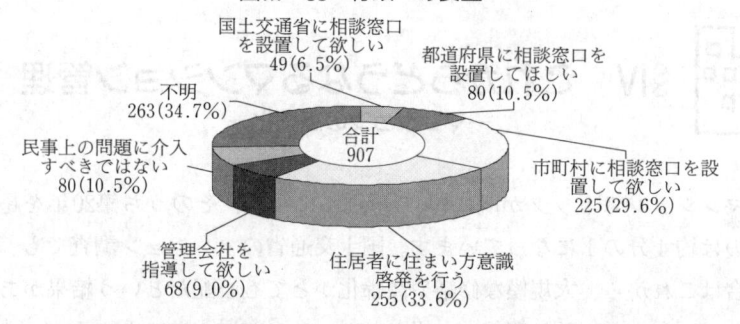

- 国土交通省に相談窓口を設置して欲しい　49(6.5%)
- 都道府県に相談窓口を設置してほしい　80(10.5%)
- 市町村に相談窓口を設置して欲しい　225(29.6%)
- 住居者に住まい方意識啓発を行う　255(33.6%)
- 管理会社を指導して欲しい　68(9.0%)
- 民事上の問題に介入すべきではない　80(10.5%)
- 不明　263(34.7%)
- 合計　907

ます。そのため、管理組合から行政に「市町村に相談窓口を設置してほしい」「居住者の住まい方の啓発を行ってほしい」との期待を寄せています。

●この現実をどうみるのか？

　マンション管理の実態をおおむね理解していただけたと思います。紹介しました国土交通省の調査結果の数字に、「他のマンションはこんなにきちんとしているのか」と驚かれた管理組合がある一方で、「日本の管理組合の水準は、この程度なのか」とがっかりした人もいるかもしれません。

　調査結果は全国のマンションの平均像ですので、地域や地区によってかなり状況が違います。また、アンケートに答えられるマンションですから、ある意味では管理組合があり、それが機能し、アンケートの意味が理解できたマンションです。理解できなければ答えようもありません。ですから、相対的に質の良いレベルの高い管理組合を調査した結果ではないかと考えられます。実際には調査から落ちこぼれてしまったマンションもたくさんあるのではないでしょうか。

　マンション問題の予防や解決には、答えが明確に一つのものもありますが、各マンションでそこに至るまでのプロセスにはいくつものパターンが考えられます。また、答えが一つでないことも多くなっています。そのため、ここでは問題のケースとそれへのコメントとし、問題予防や解決のための基本的な方向を示しました。

§Ⅳ これからどうなるマンション管理
　　　　ーマンションの高齢化ー

　マンションストックが既に400万戸近くになり、そのうち築20年を超えるものは約4分の1になっています。国土交通省のマンション調査でも、管理組合はこれから、大規模な修繕や高齢化がとても心配だという結果がありました。これから、益々築年数を経たマンションが増えていきますが、マンションの築20年、築30年とはいったいどのような時なのでしょうか。私はマンション管理の重要なターニングポイントだと思っています。

１．築20年マンションの課題

●建物の老朽化
築20年マンションの状態
　大規模修繕を経験したマンションが多くなってきました。はじめての大規模修繕を乗り越えて、ぐったり疲れているかもしれませんが、築20年をすぎますと、2回目の大規模修繕の時期がまたやってきます。さらに20年も経つと給排水などの設備が痛み、交換することが必要になることもあります。現在の生活にあわないことから新しく共用の設備や施設を交換する、または付加しなければならなくなるかもしれません。マンションも含め、住宅が社会のなかで生きつづけるには、その時代の生活水準にあったものを備えることが必要になります。そうしないと住む人々の生活も不便ですし、不動産としての価値も下がってしまいます。

建物の老朽化
　建物の老朽化には大きく二つの意味があります。一つは建物の物理的な老

§Ⅳ これからどうなるマンション管理

表Ⅳ-1　・築20年になるとマンションでどんなことが起こるのか？

> 建物：
> 　２回目の大規模修繕の準備・実施
> 　給排水管の取り替えなど、設備・施設の工事
> 　共用部分の改善・リフォームの必要性
>
> 居住者・所有者：
> 　居住者の高齢化や年齢の２層化
> 　賃貸化・借家化・社宅化
> 　空家化
> 　用途転用化
>
> 管理：
> 　費用負担の増加
> 　費用負担能力に差
> 　管理要求に差
> 　役員のなり手不足
> 　計画と現実のギャップ
> 　計画の形骸化
> 　合意形成の困難化
> 　実行能力の低下など

朽化で、物理的・化学的・生物的な要因から、ものの機能や性能が低下することです。「**劣化**」と呼ばれるものです。もう一つは、社会的情勢や技術の進歩により建物の性能・機能が相対的に低下することです。「**陳腐化**」と呼ばれるものです。このように、建物の老朽化は、物理的な側面だけでなく、時代にあった機能を備えているか、経済的であるか、社会的水準からみて劣っていないか、これらが総合して決まります。

築20年のマンションでは、建物の物理的な側面からも修繕要求は高まりますが、社会状況との対応の中で、いわゆる陳腐化しないための改善要求も高まります。例えば、20年間の間にこんなことがあります。

① 建物の当初の水準は、当時にしては低くなかったが、年数が経過し、その後の技術の進歩などにより他のマンションに比べて相対的に水準が低くなる。

② 20年間の間に、法律や制度、基準が改正し、現在のものに適応しない。
③ 車や衛星放送、インターネットの普及など、生活様式の変化に対応できない。
④ 公共下水道が整備されるといった都市基盤整備状態の変化や、マンションの近隣環境の変化など、マンションを取り巻く環境の変化に対応できない。

●居住者・利用者の多様化・高齢化
利用状況・居住者の変化

　居住者側からの要求も変わります。例えば20年ぐらいではそう変わらないかもしれませんが、居住者の高齢化が進みます。永住型マンションほどある意味では居住者が長く住み続け、皆んながそのまま高齢者という状態になりかねません。それから賃貸化が進み、借家が増えていきます。「場所がよい」「資産価値がある」、そのため「手放したくない」ことから賃貸化が進むこともあります。例えば千葉県浦安市では築20年以上のマンションは、既成市街地の方に多いのですが、賃貸化住戸と空き家を足しますと、その数は50％近くになります。こういったことが現実として起こっています。

　そして、借家として入居してくる人、新しく購入して入居する人は若い層が比較的多いのですが、その一方でもともと住んでいた居住者は高齢者となり、居住者のなかに年齢の二層化が起こりやすくなります。そうしますと、経済的な負担能力や志向、生活態度の違いが大きくなってきます。さらには空き家の増加と、ある意味では悲しい──売ろうと思っても、貸そうと思っても買い手・借り手がつかない──ことも起こりえます。

　さらに用途転用、いわゆる住戸がオフィスや店舗に変わっていく可能性も年数が経れば出てきます。

●ある築28年マンションのはなし

　ここである築28年のマンションの事例を紹介します。

§Ⅳ これからどうなるマンション管理

名古屋市の264戸・4棟のマンションの、築28年の状態をみてみましょう。住戸の広さは50〜56m²です。

居住者の高齢化・二層化

264戸の内、持家は176戸で全体の約7割、借家は63戸で全体の約4分の1、空き家が25戸で全体の約1割です。借家といっても、賃貸借契約を結んでいる「賃貸住宅」は借家のうちの約7割、「親や親族の家」が約2割で、その他に「社宅」があります。なかには、1マンション内に複数住戸を所有する所有者もいます。立地柄、用途転用の住戸はなく、ほとんどが居住用に使われています。

このマンションでは単身高齢化が進んでいます。世帯主の年代は60代が最も多く、4割以上が60歳以上になっています。そして、家族人数として単身

図Ⅳ-1 住戸の所有状況と借家の内訳

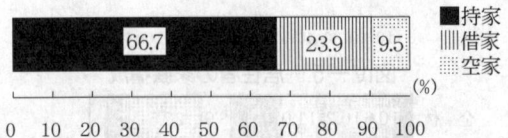

借家の内訳	件　数	構成率(%)
賃貸住宅	43	68.3
社　宅	3	4.8
親・親族の家	15	23.8
不　明	2	3.2
合　計	63	100.0

図Ⅳ-2 住戸の利用状況

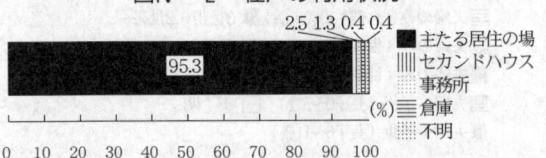

図Ⅳ-3　居住者の世帯主年齢

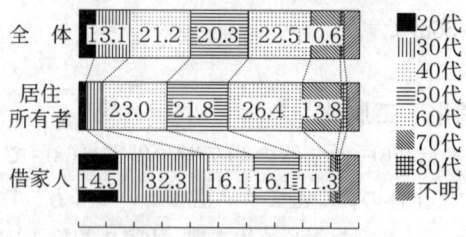

	20代	30代	40代	50代	60代	70代	80代	不明
全体	13.1	21.2	20.3	22.5	10.6			
居住所有者		23.0	21.8	26.4	13.8			
借家人	14.5	32.3	16.1	16.1	11.3			

図Ⅳ-4　居住者の家族人数

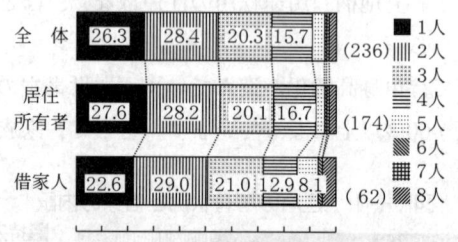

(ケース)

	1人	2人	3人	4人	5人	6人	7人	8人
全体	26.3	28.4	20.3	15.7	(236)			
居住所有者	27.6	28.2	20.1	16.7	(174)			
借家人	22.6	29.0	21.0	12.9	8.1	(62)		

図Ⅳ-5　居住者の家族構成

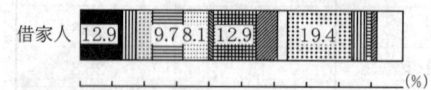

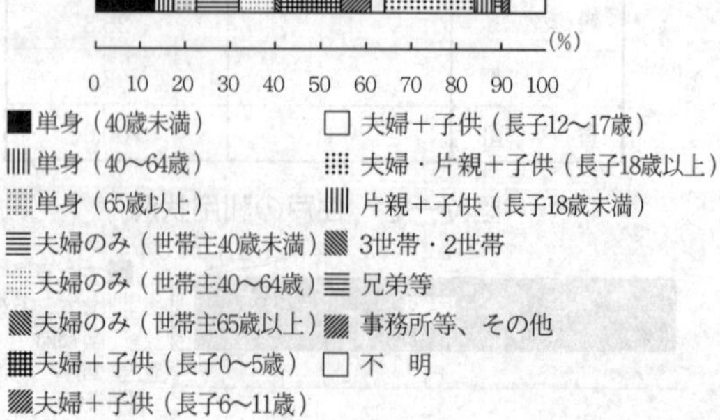

全体	10.6	10.2	11.0	8.9	22.5	
居住所有者	12.6	12.1	12.1	8.0	10.9	23.6
借家人	12.9	9.7	8.1	12.9	19.4	

凡例：
- ■ 単身（40歳未満）
- ||| 単身（40～64歳）
- 単身（65歳以上）
- 夫婦のみ（世帯主40歳未満）
- 夫婦のみ（世帯主40～64歳）
- 夫婦のみ（世帯主65歳以上）
- 夫婦＋子供（長子0～5歳）
- 夫婦＋子供（長子6～11歳）
- □ 夫婦＋子供（長子12～17歳）
- 夫婦・片親＋子供（長子18歳以上）
- 片親＋子供（長子18歳未満）
- 3世帯・2世帯
- 兄弟等
- 事務所等、その他
- □ 不明

§Ⅳ これからどうなるマンション管理　　　123

または夫婦のみといった少数家族が全体の半数以上になっています。全体的に高齢の単身や夫婦のみの家族が増えつつあり、65歳以上の単身および夫婦のみ世帯をあわせますと、約2割になっています。実はこの特徴は、居住所有者に顕著にでています。居住所有者は、約30年間住みつづけるなかで、家族が成長し、人数が増え、そして減りと、**ライフステージ**が変化していま

図Ⅳ-6　ライフステージによる住まい方の変化の事例

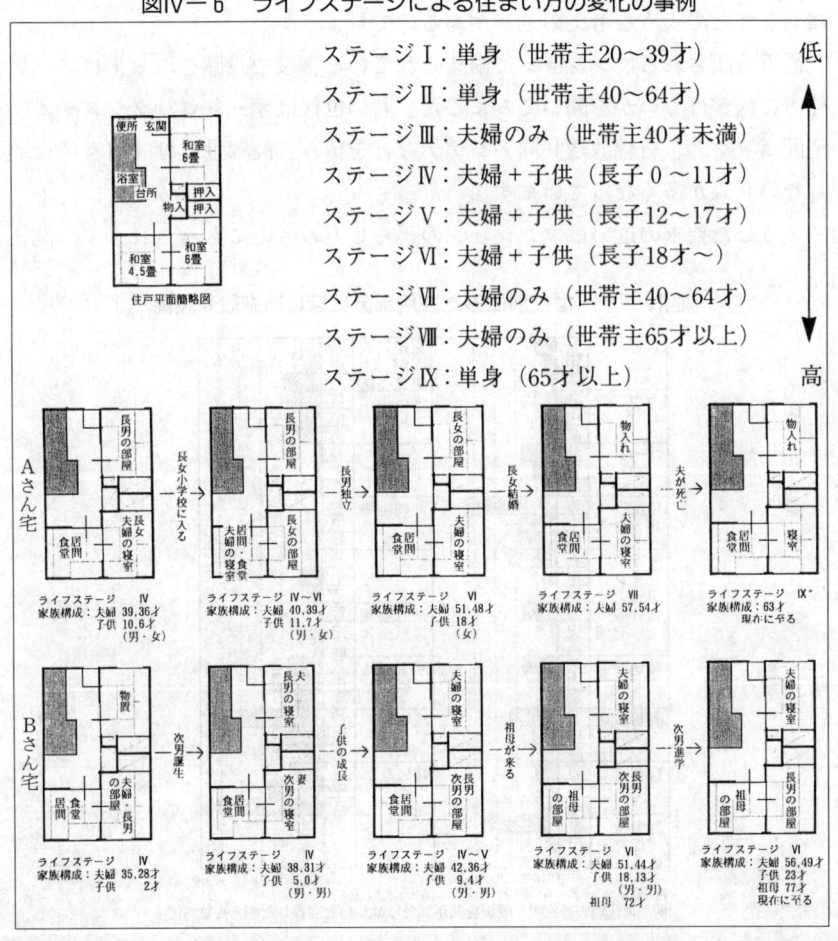

ステージⅠ：単身（世帯主20〜39才）　　　　　低
ステージⅡ：単身（世帯主40〜64才）
ステージⅢ：夫婦のみ（世帯主40才未満）
ステージⅣ：夫婦＋子供（長子0〜11才）
ステージⅤ：夫婦＋子供（長子12〜17才）
ステージⅥ：夫婦＋子供（長子18才〜）
ステージⅦ：夫婦のみ（世帯主40〜64才）
ステージⅧ：夫婦のみ（世帯主65才以上）
ステージⅨ：単身（65才以上）　　　　　　　　　高

【Aさん宅】

ライフステージ Ⅳ
家族構成：夫婦 39,36才
　　　　　子供 10,6才
　　　　　　（男・女）

ライフステージ Ⅳ〜Ⅵ
家族構成：夫婦 40,39才
　　　　　子供 11,7才
　　　　　　（男・女）

ライフステージ Ⅵ
家族構成：夫婦 51,48才
　　　　　子供 18才
　　　　　　（女）

ライフステージ Ⅶ
家族構成：夫婦 57,54才

ライフステージ Ⅸ
家族構成：夫婦 63才
　　　　　現在に至る

【Bさん宅】

ライフステージ Ⅳ
家族構成：夫婦 35,28才
　　　　　子供 2才

ライフステージ Ⅳ
家族構成：夫婦 38,31才
　　　　　子供 5,0才
　　　　　　（男・男）

ライフステージ Ⅳ〜Ⅴ
家族構成：夫婦 42,36才
　　　　　子供 9,4才
　　　　　　（男・男）

ライフステージ Ⅵ
家族構成：夫婦 51,44才
　　　　　子供 18,13才
　　　　　　（男・男）
　　　　　祖母 72才

ライフステージ Ⅵ
家族構成：夫婦 56,49才
　　　　　子供 23才
　　　　　祖母 77才
　　　　　現在に至る

す。図で示しました、Aさん宅では、一時は4人で暮らしていましたが、現在は一人です。Bさん宅は、最高5人で暮らしていましたが、現在は3世代4人家族です。一方、賃借人に若い世代が多くなっています。

二層化が生み出す共同管理・共同生活要求の相違

　それでは、高齢居住所有者と若い賃借人ではマンションの管理や共同生活に対してどのような考えの違いがあるのでしょうか。

　最近分譲されるマンションに備えられている施設や設備を取り上げて、居住者に何がほしいかを聞いてみました。若い世代はオートロックシステム、宅配ボックス、有線放送共同アンテナなどを望み、高齢世代は「何も特にいらない」人が多くなっています。

　こうした要求の違いはマンションの暮らし方の考えにもみられます。例え

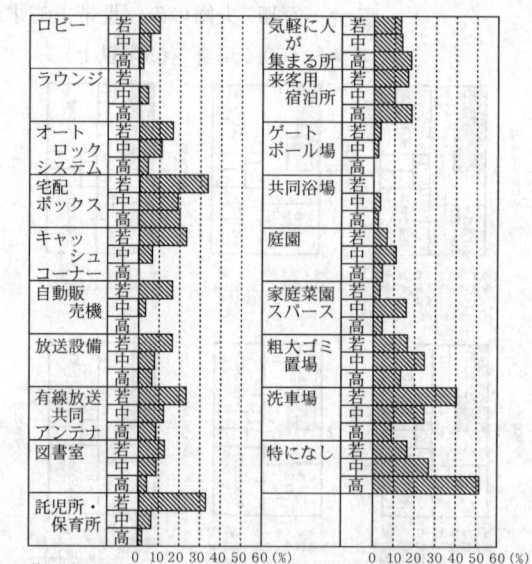

図Ⅳ－7　世代別にみた共用部分にほしい施設や設備

若:20才～39才　中:40才～64才　高:65才以上
＊　世代別の各施設・設備を共用部分に欲しいと回答した率・複数回答

§Ⅳ これからどうなるマンション管理

図Ⅳ-8 世代別にみた共同管理・共同生活についての考え方

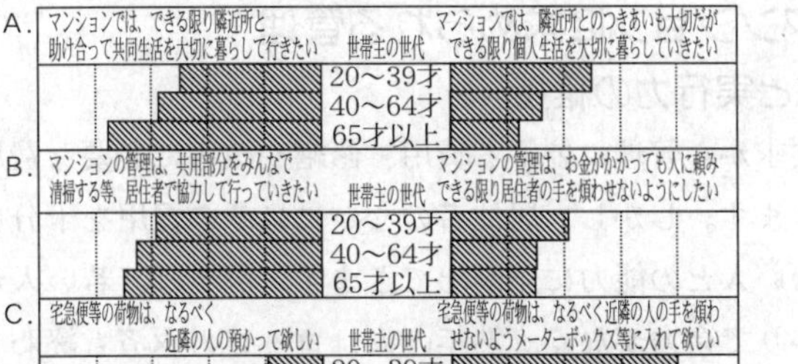

* 世代別にみたA～Fの項目について二つの考え方のうち近い方としてそれぞれの項目を回答した比率

ば、「共同生活を大切にする」高齢世代と「個人生活を大切にする」若い世代、「共用部分の清掃はできるだけ自分たちでする」高齢世代と「できれば委託をしたい気持ちもある」若い世代、防犯性を高めるには「居住者の注意が第一」と考える高齢世代と、「機械管理を望む」若い世代、そして、最後には、同じお金をかけるなら「マンションの共用部分にかけたい」高齢世代と「自分の住戸にかけたい」若い世代と、なっています。

一つのマンションの事例ですが、多かれ少なかれこのような状況が生まれてきます。

●築20年マンションに求められる管理
合意形成と実行力の維持

　建物側の要求から管理に要する費用、修繕や改善に必要な費用がだんだん多くなってきます。しかし、居住者のなかにはその費用を十分に負担できる人とそうでない人との能力に差が出てきます。例えば、若い人が住宅ローンを組んだばかりで余力がなく、熟年の人はローンの返済も終わり、余裕がでてきます。さらに熟年層が高齢化していくと、費用負担能力が低下することもあります。また、居住者の間に、マンションに欲しいものや、共同管理の進め方の要求にも差が生まれてきます。そのなかで、役員のなり手が少なくなり、20年前に建てた計画と現実が大きく乖離し、管理の形骸化が進んでいきます。そこでは、居住者の合意形成が困難になります。特にマンションの住戸数が多いと区分所有者の数が多くなり、人数が多ければ多いほど合意形成は難しいものです。ドイツなどでは100戸を越えるマンションはつくらないことを法律で決めようと真面目に議論したぐらいですから、200戸、300戸、それ以上の規模の大きいマンションではいかに合意形成が難しいかということになります。さらに何をしようと思っても、パワー不足から実行能力の低下があります。

2．簡単にはできないマンション建替え

●建替え成功要因
建替えマンションの特徴

　築20年を迎えたマンションは、大きな管理困難要因を抱えることになります。そこでバブル経済の頃、一時期流行ったのは、「それならいっそ建替えてしまえ」という動きでした。もちろん全てのマンションがそう考えたわけではありません。しかしマンションの建替えを選択したものの、実際には建替えができていないマンションもあります。バブル経済の頃には、区分所有

者にとってかなり条件がよく、いくつか建替えに成功したマンションもありました。それでもわが国にこんなに多くのマンションがありますが、今までに全国で建替えに成功した事例は、被災マンションを除けば、50ほどです。

　建替えに成功したマンションをみますと、共通したことがあります。一つは、区分所有者がいわゆる**等価交換**手法を使って自己負担費用がない、または非常に少ない状態で新しい住戸を手に入れることができたことです。二つめには、それをディベロッパー（分譲会社）が積極的に指導して行ったことです。三つめには、建替えができたマンションは、私共の計算では建替え前は法定**容積率**を3分の1しか使っていなかったところが多くなっています。ですから容積率に非常に余裕があったマンションです。四つめには、戸数が少なかったところです。

　こうしたラッキーな条件が整っているマンションは全国にそう多くはなく、まだ同様の条件があったからといって、全てのマンションで建替えがうまくいくとは限りません。それは容積率をはじめとしたマンションの物理的な問題だけではなく、マンション需要が都心に戻っているなかで、どこにでもマンションをつくれば売れる時代ではない、何でも売れる時代ではなくなったからです。

　ともあれなんといっても建替えで難しいのは「居住者の合意形成」です。

表IV−2　マンション建替えの問題

---

1. 容積率の問題／既存不適格のマンションもある
2. マンション市場の悪化
3. 合意形成のむずかしさ
　　区分所有法第62条「老朽、損傷、一部の滅失その他の事由により、建物の価額その他の事情に照し、建物がその効用を維持し、または回復するのに過分の費用を要するにいたった時は、集会に於いて、区分所有者および議決権の各5分の4以上の多数で、建物を取り壊し、かつ建物の敷地に新たに主たる使用目的が同一とする建物を建築する旨の決議をすることができる。」　→しかし、現在のところ、全員合意が必要。

●合意形成の難しさ
法律では5分の4の合意で建替え可能

　区分所有法をみますと、第62条に「老朽、損傷、一部の滅失その他の事由により、建物の価額、その他の事情に照らし、建物がその効用を維持し、または回復するのに過分の費用を要するにいたった時は、集会において、区分所有者及び議決権の各5分の4以上の多数で、建物を取り壊し、かつ建物の敷地に新たに主たる使用目的と同一とする建物を建築する旨の決議をすることができる」と書いてあります。そこで、「5分の4以上の賛成をとればよいのかな？」と考えられますが、実際にはそう簡単にいきません。そこで二つの事例を紹介します。

なかなかできないマンション建替え　事例1

　一つめの事例は、テレビでご覧になったことがあるかもしれませんが、千葉市にあります昭和43年にできた約800戸のマンションです。今から約10年前に築20年になりました。そこで、二度目の大規模修繕の時期を迎えました。その時に外壁、屋上防水の工事に戸当たり72万円、給排水工事に戸当たり460万円、それから各住戸が50㎡しかなかったので、もっと広くしようと増築も考えたのです。そうしますと足して戸当り1,100万円の費用がかかる計算になりました。

　しかし、等価交換手法を利用し、マンションの建替えをすれば90㎡の住戸が区分所有者の自己負担0円で手に入ることになりました。「お金の負担がなく広い家ができるなら」ということで、すぐに96％の人の同意は得られました。ただし、あと4％の合意がなかなか得られず10年以上ずっと話し合いを続けられていました。はじめに話し合いを開始した時点で、既に10年間は修繕をしていない状態で、さらに10年間話し合いについやしたことで、20年間修繕をしない状態が続きました。昨年、話し合いをはじめてから実に10年が経ち、ようやく「当面建替えはしない」方針が出されました。

なかなかできないマンション建替え　事例2

　もう一つの事例は、大阪府の千里ニュータウン、昭和42年に建てられた4階建て、約150戸のマンションです。このマンションでは、築30年ほどたち、エレベーターがないこと、住戸が狭いこと、設備が古いことなどから建替えを検討するようになりました。先ほどの事例と同様に、等価交換手法を用いて建替えると、20階建て500戸のマンションとなり、57m²だった住戸が約80m²へと、区分所有者の自己負担なしでできる計画がもちあがりました。そこで、多くの人が建替えに賛成しましたが、8名が建替えに反対となりました。5分の4以上の賛成を得たことから、反対者に住戸の売り渡し請求を行いました。しかしこの反対者から今度は建替え決議無効の訴えを受ける事態となりました（1997年4月）。1999年3月には一度目の判決が出て、「建替え決議は無効ではない」となりましたが、さらにこの判決を不満とし、裁判が続き、2000年9月にも同様に「建替え決議は有効」となりました。しかしいまだに決着はついていません。

建替えには全員合意が前提

　わが国の法律では一定の条件のもとで5分の4以上の賛成の場合に建替えが可能のようですが、現在5分の4以上の多数決で建替を実施したマンションはありません。被災マンションを除けば、全員が合意をした上で建替えを行っています。

3．残された道はしっかり管理をすること

●建物や居住者の状態を考慮した管理システム

　築20年マンションの実態や建替えの困難さの話を管理組合の方の前で話しますと、だんだんに暗い顔をされていきます。20年も経ったらマンションはめちゃくちゃだな、建替えもできないと、何か追い込まれていく感じを受けるようです。しかし、私は決して暗い話ではないと思っています。（現実に

きちんと管理しているマンションも多いわけですから。）不動産の価値も含めまして、マンションの価値は住み手自身がつくる時代になりました。こわいのは「築20年」ではなく、「築20年に対応した管理システム」がないことです。

　そこで第一には、マンションの状態、居住者の状態に応じた管理システムを整備することです。こうした状況に対応する管理体制が整備されていないことが問題で、賃貸化がこわいのではなく、賃貸化や借家化に対応した管理のルールや体制がないことが問題です。そのためのノウハウもかなり蓄積されてきました。

　第二には計画の重要性です。マンションが何年もつかわからず、何となくそこまで考えていなかった居住者が多いのが現実です。そのため思いつきで建替えをしようとしても簡単にはできません。しっかりと建物を使い、そのためにしっかりと管理していこうと、区分所有者や周りの人がもう腹を決めるしかありません。そうした体制をいかにつくるのかが重要になってきています。

　最近訪問したあるマンションでは、築18年の時点で「このマンションをあと42年もたせたい。築60年までもたせ、その時点では建替えをしても……」という考えで、それに向けてきちんとした修繕をする。それに見合った費用を現実に貯めていこうと、計画をつくられています。この計画は管理組合の内部の方でつくられました。

●マンションの大規模リフォーム

　マンションは築年数がだんだん経つと、相対的に魅力の低いマンションになりがちです。そういったマンションに改善やリフォームを施しながら価値を上げていく。これは大規模修繕の時に、例えば色を変えるとか、いろいろなチャンスがあります。階段に手すりを付ける、スロープにする、集会所を増設するなどもあります。しかし、もっと大規模なことを考える必要も出ています。

例えば、東京都では古い公営住宅の改善を**スーパーリフォーム**といった方法で改善に取り組んでいます。私たちの国ではマンションが老朽化しかかると、建替えにすぐに走ったわけですが、マンションのような共同住宅の歴史が長い諸外国をみますと、リノベーションや二戸一化（狭い住戸2戸で1住戸分に改造する）を進めるリストラクチュアリングといわれる形が進んでいます。そこに住んでいる居住者のコミュニティの再生も含めて取り組まれる事例があります。こういったことを我々も学び、すぐに簡単に建替えするのではなく、マンションを長持ちさせるために、いかに管理するかを真剣に考える時ではないでしょうか。

132　§Ⅳ　これからどうなるマンション管理

図Ⅳ－9　スーパーリフォームによる住宅改善例

住宅の骨格的な構造はそのまま生かし、バリアフリー化など内部の抜本的な改善を図ったうえで、建替えまでの年数を従来の2倍程度にまで延長する。

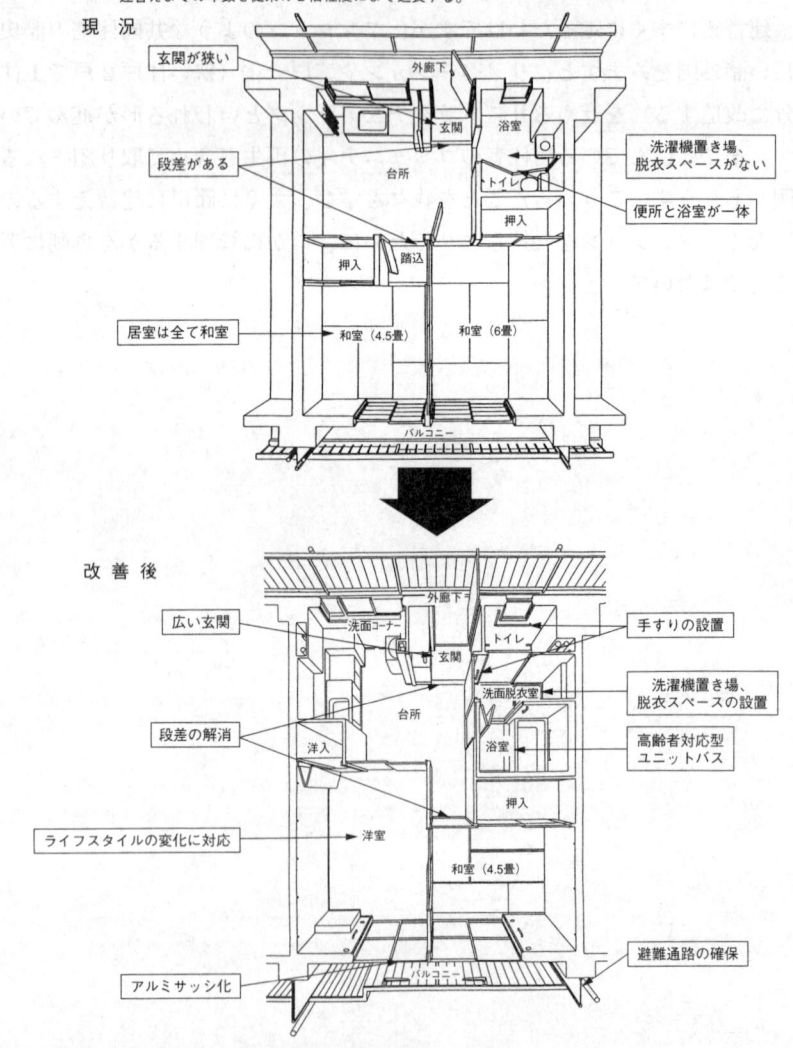

現況

- 玄関が狭い
- 段差がある
- 居室は全て和室
- 洗濯機置き場、脱衣スペースがない
- 便所と浴室が一体

（外廊下／玄関／浴室／トイレ／台所／押入／踏込／押入／和室（4.5畳）／和室（6畳）／バルコニー）

改善後

- 広い玄関
- 段差の解消
- ライフスタイルの変化に対応
- アルミサッシ化
- 手すりの設置
- 洗濯機置き場、脱衣スペースの設置
- 高齢者対応型ユニットバス
- 避難通路の確保

（外廊下／洗面コーナー／玄関／トイレ／洗面脱衣室／台所／浴室／洋入／洋室／押入／和室（4.5畳）／バルコニー）

〈出典〉東京都住宅局総務部住宅政策室　編集・東京都政策報道室都民の声部情報公開課
　　　発行：平成9年度　東京都住宅白書

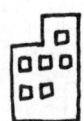

§V 管理組合による自主的管理と住みよい住環境づくり
―どのマンションもがんばるマンションへ―

　マンションの管理は管理組合の力量にかかっています。わが国では本格的なマンション供給のはじまりからようやく約40年が経ち、今ではがんばるマンションとがんばらないマンション・がんばれないマンションの格差が大きくなってきています。§Vでは、どのマンションもがんばるマンションになれるように、管理組合による自主的な管理、そしてマンションのよさを生かした管理組合の幅広い、積極的な取り組みをみていきます。

1. 管理組合の自主的管理

　さて、「お宅のマンションではどんな管理形態をとられていますか？」と質問をした場合に、「自主管理です」とお答えになる場合があります。「管理会社に委託をしていないのだな」と思っていろいろ話を聞いているうちに、管理会社に業務を委託していることがわかってきました。どうも「自主管理」と呼ばれているもののなかには、いろいろあるようです。

●いろいろな自主管理―委託をしても自主管理？―
マンションの管理形態

　管理組合にはたくさんの仕事があります。もちろん、それをすべて管理組合の人で手分けをしてもいいのですが、管理業務を管理会社に委託することがあります。実際にはこの形態が多くなっています。管理会社への委託の仕方で、マンションの**管理形態**は大きく四つにわけられます。

　一つめは、管理会社に管理業務のほとんどを委託している場合です。これは全面委託、一括委託などと呼ばれています。二つめは、管理会社に管理業務の一部、部分的に委託をする場合です。これは、一部委託、または部分委

§V 管理組合による自主的管理と住みよい住環境づくり

図V−1 マンションの管理形態

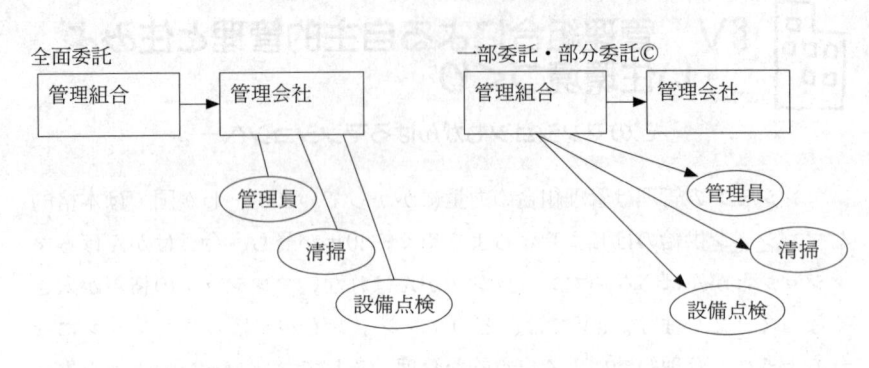

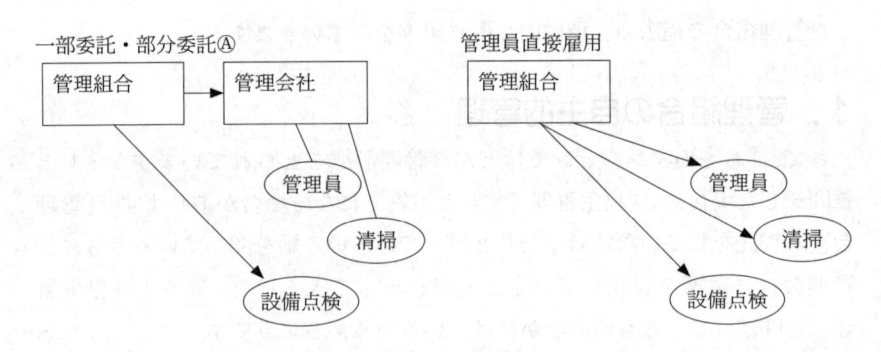

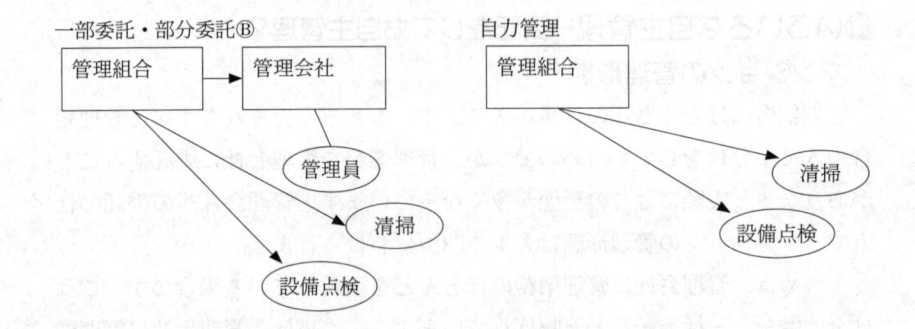

全面委託
管理組合 → 管理会社
　　　　　　管理員
　　　　　　清掃
　　　　　　設備点検

一部委託・部分委託Ⓒ
管理組合 → 管理会社
　　　　　　管理員
　　　　　　清掃
　　　　　設備点検

一部委託・部分委託Ⓐ
管理組合 → 管理会社
　　　　　　管理員
　　　　　　清掃
　　設備点検

管理員直接雇用
管理組合
　　　　管理員
　　　　清掃
　　設備点検

一部委託・部分委託Ⓑ
管理組合 → 管理会社
　　　　　　管理員
　　　　　　清掃
　　設備点検

自力管理
管理組合
　　　　清掃
　　　設備点検

託と呼ばれています。三つめは、管理会社に委託をしていない場合に、管理員を直接雇用している場合です。これを管理員直接雇用型と呼び、最後四つめは、管理員も管理会社もいない場合です。これを自主管理と呼んでいます。しかし、学問的に決まった言い方があるわけではありませんので、管理員がいてもいなくても管理会社に委託をしていない場合に自主管理と呼んでいる場合もあります。

さらに管理会社に委託をしている場合でも、管理組合が自主性を持ち、管理に取り組んでいるので自主管理だと呼んでいる人もいます。ですから、「自主管理」と呼ばれるもののなかには多様なものが含まれる状態になっています。

そこで、「自主管理」と呼ばれるものを整理してみましょう。みなさんが自主管理と呼んでいるものはおおむね三つに分けられそうです。一つは、管理会社に委託もしない、管理員もいない、いわゆるすべてを管理組合の皆さんが自力で管理している場合で、このタイプをここでは「**自力管理型**」とします。二つめには、管理会社には委託をしていないが、管理員を管理組合で直接雇用している。こういったマンションもあります。このタイプを「**管理員直接雇用型**」とします。そして三つめには、管理会社に委託している。でも、しっかりと自主的に管理をしている。これが「自主的な管理」で、「**自主的管理型**」とします。

表V－1　自主管理とは？

```
いろいろ定義があるが‥
管理会社に委託をしない・管理員もいない————自力管理型
管理会社に委託をしない・管理員はいる————管理員直接雇用型
管理会社に委託をしている
        でもしっかり自主性をもち管理している——自主的管理型
```

●大切なことは委託の有無ではなく、自主的な管理

マンションの管理組合の運営で基本的に大切なことは、管理会社に委託を

しているかどうかではなくて、管理組合が自主的な運営をきちんとできているかどうかです。そこで、管理組合の活動・仕事を整理し、どのように自主性を保つことが必要か、何がポイントかを考えていきましょう。

表V－2にしめしましたが、マンションの管理には非常に多種多様の行為があります。管理組合の自主性を考えるために、この表をみていきましょ

表V－2　様々な管理行為

◎三つの側面：維持管理・運営管理・生活管理
◎三つの過程：方針決定、方法決定、執行過程
　　　　　（総会）　（理事会）　（実際に行為をする）

過程＼側面	方針決定	方法検討、決定、チェック役	実際の執行
維持管理	長期修繕計画決定 修繕積立金額決定 修繕実施決定 大規模な改善決定 専有部分リフォームルール決定	長期修繕計画案作成 修繕方法の決定 業者の決定方法の検討 業者の監督 専有部分リフォーム承認	設備の保守点検 緊急時の対応 業者への連絡 設備点検の立ち会い 清掃 植栽の水撒き 共用部分蛍光燈の取り替え 修繕の実施、修繕の受け付け 改善の実施 専有部分リフォーム承認の受け付け、用紙配付
運営管理	事業計画決定・予算決定、管理規約決定、管理委託方法決定、管理費・修繕積立金負担方法・金額決定	総会議案書（事業計画・予算）案の作成 管理費・修繕積立金案作成 管理会社・管理人の雇用の監督	総会議事録の活字化・印刷・配付 理事会の開催連絡 会計・出納 管理費滞納の催促 必要費用の支払い 通知事項の掲示、配付 管理記録簿の整理・保管
生活管理	生活ルール（ペット飼育等）決定	生活ルールの取り締まりや啓蒙方法の検討・決定	ルールを守る ルール違反の取り締まり、啓蒙活動の実施 路上駐車の取り締まり 防火・防犯活動 広報誌の発行 コミュニティ活動

う。

三つの側面
　マンションの管理には三つの側面があります。維持管理、生活管理、運営管理です。維持管理とは、共用部分を中心に、皆んなで使う廊下や階段、エレベーター、外壁、屋上などを適切に修繕する、設備を点検する、掃除をするなどです。生活管理とは、マンションとは共同住宅ですから、ペットの飼育の問題やごみ処理の問題など共同生活に関わるトラブルが発生しやすくなり、それを予防・解消し、共同生活を円滑に行うために取り組むことです。この二つの側面をつなぐように組織をきちんと運営し、必要な話し合いをしてルールをつくり、お金を運営する、英語でいうマネジメントの部分が運営管理です。

三つのプロセス（過程）
　三側面にはそれぞれ重要な方針を決める段階、その方針に従いまして具体的な方法を決めていく段階、さらにそれに従って実際に行為を執行していく段階と、三つの段階、プロセスがあります。大きな方針を決める方針決定の場は総会です。それに基づいて具体的なことを決め、それがきちんと行われているかどうかをチェックする、これが理事会になります。そして実際に行為を執行します。

管理の執行には多様な能力や対応が必要
　表Ⅴ－2にあります管理行為のなかには、何十年に1回すること、1年に1回すること、毎日することというように、長期のスパンで取り組むべきこと、定期的にすること、日常的にすることがあります。また管理行為にはとても簡単で誰でもできる行為から専門性の高い行為、いつでもどこでも対応できる行為から現場で即座に対応しなければならない行為、専門的な知識、頭脳、判断能力が問われる行為、継続的に計画的に行うべき行為といろいろ

表Ⅴ-3 誰が管理行為を行なうのか？

■ 管理組合（所有者）自ら　　■ 業者委託　　□ 放棄

自力管理

過程\側面	方針決定 (責任主体)	方法決定 (チェック役)	実際の執行
維持管理	■	■	■
運営管理	■	■	■
生活管理	■	■	■

自主的管理

過程\側面	方針決定 (責任主体)	方法決定 (チェック役)	実際の執行
維持管理	■	■	■
運営管理	■	■	■
生活管理	■	■	■

一括委託（管理会社おまかせ・でも総会あり、一応管理組合が機能している）

過程\側面	方針決定 (責任主体)	方法決定 (チェック役)	実際の執行
維持管理	■	■	■
運営管理	■	■	■
生活管理	■	■	■

一括委託（管理会社おまかせ・総会もなく、実質的に管理組合なし）

過程\側面	方針決定 (責任主体)	方法決定 (チェック役)	実際の執行
維持管理	■	■	■
運営管理	■	■	■
生活管理			

管理放棄（管理会社にも委託せず、総会もなく、実質的に管理組合なし）

過程\側面	方針決定 (責任主体)	方法決定 (チェック役)	実際の執行
維持管理			
運営管理			
生活管理			

§V 管理組合による自主的管理と住みよい住環境づくり　　139

あります。このような様々な性格をもつ管理行為を一体誰がどのように対応するのかがポイントになります。

　管理会社に委託をする業務は、大きく分けますと、管理員業務（窓口業務）、出納・会計などの事務管理業務、清掃業務、設備の保守点検業務です。しかし実際にそれだけでは管理組合の活動はできません。実際にはもっと様々な行為が必要になってきます。

　表Ⅴ－3をみますと、この表のなかで自力管理の場合には3側面にわたって方針決定を管理組合自ら行う。それから方法の決定も管理組合自ら行う。実際の行為の執行も、設備の保守点検、例えばエレベーターのメンテナンスは自分たちではできませんので業者に委託をしますが、できる限り管理組合で行います。

　委託をしているけれども自主管理なのだといわれる場合、これが表Ⅴ－3にある自主的管理の場合です。この場合も方針は管理組合で決め、方法も管理組合で決めます。けれども実際の行為の執行は、維持管理、運営管理の行為を管理会社に委託します。しかし生活管理のところまでは委託できません。というのは、生活管理の側面は住み手自身が実行しなければ解決できないことだからです。

　このように、自主的管理の場合でもあくまで業務の執行を管理会社に委託するだけで、方針の決定、方法の決定は管理組合がしっかり行うことになります。ですから自力管理であっても委託管理であっても、行為の執行を委託するのか、管理組合が自ら行うのが違いとなり、組織の運営の舵（方針決定や方法決定）はどちらも管理組合で握っておくことになります。

　しかしながら、どうしても管理行為を委託すれば方法の決定までも何となくお任せになりやすくなります。実際に行為の執行を任せていますと、それをチェックすべき機能が低下し、方法決定も管理会社にお任せになってしまい、実際に方針を決定すべき総会もセレモニーで終わってしまうかもしれません。さらに生活管理の部分は管理会社がなかなか手を出してくれません（むしろ出しにくい）ので、こういう部分が結局は抜け落ちることになりが

管理放棄のマンションにならないように

　管理会社にお任せもなく、総会もなく、実質的に管理組合もない。そんなマンションがあるのだろうかと思われるかもしれませんが、実際に実質的に管理を放棄したマンションも残念なことに存在しています。
　皆さんで工夫をしあい手分けして、自力管理をできる場合もありますが、マンションにはいろいろな人が住んでいますのですべてのマンションで自力管理が可能とは限りません。大事なことは自力管理であれ委託管理であれ、管理組合が方針の決定をしっかりと行い、方法を決定することです。このプロセスをいかに管理組合のものとしていくかが大切になります。

管理会社に委託をしても自主性をどのように保つのか

　管理会社に委託をしてもどのように管理組合が自主性・主体性を保つのか、自主的な管理を実践する仕組みについて、実際のマンションで聞きました工夫を紹介します。

●ポイント業務は絶対に管理組合で行う

・総会の議案書は自分たちでつくる。
　予算案、事業計画案をはじめとし、管理の方針決定の案作りは管理会社に任せるのではなく、管理組合で行う。
・理事会の運営はもちろん区分所有者で行う。
　あるマンションでは管理員や管理会社のフロントマンが理事会の議題を決め、司会をし、理事会を仕切っているという恐ろしい話がありました。そんなことにならないようにもちろん理事会は区分所有者で運営します。

●会計報告をまめに受ける。会計の実権を管理組合がにぎる

・月1回必ず会計報告を受ける。
　管理費の滞納状態を把握する上でも会計状態を把握することは重要です。そのため、管理会社から会計状況の報告をまめに受けることは使途不

明金の予防にもつながります。
・**お金の流れを明確にする。簡単に支出できない仕組みにする。**
　管理会社に銀行通帳と印鑑を預けてしまわないこと、管理費などを支出するには、かならず、「担当者→会計担当者1→会計担当者2→理事長」と、何人ものチェックを経るようにしています。

●自分たちの代表として専従者を置く

・**専従者を置く**
　東京都の490戸のマンションでは、自力管理は大変と、管理会社に管理業務の委託をしています。ですが、管理組合として自主性を持ちたい、区分所有者の立場に立った管理を行いたいと、区分所有者のなかから管理組合の業務を行う専従者を10年前から雇用しています。

2．管理会社に委託をしない方法

　管理会社に委託をしていないマンションの話をしました。実際に管理会社に委託をしているマンションでは、本当に委託をしなくてもできるのだろうか、どうするのだろうと興味深いのではないでしょうか。そこで、管理会社に委託をしないで管理を行っているマンションの事例をみてみましょう。

●管理会社に委託をしていないマンション
委託をしない理由
　どうして管理会社に委託をしないで管理をするようになったのでしょうか。その理由の一つに、地方都市で小規模な分譲会社により販売されたマンションで、系列の管理会社もなく、はじめから管理会社が設定されていなかった場合があります。これは特に古いマンションに多くなっています。そして、住宅供給公社による比較的古い分譲のマンションが、自力管理でスタートしていることが多くなっています。また、戸数の少ない小規模なマンションでは、管理会社に委託をしては管理費が割高になることから、はじめから管理会社に委託をしない設定になっていたこともあります。

一方、はじめは管理会社に委託をしていても「管理会社が倒産した」「管理会社が撤退した」ことから仕方がなく、委託管理をやめた場合もあります。また、管理組合が管理会社の「経理がずさんである」ことや「管理費などの滞納をきちんとチェックしてくれない」といった不満から委託をやめた場合もあります。さらに委託管理をやめた理由として、「管理会社にはきめ細やかな対応が無理である」「住み手の立場に立った対応が難しい」なども理由として聞かれました。なかには管理会社雇用の管理員が定年になり、「この管理員さんをとても気にいっていたから、ぜひこのまま残ってもらい」と、管理員だけ残して管理会社と手を切ったマンションもあります。

　管理会社に委託をやめた理由として、最近よく聞きますのは「経費を節減したい」ということです。管理の費用を単に安くしたいのではなく、将来の年金暮らしに備えて、「なるべく自分たちでできることは自分たちで行い、管理費をダウンさせ、その分修繕積立金にまわしたい」ということです。

表Ⅴ－4　管理会社に委託をしていない理由（管理組合ヒヤリングより）

- はじめから（地方都市、小規模、公社分譲に多い）
- 管理会社が倒産した。管理会社が撤退した。
- 管理会社とトラブルになった。
  管理会社の対応が悪い。出しているお金にみあっていない。
  　管理会社の業務・経理内容が不透明である。経理がずさんである。預金名義からトラブルになった。工事の発注でトラブルになった。管理会社が遠くて担当者がまめに来てくれない。
- 管理会社ではきめこまやかな対応が無理である。
- 管理員が働きやすいように。管理員が定年になり、そのまま残ってもらうために。
- 経費を削減し、その分を修繕積立金にまわす。
- 近隣住民に対する対応が悪い。管理組合の立場にたった対応をしない。

管理員の雇用は？

　管理会社に委託をしていないマンションでは具体的にどのように管理を行っているのでしょうか。ここでは最近訪問した40のマンションをとりあげて

みます。このなかで、「管理員がいない」のは16事例で、あとの24事例では管理員がいます。管理員にもいろいろなケースがあり、居住者がパートの場合、管理会社委託時代からの管理員、自分たちで募集した管理員、さらに大規模な団地型マンションでは、複数の管理担当員を雇用し事務局体制をとっている場合もあります。

表Ⅴ-5　管理会社に委託をしていない場合の管理員の状態：40事例

管理員いる	管理会社委託の時から管理員	経理も担当	3
		清掃・窓口担当	2
	新たに雇用	経理も担当	1
		清掃・窓口担当	6
	事務局体制	経理・窓口担当	1
	居住者（パート）	経理も担当	3
		清掃・窓口担当	2
管理員いない			16

数字は事例数

　管理員の募集の仕方として、一つには新聞折込み広告で募集するケースがあります。ある千葉市のマンションでは新聞折込み広告で募集したところ、70名が応募してきたそうです。二つめには、シルバー人材センターに依頼するケースです。これは全国のマンションで多く聞かれました。この場合は高齢者であることから2人交代体制をとることも多く、月曜日から土曜日を順番にする、または1週間を前半と後半にわけるといった形で勤務しています。その他、職業安定所に依頼したなどがあります。
　この際の管理員の身分・雇用形態は様々です。居住者をパートで雇用するケースもあります。直接管理組合が雇用する場合は、管理員の身分の保障、保険関係や将来の退職金、そして管理員が病気になった場合の代り人の問題などがあります。あるマンションでは「管理員にはよい人に来てもらい。そしてしっかり働いてもらいたい」と、公務員に準じた待遇で、退職金も積み立てています。

管理員の仕事は？

　管理員の雇用形態にも様々なパターンがありますが、管理員の仕事の内容にも違いがみられます。経理も担当する場合と、窓口・清掃が中心の場合があります。表Ⅴ－5に多様な例をのせています。管理員の雇用形態や勤務形態を決めるには、結局のところ管理員の仕事は何か、何をしてもらうのか、そして夜間の緊急対応をどのようにするのかもあわせて考える必要があります。東京のあるマンションでは、1住戸を提供し管理員家族に住み込んでもらい、家賃をもらわない代りに、比較的安い給料で働いてもらっている例があります。この場合は、ご主人は他に働きに出かけ、奥さんが管理員業務をしています。また、あるマンションでは、今まで住み込みだった管理員を通いにし、夜間は警備会社との連携で対応する。その管理員の部屋を集会室として利用している場合があります。さらに、管理員室と管理員の住み込み用の部屋が独立している場合には、その部屋を貸し出し、借家経営している管理組合もありました。

様々な体制―役割分担型からワンマン型まで―

　マンションの管理にはいろいろな管理行為があります。ポイントになるいくつかの管理行為をみまして、管理会社に委託をしていないマンションをいくつかのタイプに分けてみました。一つめは、事務局体制をとり、複数の専任スタッフで対応するタイプです。二つめは、管理員が中心になるタイプ、三つめは、管理員と理事長とで連携を取り、切り盛りしているタイプ、四つめ、これが多いのですが、管理員と理事が役割を分担しているタイプ、五つめは、管理員がいないので理事で役割分担をするタイプ、六つめは、居住者全体に役割を分担し、当番で管理員室に座るとか、当番で掃除するマンションもあります。そして、最後、七つめに、理事長が一人で何もかも、ワンマンというのか、善意で言えばボランティアで行っているタイプもあります。

　次に管理会社に委託をしていないマンションの事例を紹介します。

表Ⅴ－6　管理会社に委託をしていない場合の役割分担体制－40のマンション事例
「窓口・会計・管理費催促・防火管理者・夜間緊急連絡・議案書案つくり」から

	該当マンション数
事務局体制型	7
管理人型	1
管理人＋理事長（または会計担当理事）型	2
管理人＋理事会（理事長・会計など）型	14
理事会型	14
居住者全体役割分担型	1
理事長（ワンマン）型	1

○事例1：事務局体制型

マンション概要；千葉県八千代市・1972年入居開始・27棟680戸
事務局体制型
　事務局長　男1名（国家公務員行政職(1)4級・月給制）＊
　事務員　　女1名（月給制）＊
　作業主任　男1名（国家公務員行政職(2)1級・月給制）＊
　＊社会保険・雇用保険・中退金加入で、退職金も用意されています。
　作業員　　女2名（日給・月給制）
・事務局長の仕事は次のとおりです。
　1．理事会業務（総務・企画・広報・財務）；事業計画策定、予算原案策定、総会議案書作成、月次決算・年次決算作成、業務報告作成、理事会議題作成、広報誌作成、規約集編集・印刷・製本、祭の企画原案・準備・整理
　2．理事会業務（植栽）；植栽管理計画策定、作業員指揮監督
　3．理事会業務（営繕）；長期修繕計画策定、工事発注準備、工事業者監督
　4．窓口業務；窓口案内、収納業務、集会所・駐車場など施設管理
　5．その他；火災共済受付、図書室運営、住民間のトラブル調整、小修理

○事例2：事務局体制で徹底した自力管理型

マンション概要；神奈川県横浜市・1969年入居開始・30棟780戸
自力管理型
　事務局長　管理主任1名（職安から）

事務員2名（居住者の女性・パート）
園芸関係・土木関係・清掃関係・左官・クラブハウス管理人
以上10名を雇用。事務局長以外は時給制。
ベランダの防水工事、鉄部の塗装や屋上の塗装も上記スタッフで対応しています。

○事例3：居住者全体役割分担型

マンション概要；東京都品川区・1978年入居開始・1棟18戸
管理員・清掃当番型
　管理員室に6名の理事が順番で常駐する。勤務時間は10時から4時であるが、午前1時間、午後1時間窓口に座るようにし、後は自宅待機でよい。
管理員の日当は1日5000円。
　共用部分の清掃はできる人が当番です。一日約30分程度で日当は2000円。現在3名が担当する。
　9名の居住所有者は管理員業務か清掃業務のどちらかを担当し、月ごとに日程を組む。その結果、居住所有者一人平均約16000円が管理費から支払われる。管理費は27000円であるが、居住所有者は実質的には27000円から16000円を引いた11000円が負担となる。不在所有者の管理費は27000円であり、この差が実質的には不在所有者からの管理委託費と考えています。

管理員室を不在にする場合にこのプレートを出しておく。日によって担当者が異なる。（事例3のマンション）

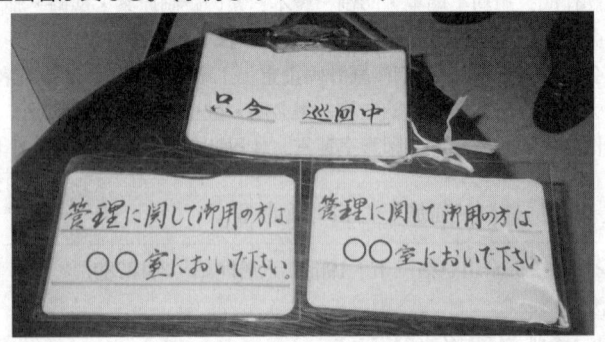

●管理会社に委託をしない場合のメリット・デメリット

　管理会社に委託をしていない場合は、理事会の体制をととのえ、そのなかで役割分担が行われています。その結果、運営上のメリット、デメリットがはっきりと出ています。管理会社に委託をしていない40のマンションに直接話を聞いた結果です。

メリット

　メリットとしては、第一には経費の節減です。第二には、管理組合の人が何かと会う機会が多いことから、お互いの顔を知る、相互の親睦が深まる、管理意識が高まる、責任感が高まることがあります。できるだけ多くの区分所有者に参加してもらわなければ組合運営が行えないことから、その仕組みづくりに賢明となり、その結果全体的に参加意識が高まっています。そのためには、区分所有者全員に情報をきちんと開示をすること、お金の動きも明らかにする。その結果として、メリットの第三として管理費の滞納も少なくなったと聞きます。第四には、居住者や区分所有者の立場で管理を行えること、なにかと早めに手を打ち、予防できること、さらに工夫をしながら管理を行うことから、誰かに仕事が集中するのではない役割分担体制や、誰かが独走しない厳しいチェック体制をとるようになることです。その結果、しっかりした運営体制が整備されていることがあります。これは運営がうまくいったマンションの場合です。

デメリット

　しかし一方では、デメリットとして、第一に人の問題があります。役員、特に理事長に負担がかかるという意見が多くなっています。それから適任者を探してくることが難しい。事務局体制をとるにしても、管理員を選ぶにしても、理事長にしても、適材適所の人を選ばないと、不安定な体制となり、がんばれる年とがんばれない年ができてしまう。さらには高齢するとなかな

か自分たちでやることが難しいという指摘もあります。第二には、日頃がんばってくれている役員にあまり文句を言ったら悪いからと、居住者の厳しいチェック体制もルーズになるという指摘もありました。

表V−7　管理会社に委託をしていない場合のメリット・デメリット（ヒヤリングより）

> メリット：
> ◇ 管理意識が高まり、相互の親睦が深まった。
> ◇ 良好なコミュニティ形成・居住者の顔が見える。
> ◇ 管理組合は独自の運営と自信ができる。
> ◇ 自発的な意識の高い管理ができる。
> ◇ 管理参加者が多くなる。
> ◇ 運営管理に計画性を持てる。
> ◇ 情報開示ができる。
> ◇ 小規模マンションで経済的負担が軽くなった。
> ◇ 管理組合の活動が活発になり、お金の流れがよくわかる。
> ◇ 金銭管理が明確になる。
> ◇ 管理費等の滞納が少ない。
> ◇ 住民の立場で管理ができる。
> ◇ 役割分担がうまくなる。
> ◇ チェック体制がきびしくなる。
> ◇ 自分たちですべて経験でき、早めに手が打てる。
> デメリット：
> ◇ 役員の負担が大きい。特に理事長。（そのために報酬をだすようにした。）
> ◇ 手間がかかる。
> ◇ 不安定である。役員の力量により管理の仕方に波ができる。
> ◇ リーダーがいないときに、問題がおこる。
> ◇ ボス的存在ができる。
> ◇ 一貫性にかける。
> ◇ 専門的な業務が実施できない。
> ◇ 専門家にまかせるべきこともやってしまう。
> ◇ 他との交流が少なく、管理水準が向上しにくい。
> ◇ 情報が不足しやすい。
> ◇ 高齢化してきて理事の負担と各区分所有者の負担が重い。
> ◇ 賃貸化が進行すると大変である。
> ◇ 役員へのきがねから組織運営がルーズになり、突然外部から体制がくずされる。

このメリット、デメリットは、もちろん管理組合のやり方次第です。管理会社に委託をしない方法がどのマンションでも可能かといいますと、それなりの条件が必要になります。自力管理のように、なるべく区分所有者が自分たちで手分けして管理を行うには、それを支えている条件として、居住者の高齢化があまり進んでいないこと、賃貸化が進んでいないことが必要です。流動性が高く、定住率が低いマンションは厳しい条件となります。居住者の皆さんが管理に取り組む足並みをそろえることや、役員の数もある程度必要になってきます。そして、理事会がキーになりますが、そのなかでも何名かのキーパーソンがいります。そのなかで、業務の継続性、運営の継続性をどのようにつくるのかが大きなカギになります。そのために役員の選出方法や任期にも工夫がいります。

　こういった内部の体制をきちんと整えながら、外部の支援体制をうまく利用することも重要です。しかし、専門家をうまく利用するのは内部の体制がきちんと整っていることが基本条件になります。

正しい情報の収集と交流

　マンション管理を適切に自主性を持ち主体的に進めるには、正しい情報をキャッチすることが大切です。いいかげんな情報に振り回されないで、正しい情報を把握することは確実にマンション管理を進める上で大切です。

　そして、私は管理組合の方々の情報の交換、いわゆる知恵、ノウハウの交流がとても大切だと思っています。地域では地域の実状を踏まえた、地域の情報をたくさんもっている管理組合の連絡協議会・連合会が非常に大きな役割を果たしているのではないかと思っています。

　私はマンション管理研究に20年近く関わってきていますが、20年前は「大変だ、大変だ」となかなか答えが出せなかった管理組合の皆さんのお困りのことに、今ではどこかのマンションでは「このように解決したよ」とか、「こういう資料を集めたよ」とか、「こういったやり方があるよ」とかの答えが出てきます。マンション管理の答えは一つではないことが多いです。自分

たちのマンションにあった方法を選択していく。そのためには、こうしたノウハウ、知恵を結集する、情報や知恵を交流することが今の時代に求められ、また管理組合の主体性を高めていく重要なキーワードになるのではないでしょうか。そのいくつかの事例を次に紹介したいと思います。

3. 管理の主体は管理組合、多様な創意・工夫・知恵

皆さんのマンションでは管理組合が主体となり、管理を進めるために、どのような工夫をしているのでしょうか。全国のマンションで多様な工夫が行われています。ここではこの半年の間に、北海道、宮城県、千葉県、埼玉県、東京都、神奈川県、愛知県、滋賀県、京都府、大阪府、奈良県、福岡県と約100のマンションにうかがいましたので、そこで聞きましたものを紹介します。

●管理会社に委託をしないでどう管理をするのか？

前の項では管理会社に委託をしない多様な形態があることを紹介し、管理員の雇用方法についてみました。ここでは他の項目についても管理会社に委託をしないでどのような方法があるかをみてみましょう。

会計業務のシステム化・会計業務のみ委託する

会計業務は管理組合運営のかなめの仕事です。管理会社に業務委託をやめた際に、組合内部に会計事務所に勤めている人がいて、この人が会計収支状況を把握できるワークシートをつくり、マンション独自の会計システムを整備したケースがあります。また、会計業務のみ会計事務所に委託をしているマンションもあります。

植栽の手入れをする

大規模マンションでは植栽の手入れにかなりの費用がかかります。そこで、居住者の中からグリーンキーパーを雇用する場合（3人で年間380万円）

や、マンションのグリーンサークルや植栽クラブの人が植栽の手入れを行い、「中庭に花を咲かせましょう」と取り組んでいる例があります。なかにはボランティアを募って対応しているケースもあります。

共用部分を清掃する

共用部分の清掃を居住者が手分けして行う場合もありますが、居住者のなかの数名を雇用するケースもあります。また、共用部分の窓拭きは管理組合の理事が行っている北海道のマンションもありました。

文書を配付する

大規模なマンションでは管理組合からの文書の配付はかなりの作業量になります。このように管理組合業務の中で単発的に発生する作業を処理するために、マンション居住者にアルバイト登録をしてもらっているケースがあります。

●参加者をどう増やすのか？

マンションの管理は、区分所有者が全員直接参加する制度となっています。しかし、みんなの関心が低く、総会を開催しても参加者が少ないのが現状ではないでしょうか。そこで、参加者を増やすためにどのような工夫があるのでしょうか。

総会への参加を増やす

総会のあとにお食事会・カラオケ大会をする

北海道の140戸のマンションは、集会室がないためにすぐ隣りの大きなすし屋さんの大ホールで総会を行ないます。総会が終わると年に一度の大宴会で、料理、お酒、懇談、カラオケ、お土産付きで、予算は一人約7,000円となっています。「管理組合としては毎年出席してくれる人はよき理解者・協力者として優遇するのは当然と考えています。ちなみに、総会には約半数の

人が出席し、このような大盤振舞は自主管理だからこそ可能です」とは、このマンションの理事長のお言葉です。その他にも、焼肉パーティをする、季節によってはビヤーパーティをするマンションもあります。

駐車場の抽選会をする

駐車場不足が深刻なマンションは多く、駐車場利用についての居住者の関心は高くなっています。そこで、総会のときに駐車場利用の抽選会を行います。代理人による抽選を認めないため、区分所有者の出席が8割以上となっています。

自治会総会も一緒に行う

借家人は管理組合の構成員でないために、管理組合活動・マンション管理への関心が低くなりがちです。そこでできるだけ借家人にも管理を理解してもらうために、管理組合総会と自治会総会を同じ日の同じ場所で続けて行うようにし、借家人にも「ぜひ参加してくださいね」と管理組合総会の議案書を渡しています。

議案書は直接手渡しにする

大切な総会の議案書は理事が直接1件1件手渡しで配り、その際に「ぜひ参加をしてください」と声を掛けるようにしています。

総会開催1ヶ月前に棟集会を開く。そこには借家人も参加する

大阪市の中心部にある総戸数1,342戸・2棟のマンションです。規模が大きくなればそれだけ居住者の関心が低くなりがちですが、ここでは総会1ヶ月前に棟ごとに集会を開きます。この会には借家人も含めすべての居住者が参加するようにしています。同じような棟集会の開催は千葉市の990戸・39棟のマンションでも、総会の2ヶ月前に開催しています。こうした棟集会を毎月1回借家人も含めて開催しているところもあります。

不在所有者には広報誌を送り関心を高める

マンションに住んでいない区分所有者はどうしても関心が低くなりがちです。そこで、日ごろからマンションの広報誌を送り、管理への関心や理解を高めるようにしています。

役員のなり手を増やす

多くのマンションで役員のなり手が少なく、悩みの種と聞きます。アメリカの管理組合でも同じ悩みをききました。そのための工夫をみていきます。

評議員制度を実施する

さきほど紹介した大阪市の1,342戸のマンションでは、管理組合の理事とは別に評議員を選出します。評議員はマンションの縦系列の単位、つまり1階から最上階の14階までの縦列の住戸を一つの単位とし、そのなかから一人選びます。評議員を選ぶ縦系列単位は四つの機能をもっています。一つは、排水管清掃の単位です。今はもう行われていませんが、以前は排水管の清掃のために縦の全住戸が同時に「せーのー」でお湯を流していました。二つめには、縦コミュニケーションづくりです。階段室型のマンションでは階段の上り下りを通じて、上下階の居住者の顔をお互いに知る機会も多いのですが、エレベーターのある片廊下型のマンションでは、上下階の人の顔を知る機会がほとんどありません。しかし、マンションとは水もれや上下階の音のトラブルなど、縦系列の住戸でのトラブルが多くなりがちです。そこで、トラブル予防や解消のためにもお互いの顔を知ることが重要と、縦系列の人が一つの単位となるようにしています。三つめは借家人もマンション管理に参加してもらうためです。借家人は管理組合の構成員ではありませんが、評議員にはなれます。そして、最後四つめは、管理組合の理事が評議員委員会に参加し、その活動を通じて、次の管理組合の理事候補をスカウトする、目をつけるという魂胆があります。このマンションでは自治会の役員は横系列（同じ階のフロアー単位）で選出され、評議員は縦系列で選出となります。マンション全体の人間関係を役員選出方法で縦と横の網目で編みこんでいきます。この網目をベースに管理組合の役員を選出するようにしています。

管理組合の理事とは別に、マンションによっては「班長」や「フロアー長」「街区長」を選出し、この役員には借家人もなるようにしています。こうした仕組みで管理組合役員の数を減らす工夫も行なわれています。

自治会が推薦する

　滋賀県の422戸のマンションでは、自治会を管理組合の役員選出の委員会（第三者機関）と位置付け、自治会が理事を選出しています。名古屋市の271戸のマンションでは、管理組合とは別にマンション内に町内会をつくり、町内会役員のうち5名が委員として管理組合の理事会に出席するようにします。このマンションでは、この委員のなかから有望な人が次年度の管理組合理事としてスカウトされます。

役員の数を多くする

　「1度理事をするとマンション管理の理解が高まる。」とは管理組合の人からもよく聞く話ですが、私たちが調査をしても理事経験者はマンション管理の理解が高く、参加意欲も高いという結果になっています。（必ずしも全員がそうであるとは限らないかもしれませんが、全体の傾向です。）そこで、できるだけ役員の数を増やし、なるべく多くの人が管理組合の役員を経験するようにしています。例えば、先ほどの名古屋市271戸のマンションでは理事は22人です。また東京都都心にある19戸のマンションでは、居住所有者が9戸で残りはすべて借家です。そしてこの9戸の人が全員役員になっています。

理事会の回数を減らす

　理事会の回数、時間をできるだけ短くし、効率的に運営し、理事の負担を軽くする工夫をしています。京都市のこのマンションでは、理事会の開催回数は多くはありませんが、理事同士の情報や意見の交流を促進するため、さすがIT時代、メールで意見や情報の交換を行っています。

顔を知る。誰が住んでいるかを知る

　マンションに住んでいる人がどんな人か、お互いの顔を知ることが管理参加の第1歩になります。そこで、どんな人が住んでいるのか、また管理組合の役員の顔を知ってもらう、居住者同士の顔を知りあうために次ような取り組みがみられます。

§V 管理組合による自主的管理と住みよい住環境づくり 155

管理費などを直接持参する

　北九州市の88戸のマンションでは、1ヶ月に1度は管理員（管理組合理事が専従勤務）が必ず居住者の顔を見ることができるように、管理費をわざわざ管理事務所に直接持参してもらいます。また、管理費ではちょっと金額が高くなり、それだけの現金を扱うのは心配というケースとして、駐車場代と自転車置き場代のみ直接管理事務所に持参することにしているマンションや、自治会費と自転車置き場代を持参することにしているマンションもあります。また、仙台市の39戸のマンションでは、管理費を管理員のいる窓口に持参することにしています。マンション居住者はこの窓口の前を通過しないとマンションの外にでられないため、滞納していてはその前を通りづらいからか、管理費の滞納が大変少なくなっています。「顔が見えないと人間はいいかげんになる」とはこのマンションの管理員のお言葉です。

共同清掃を行う

事例1　月に2回居住者が共同で清掃をします。時間は15分から20分程度です。もちろん清掃も目的ですが、実は居住者の顔をみることがもっと大きな目的になっています。

事例2　毎日曜日が清掃デーです。班毎に順番に清掃を担当します。5月と11月は居住者が全員で担当し、清掃終了後には弁当とジュースを配ります。

様々な行事・コミュニティ活動を行う

　マンションでは様々なコミュニティ活動がみられます。マンション全体の人と知り合うことも大切ですが、身近な近隣からと、東京都江東区の260戸のマンションでは、フロアー会議を実施し、フロアーごとに食事会を開くなど近隣の人を知るきっかけとなっています。

●一部の人が勝手にできない体制をどうつくるのか？

　マンションの運営をできるだけ、民主的に進めるために、そしてある特定の人のワンマン体制にならないようにするためにどのような工夫があるのでしょうか。

共同責任体制をとる
管理組合を法人にする

　管理組合を法人にする目的には、不動産の取得が多いのですが、最近みられるケースとして「管理組合体制の強化」を目的にすることがあります。法人にする場合には代表理事を法務局に届け出ることになります。実際は管理組合の理事長が一人で代表理事になるケースが多くなっていますが、なかには2人・3人といった複数人を代表理事とし、共同責任体制をとっています。

情報を公開する
理事会を公開する

　理事会を公開することで管理組合内の情報を公開します。その例として、一つは誰でも理事会を傍聴できるようにすること、もう一つにはマンション内のCATV放送を使い、理事会を中継しています。

理事会だよりを発行する

　理事会で決まったことは必ず居住者全員に伝えるとともに、不在所有者にも文書を郵送するようにします。その他、広報誌を用いて理事会で話し合っていること、悩んでいることを公開し、情報の共有・悩みの共有に心がけています。

全居住者・所有者に発言の場を与える
管理組合ポストで質問・意見を受け付ける

　居住者・所有者からの意見や質問を「意見箱」「管理組合ポスト」などで受け付けています。こうした取り組みは多いのですが、コンピューターとインターネットの普及から、メールによる質問・意見の受け付けも行っています。

管理規約・使用細則を整備する
規約・規則・細則・基準を整理する

　民主的に進めるためにルールの整備があります。千葉県の110戸のマンションでは、管理規約・規則は全員参加の総会で決め、その下の細則、基準は総務委員会で決定できるようにしています。この規約集はマンションに入居すると貸与されます。マンション居住者はこの1冊をみれば自分の住むマンションの管理の仕方がすべてわかるようになっています。途中で入居してきた人にとっても現在の管理方法がすべてわかるようになっており、ガイドブック手続き編・生活編・防災マニュアルもあります。共同生活を円滑に行うための指針もすべてこのなかに記載されています。このように区分所有者の合意を得て決まったことがすべて文章化されており、運営のルールが確立しています。

会計チェック体制を整備する
会計委員会による月1回の会計検査をする

　会計検査を毎月1回行います。もちろん、通帳は会計担当理事、印鑑は理事長がもち、単独では自由にお金の出し入れができないようにし、月1回は会計委員会で会計検査を行うようにします。

●管理上の負担の不平等をどうなくすのか？

　管理組合の一部の人に管理上の負担が偏らないようにすることも課題です。

役員負担の不平等をなくす
役員の選出を輪番制にする

　役員は輪番制にしますが、入居後すぐの人が役員にならないように、入居順にします。その他、理事が輪番制でも運営できる工夫として、「役員マニュアルをつくる」「役員の交代を半数ずつにする」「顧問制度をもうける」な

どがあります（この点はあとの「継続性をどう維持するのか？」で紹介します。）。

役員報酬を払う

　役員報酬を支払うマンションも増えています。支払い方法には、1年で○○円、月○○円、会議1回出席につき○○円、会議1時間につき○○円という決め方があります。私がうかがいましたマンションの事例では、会議1回につき報酬が3,000～5,000円になっており、月額が決まっている場合には、役職により、また管理会社に委託をしているかどうかにより金額は異なりますが、理事長が月3,000～30,000円、その他理事が1,000円～15,000円になっています。

借家人も役員をする

事例1　京都市の210戸のマンションでは各棟の各階段室ごとに役員を選びます。役員全員が集まり、自治会と管理組合のどちらの役員をするかを決めます。借家の人は自治会の役員をすることになります。そして自治会と管理組合は合同会議をすることで常に交流を保つようにしています。

事例2　借家人も管理組合の役員になります。千葉県のあるマンションでは「不在所有者よりも住んでいる人を大切にしたい」と、借家人にも議決権を与えています。同様の事例が福岡市のマンションでもみられます。

事例3　借家人は管理組合の役員にはなりませんが、日常的な管理運営を支える役員（マンションによって名称は様々ですが、例えば「フロアー委員」「階段委員」「階段当番」「班長」「街区当番」）にはなるようにします。

不在所有者から管理委託費を徴収する

　不在所有者から別途費用を徴収するケースも増えています。議案書の送付や電話での連絡など、不在所有者にはどうしても居住所有者とは異なり連絡に手間や費用がかかります。そのために不在所有者から費用を集めることも

ありますが、不在所有者は役員になれない・できないため、居住所有者に管理を委託していると考え、「管理委託費」の名称で徴収するケースもあります。私が聞いた事例では、金額は月500円〜2,000円程度です。

作業負担の不平等をなくす

作業には報酬を払う

マンション内で居住者でも理事でも管理の作業に従事した場合には報酬を出すようにします。例えば、福岡県の55戸のマンションでは、できるだけ管理業務を委託せず居住者でするようにし、例えば貯水槽の外壁ペンキ塗り、水道メーターの交換、植栽の消毒、床下換気扇の取り変えなど、すべて時間給500円で、居住者が手分けをして行います。防火管理者の講習にも管理組合で日当を払い、居住者に取得してもらいます。東京都品川区の18戸のマンションでは、防火管理者の講習に、日当7,000円を2日分支払い（講習は2日間です）、居住者に参加してもらうようにしています。その結果、現在はほとんどの居住所有者が防火管理者の資格をもっています。

不参加料を徴収する

全員参加することになっている共同清掃に不参加の場合に、清掃依頼金として500円〜3,000円を徴収する場合があります。こうした費用の徴収にはできるだけ多くの居住者に「共同清掃にぜひ出席してください」という管理組合からの願いがこめられています。その予想外の効果として、「不参加料として500円を払うぐらいなら、そのお金で隣の子供をアルバイトで雇ってわが家のメンバーとして参加してもらおう」と、近所付き合いの交流にも寄与しています。

参加料を支払う

東京都の18戸のマンションでは、毎月第3日曜日は清掃デーになっています。ここでは清掃参加者に管理組合から清掃参加料を支払います。1回の清掃に予算を15,000円計上し、その時の参加者人数で割った金額を参加料として参加した人全員に支払います。

●組織運営の継続性・計画性をどう維持するのか？

　マンション管理には建物の修繕のように長期にわたり継続的に計画的に行うこともあります。そのため管理組合は継続性をもち取り組める体制が必要になります。しかし、管理組合役員は輪番で1年で交代することが多いのが現状です。そのなかで継続性を維持するためにどのような取り組みがあるのでしょうか。

理事会の継続性を保つ
役員の任期と交代の仕方を工夫する

　役員の任期を2年とし、半数ずつ交代するマンションが増えてきました。その他の工夫として、役員改選時に役員の3分の1はかならず残る（再任する）ように交代する事例や、実質的な任期として理事長は4年、一般理事は2年、専務理事は10年を目安としているマンションもあります。役員の任期を2年に延長するため、期間が長くなった分実質的な役員の負担を少なくするように、今まで管理会社に管理業務を委託していなかったマンションが委託をするようにした事例もあります。北九州市の44戸のマンションでは理事会の継続性を持たせるために、3年を一つの役員単位にしています。全員で6名の役員がいるのですが、はじめの年に理事をした人は次の年は理事長、3年目は副理事長です。はじめに監事をした人は次の年は会計、3年目は副会計をします。3年目の「副」は、実質的にはサポーターの役割です。

理事経験者による審議委員会・顧問・補佐制度

　役員を輪番で選出しても運営できるように役員経験者がサポートする体制をつくります。マンションにより名称は異なり、「審議委員会」「顧問会」「補佐会」など様々ですが、役員経験者による委員会がつくられています。

事務員と連携する

　事務員と理事会の連携を強化することです。そのために事務局体制をとる大規模な団地マンションや、日常的に事務員と理事が交換日記で連絡を取り

合うなどがあります。

マニュアルを作成する

管理会社に委託をしていないマンションでは理事の連携がより一層求められ、実質的な作業の分担もでてきます。そこで、各理事が何をするのか、その手順や連絡先をマニュアルにします。

専門委員会をつくる

建物の計画修繕、管理規約の改正、ペット飼育問題、駐車場問題など、単年度で解決しにくい問題は理事会の諮問機関として専門委員会を設置します。

管理組合を法人化にする

管理費の滞納催促、裁判など、単年度で解決できないものを継続的に取り組みやすくするために、管理組合を法人にし、法人名で取り組んでいます。法人にしていない場合には管理組合理事長名で取り組むことになり、理事長が変わればこうした名義を変更する必要があるからです。

●専門性の高い管理行為にどう対応するのか？

専門家と顧問契約をする

マンションの管理には専門的な知識や対応が必要なものがあります。建築学、会計学、区分所有法・民法などの法学、保険、植栽管理など、多様な知識が求められます。こうした専門的な知識は本を読むなどでも対応が可能なこともありますが、専門家の支援を得るために、専門家と顧問契約をするケースがあります。弁護士や建築士との顧問契約です。たとえば、かかりつけの医者のように、建築士がマンションのドクターになっています。

組合内部の専門家を活用する

マンション居住者のなかの専門家に相談したり、専門家にはいってもらい専門委員会をつくります。

連合会・協議会・交流会で知恵を学ぶ

地域にはマンション管理組合の連合会・協議会があります。こうした組織や管理組合交流会などを通じ、他のマンションの取り組みを勉強するなどがあります。

●現地性・緊急性のある管理行為にどう対応するのか？

マンションには必ず現地で緊急に対応しなければならない行為があります。たとえば、夜間の水漏れ、設備の故障などです。

夜間の緊急時の対応として、夜間のみ警備会社に委託する場合があります。また、夜間のみの管理員を置いているケースもあります。仙台市の101戸のマンションでは、夜間管理員には基本的に給料を支払いません。しかし、集会場を改造した居住スペースを無料で利用してもらいます。こうして管理組合は経費を節約しています。

4．コミュニティ・ディベロップメント

次は、管理組合の活動として、どのようなことに取り組んでいるのかをみていきます。

●集住のメリットをいかす取り組み

マンションで集まって住むことをいかそうと多様な取り組みがみられます。

生活サービスの提供

・　共用自転車の貸し出し・車椅子貸し出し・来客用駐車場貸し出し・キャ

§V 管理組合による自主的管理と住みよい住環境づくり　　　163

資源ゴミ、アルミシュレーター・パクパク君にアルミ缶を

来客用駐車場駐車券の自動販売機

リー貸し出し
- 管理事務所による宅配サービス受け付け・受けとり・1個100円
- 資源ごみ・アルミシュレーター・パクパク君の設置

共用品の貸し出し・運営
- バザー・もちより文庫・絵画展、ギャラリー；居住者の作品展
- レンタル制度

　　アウトドアグッズをはじめとし、様々なグッズをレンタルしています。例えばクーラーボックス、バーベキューコンロ、キャンピングテーブル、テントなど倉庫に多種多様なものがストックされています。もともとはマンションのお祭りに使っていたものを空いているときに有効利用しようとはじめたものです。

集会所にもうけられた
もちより文庫

倉庫に多種多様用意された
レンタルグッズ

居住者の作品展

共用施設の運営
・クラブハウス

　元汚水処理場機械室を改装し、クラブハウスとして利用しています。入場料1日50円でだれでも利用でき、ボトルキープも可能で、カラオケなども楽しめます。クラブハウスは貸しきりにはしないで、誰がいってもいつでも利用できるようにしています。

多様な行事・イベント
・おまつり・バスツアー・運動会・バーベーキュー大会・お花見・屋上ビヤガーデン、花火大会、餅つき、月見、ガーデンパーティ、敬老会、テニス大会、囲碁大会、ソフトバレー大会、ソフトボール大会、山散策、ミニサッカー大会、ゴルフコンペ、茶席、ミニコンサート、防災訓練、焼き芋大

§V　管理組合による自主的管理と住みよい住環境づくり　　165

クラブハウスの中のボトル入れ。
ここに各自がボトルキープしています。

クラブハウス、入場料1人1日50円
カラオケ可（ただし有料）

会、七夕祭り、もちつき大会、農地を借りて畑作体験など
・クラブやサークル
　　菜園クラブ・カラオケクラブ・ゴルフクラブ、囲碁愛好会、絵画愛好会、ハイキングクラブ、写真クラブ、テニスクラブなど

●高齢化への対応

共用部分のバリアフリー化
・バリアフリー化
　　階段に手すりを設置する、マンションのエントランスをスロープにし、段差を解消するなどがあります。こうして、高齢者・障害者、どんな人にとってもバリアー（障害）のないマンションをめざしています。

生活支援・相互扶助
高齢者のお食事会、おしゃべり会、デイサービス

京都市の489戸のマンションではマンション内の婦人有志によるデイサー

夏まつり

エントランス入口をスロープに

ビスが行われています。毎週木曜日におしゃべりをしたり、お茶を飲み、カラオケやゲームなどが行われています。そのほか、月1回のお食事会なども行われています。

集会所の無料開放

千葉市の680戸のマンションではボランティアグループが管理組合の下部組織として位置付けられています。随時、集会所が無料で開放され、ボランティアグループが介添えします。この「おしゃべりサロン」は11時ごろから2時ごろまでで、例えば2000年1月のサロンでは、おしゃべり・花札・お汁粉と軽食・指あみマフラーでした。その他、毛糸の帽子づくり、蒸し羊羹を食べる会、マージャンをするときもあり、様々なレパートリーがあります。

年に1回はバスツアーにでかけます。また、買い物・病院付きそい、散歩補助や清掃などを希望する人は管理事務所に届け出ることになっています。

生活支援

横浜市の406戸のマンションでは、高齢化への対応だけが目的ではありませんが、マンション内での生活相互扶助のため、援助希望者を募り、登録し、援助の依頼があれば、登録者を派遣する制度があります。援助の内容は、留守番、掃除、洗濯、食事作り、子守り、子供の送迎、通院介助、散歩や軽いリハビリの介添え、病人やお年よりの簡単な介護、買い物、話し相手、新聞や本を読む、つくろいもの、重いものを動かす、ペットの世話、花の水やりなどです。それらの援助を1時間600円の有償で行います。その他、北九州市のマンションでは、民生委員と連携し、「ふれあいさん」が高齢者の家のごみ出しなど、生活を支援しています。

長期構想・リバースモーゲージ

高齢化を考慮した長期計画の策定

東京都田無市の720戸のマンションでは、永住希望者が多くなっています。そこでこのマンションでは築18年の時点で、築60年までは安心して住みつづけられるように計画をつくりました。建物全体のバリアーの解消や長期的な修繕計画の策定です。そのための資金は各区分所有者からの負担をなるべく抑えようと、マンション敷地内に駐車場を増設し、その増加分の使用料などを充当するようにします。将来は建替え準備資金の基金へと、マンションの築60年までのパースペクティブを描いたものです。

その他

いろいろな構想があります。「まくらもとのベルを押すと管理員が駆けつけてくれるようにしたい」「夜中の連絡体制をつくっておきたい」といったものです。エレベーターがないマンションでは、「管理組合が1階住戸が空けばそれを購入し、その住戸を5階の高齢者世帯に貸し、5階住戸を賃貸にする」といった借家経営を考えているところもあります。さらには、わが国

でようやく導入されてきました。高齢者が土地や建物を担保に老後の生活費や医療費、住宅改修費などの支給をうける**リバースモーゲージ**を、管理組合で考えているところもあります。

●防火・防災・防犯活動
施設の整備
自主防災組織と防災対策

横浜市にある築31年・780戸のマンションの防災対策は徹底しています。防災関連機材として、消防車（エンジンポンプ手動式）をはじめ、数多くの

マンションの敷地内につくられた井戸

共同浴場（廃材で沸かすことができます）

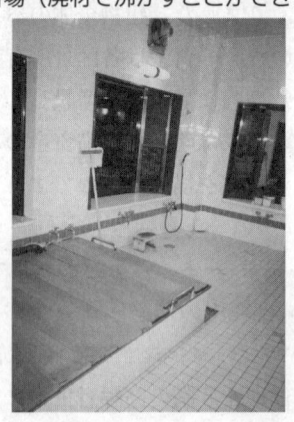

機材を持ち、さらには井戸2箇所、災害時の人員収容施設として、集会所（台所・トイレ付き・収容人数計30名）、クラブハウス（台所・風呂付き・収容人数計50名）、共用浴場、さらに団地内放送施設、緊急警報装置をもっています。共用浴場は廃材を燃料とし沸かすことが可能で、各戸の風呂が利用できない場合にも利用できます。クラブハウスや集会所は来客の際には1泊1人1,000円で貸りることもできます。

みまわりや挨拶運動

居住者によるみまわり

週に3回、全居住者が3～4人ずつ順番に防災・防犯のためにみまわりをしています。

挨拶運動

最近よく聞きますのが、マンション内の挨拶運動です。マンション内で会った人は「おはようございます」「こんにちは」「いってらっしゃい」「おかえりなさい」「さむいですね」などと声をかけあいます。居住者どうし声をかけあうことは気持ちがいいですし、安心ですね。

「今日は防犯の日、みまわりをします」の合図のちょうちん

●コモンを核にした空間の広がり

専有部分の修繕

専有部分の修繕・斡旋

キーシリンダー交換、シンクトラップ交換、クレセント交換、ボールタップパッキン交換、その他40種類の住宅修理備品の販売と、小修理を管理組合の事務局が実費で実施しています。その他、大規模修繕の際に、住戸内リフォームの斡旋や、最近トラブルの多いピッキング対策に玄関ドアのかぎ取替えの斡旋や、資金援助をしたマンションもあります。

日曜大工クラブ

居住者が簡単な大工仕事を引き受けるクラブもあります。

地域との交流

クリンディはマンションの外

マンションのクリンディはマンション敷地内ではなく、積極的にマンションの外を清掃するようにします。

地域に開かれたマンション

花火大会の日は屋上を開放し、ビヤーパーティに近隣の人を招待するようにしています。

●向上型メンテナンスの実践

共用部分について、高齢化に対応してスロープをつける、階段に手すりをつけるなど、多様な改善行為がみられます。例えば、防犯カメラを設置した、簡単な風除けスクリーンを設置したなど、あまり費用がかからなくても日常生活に大きなメリットがある改善もあります。また、大規模な費用をかけてリフォームや改善工事を実施したケースもあります。

駐車場・自転車置き場・バイク置き場・管理員室の増設
債券の発行

　仙台市の85戸のマンションでは駐車場不足が深刻でした。そこで、隣接した土地を購入し、駐車場増設を行いました。その際の資金不足を管理組合は1口10万円の債券を発行し、補いました。

集会所の増築・増設
競売物件を買い取り集会室に

　京都市の102戸のマンションでは、集会所はありませんでした。しかし、理事会を行うにも、ぜひ集会所がほしいと、競売になった住戸を管理組合で購入し、集会室として利用しています。

管理組合で1住戸を購入し集会室に

ピロティ部分の耐震補強

マンションの増築
（2部屋を増築しました。）

エレベーターの改修、衛星放送・CATV・共視聴アンテナの設置
テニスコートの増設、防犯カメラの設置、耐震補強など
居室の増築

●住まいのしおり・標語づくり

住まいのしおり

「住まいのしおり」を管理組合が独自につくっています。分譲会社が当初つくったものはどこにでもある一般的な事項しか記載されていないことが多いのですが、管理組合が作成したものは住み手の立場にたち、大変わかりやすいものになっています。名称も「住まいのしおり」ではなく、ちょっとおしゃれになっています。

|例1| コミュニティブック；団地のあゆみ、管理組合と自治会活動、サークルやクラブの紹介、暮らしのガイド

|例2| グリーンウエルネス；団地の概要とあゆみ、管理組合と自治会、共用と専有部分、管理組合の仕組み、理事の仕事、サークル紹介、生活のしおり、共用施設の案内（洗車場、ゲートボール、テニスコート、プール、集会所）、修繕（管理組合と個人の負担割合）、共同生活ルール例えば、バルコニーの使い方、ゴミ処理方法、規約、連絡先一覧

標語づくり

マンションの標語づくりも行われています。例えばマンションの頭文字をとって、「Mみかけたら、Cちびちゃん・おとしよりいたわって、Mみんなで守ろう住まいのルール」　です。

様々な事例を紹介しました。もっともっと多くの事例があります。機会があれば、たくさんのすてきな工夫を皆さんに紹介したいと思います。

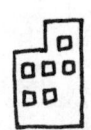

§Ⅵ 管理組合を支える様々な組織とその役割

1．マンション管理の支援システム

　マンション管理は、管理組合が主体です。しかし、管理組合だけで管理を行えるものではありません。様々な人々や組織が各地域で管理組合をサポートしています。これを私はマンション管理の支援システムと呼んでいます。こうしたマンションの管理組合を支える組織や人が地域でうまく連携していくことが重要です。それでは管理組合を支援する人や組織には、どんなところがあるのでしょうか。

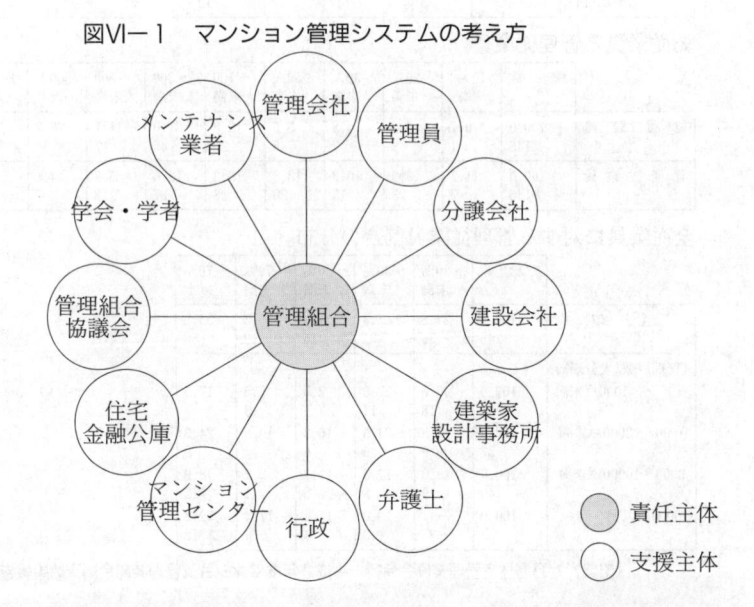

図Ⅵ－1　マンション管理システムの考え方

●管理組合を支援する人・組織
管理会社・管理員

　管理組合を直接支援する人や組織として、管理会社、管理員の役割が実際には大きくなっています。全国の8～9割のマンションで、管理会社に管理業務を委託しています。マンションの管理をする管理会社とは、どんなところが多いのでしょうか。最初にマンションが供給された頃は、マンションの分譲会社やビルメンテナンス会社が管理サービスを担当していました。その後、マンション供給増加に伴い、担当部門が独立し、新たに「管理会社」を設立するようになってきました。そのため、管理会社の母体が「分譲会社

表Ⅵ－1　マンションの管理会社

管理会社の主業種

会社の主たる業種	該当数	農業・林業漁業・鉱業	建設業	マンション管理業	その他の管理業	その他の不動産業	建物サービス業	警備業	その他のサービス業	その他
〔全体〕	100.0 145	－ －	3.4 5	41.4 60	8.3 12	8.3 12	35.2 51	－ －	3.4 5	－ －

総従業員と管理従業員

	総数	10人未満	～20人未満	～30人未満	～50人未満	～100人未満	～300人未満	～500人未満	500人以上	平均(人)
総従業員	100.0 145	0.7 1	6.2 9	4.8 7	5.5 8	13.8 20	31.0 45	11.7 17	26.2 38	552
管理従業員	100.0 145	11.7 7	15.9 23	10.3 15	13.8 20	19.3 28	18.6 27	5.5 8	4.8 7	119

全従業員に対する管理従業員割合の分布

	総数	10%未満	～30%未満	～50%未満	～70%未満	～70%以上
〔全体〕	100.0 145	24.8 36	21.4 31	11.0 16	8.3 12	34.5 50
〔管理戸数(大分類)〕						
～1000戸未満	100.0 40	45.0 18	27.5 11	2.5 1	7.5 3	17.5 7
1000～3000戸未満	100.0 37	24.3 9	24.3 9	16.2 6	10.8 4	24.3 9
3000～10000戸未満	100.0 45	20.0 9	17.8 8	11.1 5	2.2 1	48.9 22
10000戸以上	100.0 23	－ －	13.0 3	17.4 4	17.4 4	52.2 12

〈出典〉㈳高層住宅管理業協会発行：平成2年度マンション管理業総合調査結果報告書

系」と「ビルメンテナンス系」があり、最近では特に系列を持たない「独立系」もでてきています。会社規模は幅広く、そのうち管理部門担当者の占める割合は、管理戸数が多い会社ほど多くなっています。

清掃・メンテナンス会社

日常的にマンションのそばにいる人・組織として清掃会社や設備のメンテナンスの会社などもあります。共用部分の清掃やエレベーターなどのメンテナンスをする。こうした人は、管理会社の職員の場合もありますが、管理会社から再委託を受けた会社の場合、また管理組合が直接雇用や委託する場合もあります。

設計事務所、建築・建設関係会社

設計事務所や建築・建設関係の人もマンションのかなり身近にいます。大規模修繕に伴い、建物の劣化診断（調査・診断）、これは建物の傷み度を診断します。長期の修繕計画をつくる。力があるマンションでは管理組合内部でつくることもありますが、建築関係のプロがつくることもあります。それから大規模修繕の際の設計・工事監理などです。そして管理組合の新しい仕事に、（昔からありましたがはっきりと標準管理規約で位置付けられましたので）「専有部分のリフォームのコントロール」があります。建築関係の専門家ではない場合に、リフォームのことを聞かれても、建物の構造などがよくわかっていないと答えられません。そこで建築士が管理組合の相談にのる、アドバイスをするなどがあります。単発の相談・支援もありますが、マンションによっては建築事務所、またはある建築士の方と顧問契約を結ぶなどが行なわれています。

弁護士

次は弁護士です。ペットの飼育、近隣の騒音、暴力団の入居、管理費の滞納等々、マンションのさまざまなトラブルへのアドバイス、それから裁判へ

のかかわりなどもあります。もっと身近な例として、管理規約の改定のアドバイスという形でのかかわりも多いです。弁護士と顧問契約をしているマンションもあります。

分譲会社
「分譲会社はマンションを売ってしまえばさようなら」と思われるかもしれませんが、管理組合にとっては瑕疵やアフターサービスとのかかわりがあります。しかしそれ以外にも、分譲会社が管理に与える影響は大変大きくなっています。それは、分譲会社が当初に設定した管理方法がその後の管理に大きな影響を与えているからです。多くの管理組合で当初に分譲会社が設定した管理方法、具体的には管理会社、管理委託契約、管理規約、管理費等の費用負担割合などをそのまま使っています。

そのほかのたくさんの人・組織
こういった人達が直接関わり、サポートしますが、その他にも、司法書士、土地家屋調査士、会計や経理関係、それから税理士の方など、マンションではいろいろな専門家・専門業者の方が管理をサポートしています。

●管理組合の支援組織を支援する組織
管理組合を支える人や組織をみましたが、この人・組織をさらに支える組織があります。

管理会社の協会（高層住宅管理業協会）
マンションの管理会社には管理会社の協会「㈳高層住宅管理業協会」があります。2001年1月現在は323社が加入しており、全国の8割近くのマンションがこの協会に入っている管理会社により管理されています。協会では自主的にいろいろな自主基準をつくり、マニュアルを発行しています。さらに管理会社の職員に対するセミナーや研修なども行っています。

§Ⅵ 管理組合を支える様々な組織とその役割

表Ⅵ－2　管理会社の協会（高層住宅管理業協会）

- 323社が加入し、全国のマンションの概ね3／4を協会加入の管理会社が管理をしている。
- 協会では、管理業務を適正に実施するためのマニュアルの発行（管理員業務、事務管理業務、大規模修繕、給水排水赤水対策、滞納催促業務など）やセミナー、教育研修を行っている。
- マンション居住者や管理組合からの相談を受け付けている。
- マンション保全診断センターでは、建物・設備の劣化診断、長期修繕計画の立案を行っている。

　　　連絡先：東京都港区新橋2―20―1　新橋三信館8階
　　　電話03―3572―6391
　　　ホームページ：http://www.kanrikyo.or.jp/

表Ⅵ－3　管理業務主任者

| 管理業務主任者の資格要件 | ・（管理業務の）経験3年＋講習＋試験
・経験1年＋（管理業務に準ずる経験）5年＋講習＋試験 |

管理業務主任者の講習内容

1　中高層分譲共同住宅管理業者登録規程及び中高層分譲共同住宅管理業務処理準則関係
2　建物の区分所有等に関する法律関係
3　管理組合の組織と運営関係
4　管理組合の予算、会計処理及び決算関係
5　建物及びこれに付随する設備の維持保全関係
6　建物及びこれに付随する設備の大規模修繕関係
7　管理業務の委託契約関係
8　管理業務に伴う苦情処理関係

　マンション管理に関わる協会内での自主認定資格として、「**管理業務主任者**」と「**区分所有管理士**」資格があります。
　「管理業務主任者」とは、管理会社の任意の登録制度ができた際にあわせてできたものですが、管理の第一線、実務を担当する人の資格で、講習と修了の試験によって得られます。すでに2万人近くの人が管理業務主任者となっています。任意の登録制度では管理会社の営業所ごとに主任者は一人置くことになっていますが、マンション管理適正化法によりもっと体制が強化さ

れることになりました。
　管理業務主任者を総合的に指揮・統括するために業務主任者の経験を踏まえた後に試験を受けてなるのが「区分所有管理士」です。約2,000人近い区分所有管理士が誕生しています。

分譲会社の協会

　分譲会社の協会にはいくつかあります。地域によってはいろいろな分譲会社の協会があるかもしれませんが、マンションの分譲会社の協会としては、㈳日本高層住宅協会（2001年4月より不動産協会と統合）があります。協会加入の分譲会社は135社、この135社により全国の6～7割ぐらいのマンションが分譲されています。
　協会では、分譲会社の設定する管理方法の自主規準をつくり、社会状況を鑑み、レベルアップしてきました。例えば、1995年からは協会加入の分譲会社の物件では、必ず「長期修繕計画をつくり、それに基づいて修繕積立金を算定する」こと、さらにマンションを分譲する際に、「長期修繕計画は将来的には見直しが必要となり、建物の傷み具合によっては状況が変わる」ことを説明するようにしています。

国

　さらに後方支援として、国、現在は国土交通省ですが、旧建設省時代には主には通達でマンションの分譲会社の協会を指導する。それから管理会社の協会を指導する。こういった間接的な指導が主な方法としてとられていました。また、管理にかかわる法律、宅地建物取引業法や区分所有法を改正し、標準管理規約をつくり改め、標準委託契約書をつくる。こうした標準版をつくることでマンション管理のあるべき姿を提示してきました。さらに、管理会社とのトラブルが多かったことから、任意の登録制度をつくりました。そして、2001年1月6日からは国土交通省にマンション管理対策室ができ、マンション管理を支援する体制が大きく変わろうとしています。この点は§Ⅷ

でのべることにします。

学会（日本マンション学会など）

　学会もここでみておきましょう。いろいろな学会がありますが、マンション管理に一番身近なところで「日本マンション学会」があります。2001年に設立10周年になります。マンション問題に関わってきた弁護士、建築士、各地域にある管理組合の連絡協議会・連合会、マンションの管理などを研究している研究者など、マンション居住者、学者・研究者、実務家でつくってきた学会です。

　学会とは普通難しそうなところだと思われますが、この学会は現場から立ち上がってきた学会ですので、他の学会よりも実務家の方が多く、現実的な問題に取り組んでいることが特徴の一つです。また、全国に支部があります。東北、東京、中部、関西、九州に支部があり、支部独自の活動を行っています。各地域のマンション管理に関わる弁護士・建築士などの実務家、研究者が入っていますので、その地域のマンション管理情報のキーステーションになっていることもあります。

表Ⅵ－4　日本マンション学会

・557名（2000年1月）の会員で、各地域に支部（東北、東京、中部、関西、九州）を持ち、支部独自の活動や研究会・フォーラム、マンション居住者向けのセミナーも開催している。
・研究会：判例研究会、紛争処理研究会、マンション行政取り組み研究会、登記実務研究会、震災復興研究会、法律実務研究会、構造技術委員会、建物保全研究会、団地マンション研究会、マンションストック評価研究会
　　　　連絡先：〒113-0033　東京都文京区本郷6丁目2番9号　モンテベルデ第2　東大前302号　日本マンション学会事務局
　　　　ホームページ：http://www.soc.nii.ac.jp/jicl/

2．これから役割強化を期待する支援組織

　マンションの管理支援組織として、次は、特にこれからの役割強化を期待

管理組合協議会主催のマンション交流会の風景

する組織をみていきましょう。

●管理組合連絡協議会・連合会

　まずはじめは各地域の管理組合の連絡協議会・連合会です。こうした組織が全国にあり、この内のいくつかがネットワークをつくり、**全国マンション管理組合連合会（略称「全管連」）**をつくっています。管理組合の加入率は1～2割程度ですが、各地域で管理組合の交流会や相談会を開く、地域のオリジナルな管理規約をつくるなどと、活動されています。

　地域によっては行政のマンション相談窓口を協議会の人が担当している場合もあり、既に行政と連携し活動しているところもあります。

　具体的な活動には以下のものがあります。

① 相談対応；無料法律相談・建物相談・管理委託問題相談・損保契約相談等、電話や来訪による日常相談や月例相談を開いています。

② 管理組合の経験交流と組合役員の研修；名称は地域や組織により様々ですが、勉強会、学習会、セミナー、シンポジウム、研修会、交流会、情報交換会、管理会社別情報交流会を開催しています。

③ インターネットによるマンション管理の広報・普及

④ 広報誌及び研究報告書の刊行、出版、資料の貸し出し；地域版管理規約、使用細則・規定集、管理組合運営マニュアル、管理費回収の手引

き、管理委託契約書、マンション会計基準などを作成し、販売しています。

⑤ 大規模修繕工事見学会、工法勉強会の実施
⑥ 全国の管理組合団体との交流・情報交換および連絡調整
⑦ 集合住宅に関する立法、政策の研究と提言、行政への要請と連携
⑧ 管理組合の維持管理・運営管理および居住者を対象とする共同事業；各団体により方法はかなり違いますが、大規模修繕工事実施の支援、長期修繕計画作成および斡旋、管理規約見直し指導、自主管理委託補助業務、事務管理業務委託、コンサルタント・専門家の紹介、共同購入、滞納管理費一括処理、会計業務支援などがあります。
⑨ マンション管理アドバイザー養成講座の実施；全管連としてもマンション管理アドバイザー養成講座を行っています。
⑩ 仲介業者推薦制度；優良仲介業者を推薦します。
⑪ マンション情報の収集、ガイドブック作成；マンション情報データ、競売情報などを紹介します。

地域や組織により活動内容は違います。詳しくは巻末資料の各地域の管理組合協議会・連合会の案内でお問い合わせ下さい。。

●住宅金融公庫

住宅金融公庫にも注目してみましょう。マンション居住者からみると、購

図Ⅵ－5　住宅金融公庫

- 共用部分のリフォームローン融資制度、大規模修繕に備えて修繕積立金の債券制度、優良中古マンション融資制度、維持管理履歴簿の配布などがある。
  連絡先；首都圏の場合は東京住宅センター
  　　　　その他の地域は公庫各支店
  東京住宅センター；東京都文京区後楽1丁目4－10
  電話；03－5800－8174（共用部分リフォーム）
  　　　03－5800－9458（住宅債券募集センター）
  ホームページ：http://www.jyukou.go.jp/

入時にお金を借りた関係ぐらいにしか感じていないかもしれませんが、公庫はマンション管理の適正化にいろいろな働きかけをしています。既に公庫が打ち出しているいくつかの融資制度はマンション居住者の管理意識の啓蒙、モチベーションを高めることに寄与しています。

それでは住宅金融公庫が適正なマンション管理を促進するためにどのように取り組んでいるかをみていきます。

①マンションを適正に管理するための住宅金融公庫の役割として、第一に建設時に分譲会社に対する管理の初期設定の指導があります。マンション購入者が利用できる融資には、優良分譲住宅建設・購入資金融資制度とマンション購入資金融資制度があり、前者は購入者からすると融資額が大きくなるメリットがあります。この制度の融資条件として分譲会社に維持管理基準が課せられ、その内容は、1．管理規約案の作成と購入者へ説明、2．長期修繕計画案の作成及び購入者への説明、3．一定金額以上の修繕積立金額の設定（6,000円／月・戸）、4．設計図書または竣工図書の保管場所の明確化、5．募集パンフレットによる購入者への管理内容の提示などです。このように、分譲会社の指導を通じて新築時にマンションの適正な管理初期設定ができるように誘導しています[1]。

②入居が始まってからは、管理組合を対象に管理水準の向上を誘導することになります。現在おこなわれている方法は、リフォーム融資を通じての管理水準の誘導です。リフォームについては、専有部分に対してのリフォーム融資もありますが、共用部分の大規模修繕に対して**マンション共用部分リフォームローン融資制度**があります。管理組合がこの融資をうけるには、1．修繕積立金の区分経理、適正な保管（管理組合理事長名義の預金等）、1年以上の定期的積立金実績、滞納が少ない（滞納率が5％以内である）こと、2．集会で決議を行うことが必要で、適正な管理体制が融資の必須条件となります。このように入居後は管理体制の適正化を修繕・リフォームをする際

---

[1] 2001年度よりマンション購入融資においても優良分譲住宅と同様の維持管理基準が要件化された。

の融資条件とすることで管理組合の活動を誘導することになります。

　つまり、このリフォームローンを受けるためには、「マンションの管理組合はきちんと経理をしておきなさい。修繕積立金と管理費はきちんと分けておきなさい。それから管理費の滞納率を5％以内にしなさい。滞納があってもしっかり催促しておきなさい。それから融資を受けることを集会で決議しなさい。」ということを決めています。この条件があることによりある程度日頃から「会計をきちんとしておきたい。それから滞納率を下げておきたい。集会で物事を決める体制を常に整備しておきたい」と、管理組合がこの融資を使うか否かにかかわらず、使う時のために管理体制を整えることを習慣化してきています。

　③大規模修繕にそなえては、管理組合が安心して修繕積立金を預けることができる制度として**修繕積立金の債券制度**が2000年秋から創設されました。この制度は、管理組合が公庫の発行する債券を定期的に購入する形で修繕積立金を積み立てていくものです。

　④中古購入者を通じての管理水準向上の誘導があります。通常、住宅金融公庫の中古マンション融資は築25年以内のマンションが対象となります。しかし、適正な状態に管理されているマンションを購入する場合には、**優良中古マンション融資制度**があり、融資対象となるマンションの経過年数が緩和されます。これは普通、中古マンションを買う場合に築25年以内のマンションしかお金を借りることはできません。けれど、25年を越えているマンションでも適正に維持管理をしていれば、そのマンションを購入する人にお金を貸してくれる制度です。

　ですから築何年と言うよりも、適正に維持管理をしていることがお金を貸す時の担保になると考えることができます。マンション居住者はこの制度ができた時に、「適正に維持管理をしている」とはどういう状態なのかというのを一生懸命調べまして、この条件をクリアできるように努力しています。中古の融資制度が使えることは自分のマンションの財産価値を保つことにもつながります。

「適正な維持管理をしている」とは、一つは規約があることです。二つめには長期修繕計画が20年以上のものがあること。三つめには設備の法的な点検をしていること。四つめには修繕積立金が積み立てられていること——築5年未満のマンションなら月額戸当たり6,000円、築17年以上なら1万円以上と、築年数により設定されています。五つめには、築20年以上のマンションなら大規模修繕をしていることです。六つめには、建物（専有・共用部分）が良好な維持管理状態であることです。

さらに給排水管の更新性など、適正に維持管理し機能的耐用性があるマンションについては、新築並みの融資額・償還期間の融資がうけられる制度が創設されました[ii]。これらの制度により、公庫が直接「適正な管理」を管理組合に働きかけるわけではありませんが、中古購入者に対して「適正な管理」を有利な融資条件とすることで、中古購入者、その売り主（区分所有者）、その集合である管理組合に対して、さらには管理会社にも管理水準向上のためのモチベーションを与えています。そして、先にみた購入資金の融資やリフォーム融資に比べ、マンション単位でなく、また管理組合の集会の決議も必要としないことが特徴で、中古購入者にとって利用しやすい制度となれば対象となるマンションが多くなる可能性があります。

⑤良好な維持管理体制のマンションは住宅金融公庫に登録することができます[iii]。さらに、マンション管理のより一層適正化を進めるためには、「市場」を有効に利用すること、つまり「適正な管理」が価格や流動性としても評価されることが期待されます。そのためには、住宅に関する情報の非対称性を改善する必要があり、マンションの維持管理履歴の開示も検討されています。それに先駆け、公庫では共用部分の維持管理履歴簿を作成し管理組合に配付するとともに、マンション履歴を登録する制度も検討されています。

[ii] 2000年10月より機能的耐用性を満たしている場合には経過年数25年以内、返還期間35年で新築並みの金額の融資が受けられる。
[iii] 1999年度から開始された制度（優良分譲住宅等維持管理体制などの登録制度）で、現在は平成1995年度以降に事業承認を行なわれた優良分譲住宅・公社分譲住宅に限定されている。登録は任意である。

表VI-6　共用部分維持管理履歴簿の記入例

修繕項目		築年数(年)														
部位	部材	1	2	3	4	5	6	7	8	9	10	11	12	13	14	15
建築	屋根	露出アスファルト防水														
		アスファルト防水														
		PC屋根線防水											㊞			
	外壁	モルタル塗り														
		タイル張り											㊞			
		コンクリート打放し														
		PC・HPC目地防水														
	天井	モルタル塗り														
		打放しコンクリート											㊞			
	床	モルタル塗り														
		張り床														
		タイル張り														
	バルコニー	防水						㊞								
	外部金物	鉄製				㊞					㊞				㊞	
	外部建具	鉄製				㊞					㊞				㊞	
電気	電気設備	引込開閉器														
		主開閉器														
		共用分電盤														
		照明器具(屋外共用灯)									㊞					

●地方公共団体

　次は、地方公共団体です。2001年からは、新法により各地方公共団体のマンション管理への支援責任が明確になりました。マンションの管理は国レベルだけでなく、地方自治体レベルの行政対応が必要になります。§Ⅲでは、全国のマンションの全体像で話をしましたが、実はマンション事情・管理の状態は地域によりかなり異なります。この地域の実態を正確にとらえ、マンションの管理組合にどのような支援策を行えばいいのか、各地域に共通のこ

ともありますが、違うこともあります。

　既にマンション管理に取り組んでいる東京都23区および27市や、広く都道府県、政令指定都市などの状況をみますと、マンション管理への行政施策として大きく四つの対応があります。

　①第一の対応は、どこにどれだけのマンションがあるか、そのマンションで管理がどのように行われているかの実態把握です。マンションのリスト作成、管理組合へのアンケート調査、居住者調査、管理会社調査などを行っています。

　②第二の対応は、マンションの管理組合・居住者を対象に広くマンション管理についての理解を深めてもらうための啓蒙活動です。具体的に、一つは、マンション管理について管理組合や居住者が相談をすることができる相談窓口の設置です。ただしこれらの相談窓口は、必ずしもマンション管理の相談に限定したものではなく、住宅相談全般を対象としたものもあります。二つめは、マンション管理を円滑に進めるために、管理組合・居住者が管理の理解を深めることを目的にセミナーの開催や、区分所有法や標準管理規約を解説したパンフレットの作成、計画修繕の進めかたなどのマニュアルづくりを行っています。

　③第三の対応は、関係者の情報交流の機会と場の提供です。例えば、東京都では分譲マンション関連団体連絡協議会とし、住宅金融公庫、東京都住宅供給公社、マンション管理センター、管理組合協議会と区や市が参加し、情報の交換を行っています。同様の関係者の交流は、埼玉県、大阪市、神戸市、福岡県、和光市、下関市などでみられています。また、管理組合の交流のために会場の提供を行う市もあります。

　④第四の対応は、「財政」「技術」を、個別のマンションを対象に具体的な支援を行うものです。具体的には、財政面では、修繕計画策定費用の助成、共用部分修繕工事の費用の助成や利子補給、建物耐震診断や劣化診断の実施・助成・利子補給、その他、駐車場・集会所・団地内生垣・外灯・高齢化に向けてのリフォーム融資などがあります。例えば、東京都では建築物耐震診

断費の助成や、公庫の共用部分のリフォームローンには1％程度の利子補給をしています。横浜市では昭和56年以前のマンションを対象に耐震診断の予備診断費用を無料に、本診断費用の2分の1を補助しています。技術面では、耐震診断機関の紹介、コンサルタント・専門家・マンション管理アドバイザーの派遣などがあります。

さらに東京都は住宅政策審議会答申（平成10年5月）で、上記第四の対応施策として日常的な管理については「管理アドバイザーの派遣」「管理人・事務員の斡旋」「管理組合設立・管理規約・長期修繕計画の整備などへの支援」「適正な管理がなされているマンションの登録」、建替に関しては「建替のアドバイザーの紹介・斡旋」や、さらに建替が円滑に進むように「抵当権移し換え仕組みの整備」など、そして居住支援としても「子育て支援施設の運営・併設の支援」「隣居・近居の支援」などの多様なメニューを提案しました。そのうち、管理アドバイザーについては既に実施されています。

各地方公共団体の取組みは直接窓口に問い合わせるのがよいでしょう。巻末資料に連絡先をのせています。

●㈶マンション管理センター

最後は㈶マンション管理センターです。すでに約5,600の管理組合が登録しています（2001年1月現在）。今後、ますます大きな期待が寄せられているセンターですが、現在はどのようなことをしているのでしょうか。

①マンション管理の相談に応じています。センターへの相談は年間3,086件（平成11年度）で、電話や来訪による相談、さらにホームページ上でメールでも受け付けています。

②各地域でマンション管理セミナーの開催をしています。平成12年度は28箇所で地方公共団体との共催等で行っています。

③マンション管理にかかわる情報の提供として、マンション管理にかかわる書籍・資料を発行しています。さらに、月間で「マンション管理センター通信」を発行し、ホームページでもマンション管理のホットな情報をみるこ

表Ⅵ−7　マンション管理センター

・全国の5,600管理組合が登録している。管理組合・マンション居住者向けのセミナーの開催、マンション管理の出版物の発行、管理組合からの相談の受付、各マンションの必要な修繕積立金の概算値の算出、住宅金融公庫のマンション共用部分リフォームローンの債務保証などを行っている。
　　　　連絡先；東京都千代田区一ツ橋２−５−５　岩波書店一ツ橋ビル７階
　　　　電話　03−3222−1516
　　　　ホームページ；http://www.mankan.or.jp/

とができます。
　④住宅金融公庫のマンション共用部分リフォームローンを借りる場合に連帯保証人を引きうけています。
　⑤各マンションの修繕積立金の概算値をコンピューターで算出しています。
　⑥その他、マンション管理にかかわる調査・研究、地方公共団体のマンション管理担当者への研修なども行っています。
　マンション管理センターは2000年の10月１日には大阪支部の開設、2001年の４月からは、名古屋支部、そして北海道支部、福岡支部と、今後は全国に展開をしていく予定です。

§VII 地域により異なるマンション管理事情

マンションの管理事情は地域により大きく異なります。もちろん、共通することもありますが、違う点も多いです。§VIIでは、マンション管理事情が地域によりどのように異なるのかをみていきましょう。

1. 地域により異なるマンション特性

●首都圏とは違う地方のマンション

中京圏の場合

地域により建っているマンションそのものがかなり違います。中京圏では首都圏より10年遅れてマンションの供給が本格化しました。そこで、まだ一度も大規模修繕の経験がないマンションも多くあります。マンションの立地も限定しており、愛知・三重・岐阜県のなかでも愛知県が多く、その半数以上が名古屋市内に集中しています。さらに小規模なマンションが多く、半数ぐらいは30戸未満の小規模なマンションです。全国の平均が127戸ですが、中京圏では平均値は約40戸です。

もう一つの特徴として、一つのマンションの中に、住戸専有面積が広いものから狭いのまで、多様性が高いことがあります。住戸面積の広いものから狭いものまで幅広くあるというのは、一つのマンションのなかに多様な家族形態・人が存在することになります。住戸専有面積に応じて管理費、修繕積立金を負担すれば、一方では5,000円、一方では1万円と、負担金額にも開きが出ますので、その分区分所有者の合意形成が難しくなりがちです。

また、居住者の永住意識が低く、マンションがなかなか定住の場になりにくい状況があります。

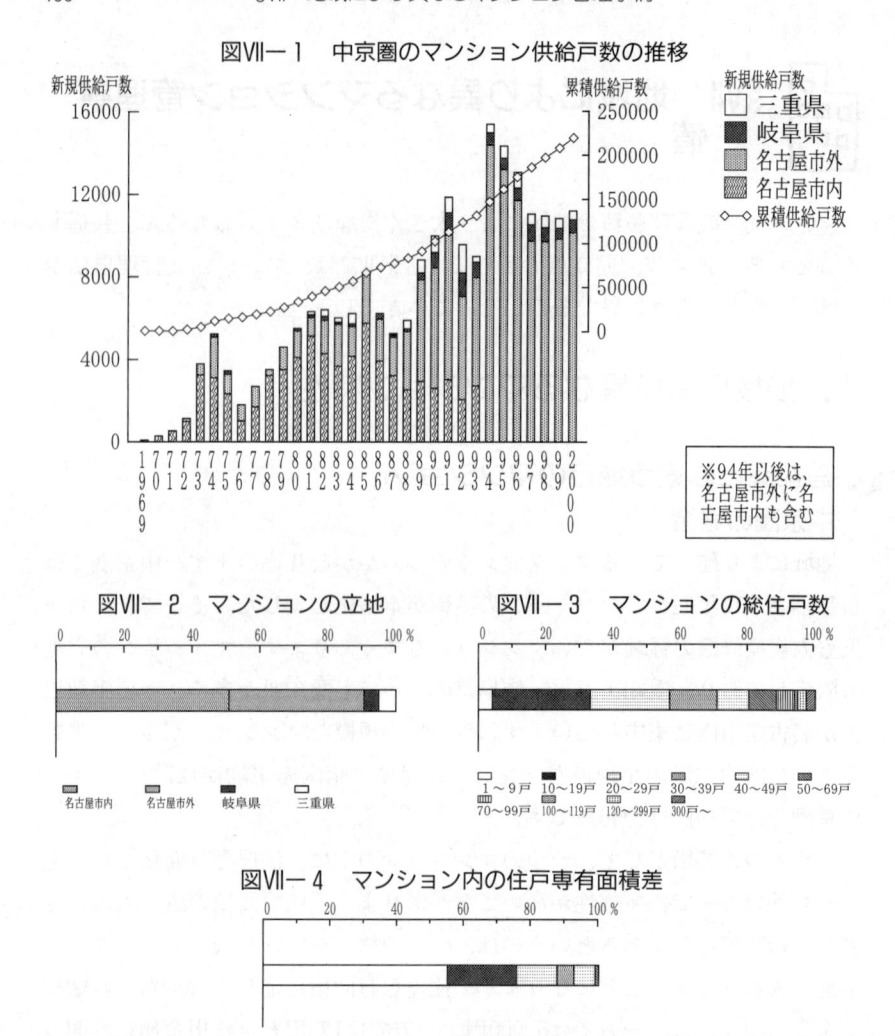

図Ⅶ-1 中京圏のマンション供給戸数の推移

凡例:
- 三重県
- 岐阜県
- 名古屋市外
- 名古屋市内
- ◇—◇ 累積供給戸数

※94年以後は、名古屋市外に名古屋市内も含む

図Ⅶ-2 マンションの立地

凡例: 名古屋市内／名古屋市外／岐阜県／三重県

図Ⅶ-3 マンションの総住戸数

凡例: 1～9戸／10～19戸／20～29戸／30～39戸／40～49戸／50～69戸／70～99戸／100～119戸／120～299戸／300戸～

図Ⅶ-4 マンション内の住戸専有面積差

凡例: 20㎡未満／20～29㎡／30～39㎡／40～49㎡／50～99㎡／100㎡以上

●首都圏のなかでも違うマンション特性
大規模団地が多い浦安市のマンション

次に首都圏をみましょう。私の大学がある浦安市をみますと、ここは集合住宅の多いところで、7割以上の人が集合住宅に住んでいます。そのうちの3割が分譲のマンションです。現在は約100のマンションがあります。

浦安市のマンションの特徴をみますと、一つには、1972年ぐらいからマンションがつくられ始め、ある時期に供給の大きなピークを迎えます。これは1970年代後半から80年代の始めです。この時に大量のマンションが建設されたことから、現在築20年マンションが大量に発生しています。二つめには、大規模なマンションが多いことです。棟数でみますと、平均で9〜10棟、戸数で平均約200戸です。小規模なものがある一方で、500戸を越えるマンションもたくさんあります。三つめには、住戸面積の広いものが多く、平均で約90㎡と、かなり永住型マンションが多いという特徴があります。

古い団地型が多い千葉市のマンション

同じ千葉県でも千葉市は浦安市とはまた違う特徴を持っています。ですが

表Ⅶ－1　千葉市マンションの物的特性

築年数	〜10年未	〜20年未	〜30年未	30年〜	不明	全体
供給マンション数	89	111	106	5	8	319
供給戸数	6549	14634	24294	3200	294	48971
平均棟数	1.4	3.4	5.7	20.4	1.1	3.8
平均戸数	73.6	131.8	231.4	640.0	36.8	154.0
平均敷地面積 ㎡	3546.7	12697.3	23836.5	53743.1	1585.7	14105.4
平均容積余裕率％＊	—	0.52	0.70	0.48	—	0.63
階段室型率 ％	25.3	48.5	48.4	80.0	—	39.9
エレベーター設置率％	76.5	50.5	51.1	20.0	57.1	57.7
平均専有面積 ㎡	69.9	68.3	61.1	47.0	—	66.3

＊　容積余裕率は利用容積率／法定容積率で計算し、美浜区マンションのみ

表VII-2　千葉市マンションの立地　　　　　築年毎の構成比(%)

立地＼築年数	～10年未	～20年未	～30年未	30年～	全体
駅から　徒歩10分未満	27.2	43.7	37.4	0.0	36.2
10分以上	49.4	44.7	32.3	50.0	41.8
バス利用	23.5	11.7	30.3	50.0	22.0

表VII-3　千葉市マンションの利用・居住状態―築20年以上―

平均用途転用率　%	1.0	旧地主所有住戸有率　%	8.0
平均賃貸率　%	17.1	平均空家率　%	4.1
平均法人所有住戸率　%	17.1	平均区分所有者居住率　%	72.1
分譲主所有住戸有率　%	28.0	平均高齢世帯率　%	16.5

＊　データの出典　アンケート調査

ら、同じ地域性と言っても市町村によっても違います。千葉市は現在、市内の全世帯の約7分の1が分譲マンションに住んでいます。これはかなりの高い比率になります。特徴的なのは、住宅の絶対的不足時代（昭和40年代前半）に建てられた団地型の、エレベーターがない、バス便など立地があまりよくないところに、大量にマンションがあることです。築20年以上のマンションは既に半数以上になっています。

　しかし、千葉市の築20以上マンションの管理組合に調査をしますと、管理は大変しっかりしています。管理をどのように行っているか、管理組合へのアンケート調査結果から、各マンションの管理状態をランク付けしてみました。大学の成績ではないですが、「優・良・可・不可」の4段階にしました。「優」に値するマンションは約半数あります。「良」に値するのが2割、「可」が3割で、「不可」はほとんどないという結果になりました。判定の細かい基準は表VII-4を見ていただければいいのですが、千葉市の半分ぐらいのマンションはわが国が目指している、あるべき姿の方向に向いています。

混沌とした新宿区のマンション

　同じ首都圏でも、都心部の新宿区を次にみてみましょう。まず、私どもの研究室で、マンションの調査をするためにマンションリストをつくることに

表Ⅶ-4　管理組合の活動状況と管理水準：千葉市

側面			活動内容　〈判定基準〉	実施率	管理水準 不可	可	良	優
基本的体制		1	管理組合がある	100.0%	○	○	○	○
		2	管理規約がある 管理者を選定している 総会を開催している	100.0 100.0 100.0	× 1 以上	○ ○ ○	○ ○ ○	○ ○ ○
主体的体制	運営管理	3	名簿を作成している 管理者は理事長にする 役員の継続性を維持している 規約の改正をした	91.7 84.0 100.0 73.9		× 1 以 上	○ ○ ○ ○	○ ○ ○ ○
	維持管理	4	修繕計画を入居後に策定した 計画に基づき修繕費を積み立てる 大規模修繕を実施した 共用部分の改善をした	79.2 87.0 100.0 92.0			× 1 以 上	○ ○ ○ ○
ランク分けマンション構成率				―	0.0	26.1	21.7	52.2

○：該当する　×：該当しない

いたしました。大規模なマンションで㈳日本高層住宅協会加入の分譲会社が分譲したマンションは比較的簡単に把握できました。問題は、小さなマンション、賃貸共同住宅の分譲化のようなマンションの把握です。新宿区の地元早稲田大学の研究室にも手伝ってもらい、地元不動産屋へのヒヤリングなどを重ねましたが、結局は基本的に足で歩いて把握する形になり、1,000件近いマンションを把握しました。

　この1,000件近いマンションは、平均すると住戸数は約40戸、平均住戸専有面積は40㎡です。そしてもっと特徴的なことは住戸の使われ方・利用形態です。各マンションに行き、集合郵便ポストの名札でどんな名称が入っているかをみて、住戸の利用状態を推測しました。

　そうしますと早稲田大学があるエリアは「住居」が多いのですが、例えば新宿駅近辺では明らかに人が住んでいると分かるのが3割になり、「オフィス」系が4割、「不明」が3割です。さらに外国人居住が多いことで有名な大久保では「住居」系が4割、「オフィス」系が2割、残りの4割が「不明」という状態です。なかには一般の住戸をスナックや焼き肉屋に改造するな

ど、大規模な用途転用と多様な利用状態がみられます。

　新宿区のマンションでも千葉市と同じアンケート調査を管理組合にしました。新宿区ではマンションがどこにあるかもなかなかつかめず、アンケート票を配付するのも大変でした。さらにマンションに行っても管理担当者を探すのも大変で、さらにアンケート調査に回答してもらうのはもっと大変でした。このような状態でアンケートに回答してくれたマンションとは、新宿区のなかでも相対的に優秀なマンションだと考えられます。アンケート結果から、千葉と同じ規準で各マンションの管理状態の「優・良・可・不可」の判定をしました。結果「優」に値するマンションは1割もありません。「良」が3割、「可」が4割、「不可」が2割です。けれど、アンケートを配れず、配ってもその内容がよくわからず回答しようがなかったマンションはもっとあるわけですから、これは氷山の一角、新宿区の良い方のマンション像といえます。

表Ⅶ－5　新宿区マンションの利用・居住状態

エリア	大久保		西早稲田		新宿		全体	
築年数	～19	20～	～19	20～	～19	20～	～19	20～
店舗付き（％）	72.2	85.0	75.0	61.9	96.9	69.2	82.9	72.2
用途転用　住居　構成率（％）	33.7	41.9	54.2	62.1	25.2	33.5	38.5	47.5
事務所等	13.8	20.4	6.4	4.6	42.6	39.0	22.2	18.9
不明	52.5	37.7	39.4	33.3	32.3	27.5	39.5	33.5
賃貸化　当初は分譲のみ　％	76.3	90.6	65.4	92.9	56.5	81.7	48.6	83.2
その他	23.7	9.4	34.5	7.1	43.5	18.3	51.4	16.8
現在　平均賃貸率％	―	40.7	―	23.4	―	29.4	―	31.1
平均法人所有率　％	―	4.4	―	5.8	―	16.8	―	9.1
分譲主所有住戸有率　％	―	20.0	―	10.0	―	0.0	―	11.5
旧地主所有住戸有率　％	―	60.0	―	30.0	―	66.7	―	50.0
平均空家率　％	―	2.4	―	5.1	―	5.3	―	4.5
平均区分所有者居住率　％	―	45.3	―	72.4	―	37.6	―	53.6
平均高齢世帯率　％	―	5.0	―	9.8	―	9.8	―	8.2

表Ⅶ－6　管理組合の活動状況と管理水準：新宿区

側面		活動内容　〈判定基準〉	実施率	管理水準			
				不可	可	良	優
基本的体制	1	管理組合がある	85.2%	○	○	○	○
	2	管理規約がある 管理者を選定している 総会を開催している	92.6 92.6 96.3	× 1 以上	○	○	○
主体的体制	運営管理 3	名簿を作成している 管理者は理事長にする 役員の継続性を維持している 規約の改正をした	85.2 66.7 77.8 48.0		× 1 以 上	○	○
	維持管理 4	修繕計画を入居後に策定した 計画に基づき修繕費を積み立てる 大規模修繕を実施した 共用部分の改善をした	51.9 43.5 88.9 65.4			× 1 以 上	○
ランク分けマンション構成率			――	22.2	40.7	29.6	7.4

○：該当する　×：該当しない

2．地域により異なる管理組合の運営・活動の仕方

　建っているマンション、利用形態・管理水準も地域・地区により違いがかなりありますが、管理組合の運営の仕方にも違いがみられます。

●関西の管理組合活動
関西圏のマンション供給
　関西でも首都圏と同様に区分所有型の共同住宅、いわゆるマンションは昭和30年代から供給がはじまります。民間供給主体によるマンションは、兵庫県では神戸・芦屋・西宮・伊丹など、大阪府では中心部に供給されていきます。公団・公社による供給は30年代から大阪府下・兵庫県下、そして40年代後半からは千里ニュータウン・泉北ニュータウンをはじめとするニュータウンでも大量に供給されていきます。奈良や和歌山、滋賀での供給は50年代に

入ってから本格的になっていきます。関西のマンションストックをみますと、昭和40年代までに建設されたもの（築25年以上）が約4分の1を占め、昭和50年前半までに建設されたもの（築20年以上）までを含めると半数近くとなり、これからは本格的なストックの時代に入ることになります。さらに、全国のなかでも複数棟ある団地型マンションが多く、1棟あたりの住戸数が100戸以上のマンションが約3割あり、比較的規模の大きなマンションが多いという特徴があります。

関西のマンション管理の仕方には次のような特徴があります。

居住をベースにした管理・コミュニティを重視した管理

マンションの管理には大きく分けて所有に基づく管理の側面（財産管理の側面）と居住に基づく管理の側面があります。どの地域のマンションでも、建物や設備の日常的な点検から大規模修繕などの維持管理（メンテナンス）、居住者がお互いに気持ちよく生活するためにペットの飼育、ゴミの出し方、駐車場・駐輪場などの共用施設の使い方といった共同生活にかかわる取り組み（生活管理）、そして管理組合の運営に必要な費用を集め、重要なことを集会で決めるなどの運営管理があります。その進め方、目標として、マンションの「財産価値を守る」こともありますが、マンションで「気持ちよく住む」「安心して住む」といった居住性の向上を重視する意向がみられます。

その一つの典型例が賃借人の管理参加です。首都圏の方は驚かれるのですが、関西のマンションでは賃借人の方も管理組合の役員をしていることが意外に多いのです。以前に行った調査では関西のマンションの3割近くで賃借人が管理組合の役員になっていました。マンションの管理には所有の側面と居住の側面があり、賃借人でも同じ居住者としてマンションの管理にかかわることを大切にしています。

コミュニティ形成のための取り組みも活発で、夏祭り、屋上でのビヤガーデン、バザーだけでなく、高齢者といっしょに食事会、デイサービスを実施し、アウトドアグッズをはじめとした様々な物のレンタル制度や、居住者の

作品をマンション内のギャラリーに展示、レンタル自転車、もちより文庫など、集まって住むことを積極的に活かそうとする意向もみられます。

さらに言うならば、マンション管理の居住の側面と所有の側面をしなやかに融合させ、マンションでの生活も建物もよくしていこうというのが関西風なのかもしれません。

建て前よりできる方法を選択し、自主的な運営

二つめの特徴は、先に取り上げた賃借人の役員就任の事例にもみられますが、「建て前」よりも「できる方法」を選択することです。例えば一つのマンションのなかで自治会（居住者組織）と管理組合（所有者組織）がある場合に、所有とも居住ともかかわりのある行為（ペット飼育やゴミの問題など）を例にとって「どちらが担当されるのですか？」という質問をしますと、マンションによって「自治会です」「管理組合です」「両方とは別の組織です」と回答の違いが見られます。しかし、「どうしてですか？」と理由を聞きますと、ほとんどが「できるところがやります」と、明快な答えが帰って来ます。つまりだれがするべきかという「べき論」よりも、だれができるのかという「現実論」が、マンション管理の実行性を高め、さらにはみんなが納得できる合理的な方法を確立してきているようです。このような態度は様々な点でみられます。

そして、管理会社に委託をしない自主管理が全国的にみてもやや多いのですが、管理会社に委託をしていても、管理会社に任せっぱなしということは少なく、お金の使い方などもシビアで、厳しいチェックをし、広い意味での自主管理、つまり自主的管理のマンションは多いようです。

3．地域により異なる管理組合の支援体制

●首都圏と異なる地方のマンション管理支援システム

今までのマンション管理を取り巻く体制（図Ⅶ－5）に、国土交通省が

図VII−5　マンション管理の支援組織と　図VII−6　これからのマンション管理の
　　　　　その支援体制　　　　　　　　　　　　社会システム―管理組合とその
　　　　　　　　　　　　　　　　　　　　　　　支援システム―

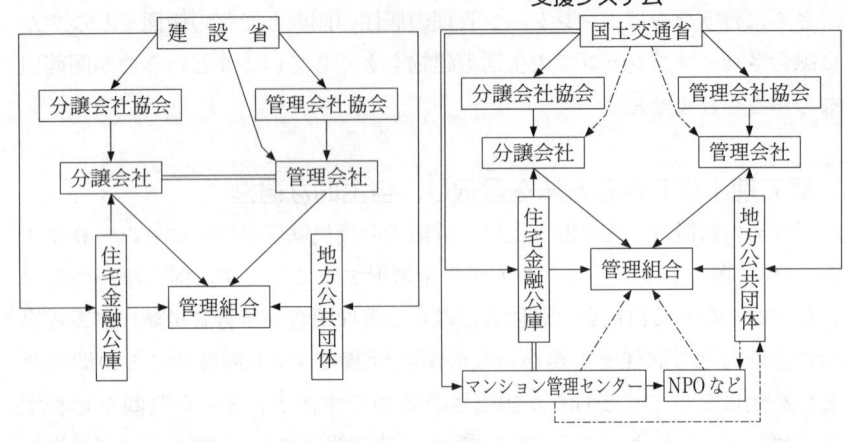

------▶　これから役割強化が期待される支援体制

2000年に発表した新たな施策をみますと、図VII−6のような社会的管理システムが整備されていくことになります。しかし、よくみるとこのようなシステムが整備されるのは首都圏や近畿圏といった限られた地域だけではないかという疑問がでてきます。私はこの10年ほどの間に、勤務地が変わったことから、近畿圏→中京圏→首都圏と、それぞれの地域のマンション管理実態をみることができました。その結果、マンション管理をとりまく支援システムには「地域性」が大きいと感じるようになりました。そこで、例えば、私が住んだ経験のある中京圏を取り上げてみていきたいと思います。

中京圏の場合

　マンション管理について、首都圏を除く地方都市には、国土交通省の指導がなかなか届かない状況がありました。つまり、マンションの管理に対する国土交通省の対応は、地方公共団体、分譲会社の協会や管理会社の協会などの業界団体を通じての指導、および管理会社を登録するという形で行ってき

§Ⅶ 地域により異なるマンション管理事情　　　199

表Ⅶ－7　首都圏と中京圏に供給されるマンションの分譲会社・管理会社の相違

	協会加入の分譲会社が供給するマンション率	協会加入の管理会社が管理するマンション率	国土交通省登録管理会社が管理するマンション率
首都圏	65%（～80%）	80%	85%
中京圏	32%（～38%）	42%	42%

1993～1995年に供給されたマンション
（　）内の数字は同時期の㈳日本高層住宅協会調査より

ました。しかしながら、この数年供給されたマンションをみますと、それを分譲し、管理する会社に首都圏と中京圏では次のような大きな違いがあります（表Ⅶ－7）。

①中京圏では分譲会社協会加入の分譲会社が供給するマンションは少ない。
　中京圏では管理会社協会加入の管理会社が管理するマンションは少ない。
②中京圏では国土交通省登録管理会社が管理するマンションは少ない。
③中京圏では分譲会社が系列の管理会社をもつことが少ない。このことは、分譲会社・管理会社のどちらかが協会に加入することで、協会に加入した方の会社が、加入していない方の会社に影響を与えるような横のつながりが少ないことになる。

つまり、国土交通省が行ってきた分譲会社の協会や管理会社の協会、登録を通じて行ってきた指導の手が管理組合まで届きにくい状況にあります。さらには、

④マンション管理センターの支部がありませんでした（2001年4月からは開設しました）。
⑤地方公共団体の取り組みもマンション管理に積極的ではありませんでした。

つまり、首都圏では協会に入っている分譲会社によるマンションが多くなっています。また、管理会社も協会に入っているもの、登録をしている場合

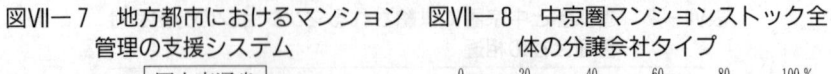

図Ⅶ—7　地方都市におけるマンション管理の支援システム

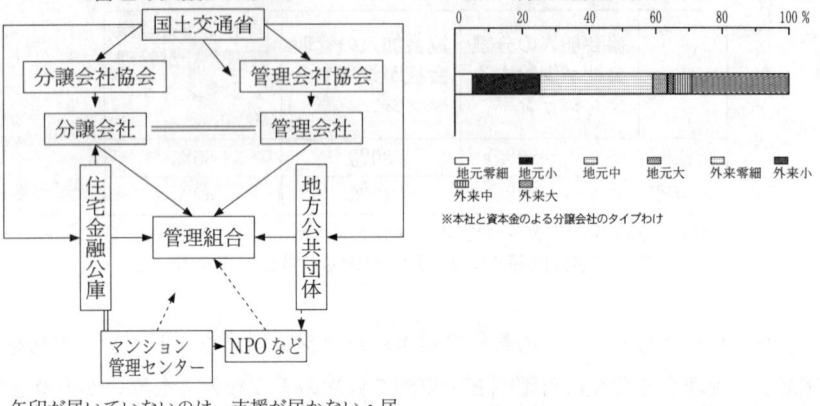

図Ⅶ—8　中京圏マンションストック全体の分譲会社タイプ

※本社と資本金のよる分譲会社のタイプわけ

矢印が届いていないのは、支援が届かない・届きにくいことを示している

が多く、それなりに自主規準を守り、ある一定水準以上の管理を行っていると考えられます。そして、マンション管理センターもある。さらに地方公共団体が既にマンション管理に取り組み、サポートしてくれる。まだ完全に至っていないかもしれませんが、国が目指している形にかなり近づきつつあるようです。

　しかし、表Ⅶ—7のように、例えば中京圏では、協会加入の分譲会社が少なく、地場型の会社が多くなっています。そこで、図Ⅶ—7のように協会の指導の手が分譲会社に届いていません。いろいろいい自主規準をつくっていてもそれが届かない。それから管理会社で協会に入っているところも少ない。いわゆる地場型の小さな分譲会社が多く、管理会社も地場型の小さいところが多い。そして国土交通省に任意で登録していた管理会社も少ない。これが現状で、圧倒的に首都圏と違います。案外、大都市圏でもこういう状況にあります。

　こうした状況で、管理組合に手が届いている、届きうるのは、住宅金融公庫もありますが、もっときめ細かいレベルでは地方公共団体と、キャリアが

比較的乏しい分譲会社や管理会社というのが現状でした。

4．地域性を踏まえた管理方法と支援のあり方

　マンション管理にも地域性があることがわかっていただけたと思います。マンションは居住の場ですから、そこに住む人々の生活習慣や考え方にも影響を受けます。また、気候にも影響を受け、北海道のような寒い地域にはそれだけメンテナンスで気をつけることがあります。また、地域における住宅市場のなかで、マンションが課せられた使命が異なっています。こうした状況を十分に踏まえ、マンション管理のあり方、特に支援のあり方を考えていく必要があります。そのために、地域の取り組みがとても大切になってきます。

　私はこの1年の間に、北海道、東北圏の宮城県、首都圏の千葉県・埼玉県・神奈川県・東京都、中京圏の愛知県、関西圏の京都府・滋賀県・大阪府・奈良県、九州圏の福岡県と、100件近いマンションをヒヤリングしてまわりました。このヒヤリングを通じて、地域によって、マンションそのもの、マンション居住者の意識、管理の方法、そしてマンション管理をとりまく環境、支援システムにかなり違いがあることを確認することができました。もちろん、基本となる法律（区分所有法）は同じですから、共通することも多々ありますが、マンション管理にも地域性というものがあり、マンションの管理をうまく行うにはこの地域性を十分に考慮し、さらには地域のハウジングシステムのなかでしっかりとマンションの管理システムを創ること、特にそれぞれの地域でのマンション管理のネットワークの強化が何よりも重要になります。

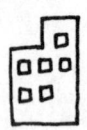

§Ⅷ マンションの管理の適正化の推進に関する法律制定の背景と期待

1．マンション管理をめぐる最近の動向

●マンション管理新世紀の幕開け

　マンション管理を取り巻く社会環境が大きく変化しようとしています。2001年1月6日から国土交通省にマンション管理対策室が設置されました。各地方公共団体では総合的な相談体制の整備、また**マンションの管理の適正化の推進に関する法律**等によるマンション管理業者の適正化・育成のための登録制度やマンション管理士制度の創設、マンションの維持管理情報登録制度の構築と、まさしく21世紀はマンション管理の新世紀が開幕したともいえます。

●これまでの長い道のり

　しかし、この新世紀を迎えるまでには長い道のりがありました。マンションをめぐる問題には、まずはマンション建設に伴う地域住民と分譲・建設会社との日照などをめぐる紛争がありました。そして、マンションの購入者からすれば、「入居してすぐに雨漏りがする」「排水が逆流する」といった工事瑕疵の問題、購入したマンションが図面と違っているなど青田売りの問題など、マンション購入者と分譲会社とのトラブルもあります。そして、マンションに入居してからも実に様々な問題があります。マンションの建物形態、つまり人々が重なって住み、共同で様々な施設・設備を使うことから起こるトラブルがあります。共同生活や共同利用とのかかわりからは、ペット飼育の問題、近隣間の音の問題、駐車場不足による路上駐車の問題などがあります。また、管理組合の運営では、「マンション所有者の管理の関心が低い」

§Ⅷ　マンションの管理の適正化の推進に関する法律制定の背景と期待

「役員のなり手がない」「管理費・修繕積立金が足りない」「計画修繕の進め方がわからない」、そこで頼りにしたい「管理会社がしっかりしてくれない」などの問題があります。これらの問題はマンションの普及とともに解決してきたわけではなく、むしろ問題は重層化し深刻化しています。

●より複雑化するマンション管理

　マンションの経年に伴い、建物の維持管理の課題が大きくなります。大規模修繕・設備の取替えなどの実施とそのための費用が必要になりますが、「築20年がたち、給排水管工事をしたいのにどうすればよいのかわからない。多額の修繕費がかかる」「修繕費が足りない」などがあります。こうした状況のなかで、所有者は「高齢者が多くなり、役員のなり手がいない・費用負担が難しい」などの問題が生まれています。さらには建物の老朽化に伴う課題として、「建替えをしたいのに所有者の意見がまとまらない。そのため20年以上も大規模修繕を実施していない」などの状況も生まれ、建替えをめぐっての裁判も行なわれています。

　バブル経済崩壊後は、「管理費・修繕積立金の滞納者が多い」、「将来の修繕に備えて費用を預けていた管理会社が倒産し、お金が戻ってこない」や「区分所有者の自己破産による競売物件も多くなり、不法占拠者も出ている。管理組合は訴訟しても解決までに時間がかかり、なかなか費用を回収できないばかりでなく、安心して生活できない」という厳しい状況も生まれています。

　マンションの管理問題の解決が難しいのは、基本的にはマンション居住者が共同住宅の建物形態の居住に不慣れであり、かつ区分所有の所有形態による共同管理にも不慣れであるなかで、共同管理を進めるにも専門的知識が必要となり、それを管理のプロでもない所有者・居住者が全員の合意をとり進めていかなければならないところにあります。また、マンションをつくり・分譲する分譲会社、建設会社も管理のことを十分に理解し建物をつくって・売っていなかったこと、管理組合を支えるべき管理会社や管理員、建築士・

弁護士・司法書士・土地家屋調査士などの専門家もマンション管理対応に充分に育っていなかったことがあります。

　こうした状況でマンション管理の外部条件は少しずつ整っていきます。しかし、その一方で内部条件として最近では共同管理をより困難にしている要因として、賃貸化や用途転用の進行による利用形態の複雑化、多様な年齢層・家族形態・ライフスタイル、国籍などといった居住者層の多様化があります。また経済的事情から管理費や修繕積立金の負担が困難な世帯、所在不明の所有者の存在、借り手・買い手が見つからない空家化の進行などもあり、新しい＜管理参加困難層＞が存在しているのも事実です。

●なぜマンション管理問題がなかなか解決しないのか？

　なかなかマンションの管理問題が解決しない理由に、今まではマンションを区分所有者により良好に管理を行うための社会的仕組みが未整備であったことがあります。その一つとして欠陥マンションの存在もありますが、基本的に将来起こり得る管理問題を想定し、問題が起こりにくいようにマンションを建設し分譲する社会的仕組みが整っていません。例えば、「元地主所有の住戸は管理費を支払わなくてもよい」「駐車場の専用使用権が販売される」などといった、ある特定の区分所有者に有利になるように管理方法が設定されていることや、「敷地の権利関係が複雑である」「維持管理がしにくい建物である」など、マンション購入者に不利にならないように管理の初期設定が十分にされているとはいいがたい状況です。

　これらはマンションを企画・計画、設計、建設、分譲といった供給段階からの問題ですが、ストックの段階でも「管理会社の対応がよくない・会計報告が不十分である」、しかし「相談できる第三者機関がない」などが問題になっています。

　マンションは「持家」であり「私権」の集合体であります。そのためにその管理に公共が直接介入することは今までは困難とされてきました。そこで、今まで行われてきた行政の対応は、国レベルでは分譲会社や管理会社を

表Ⅷ-1　マンション管理関連表－マンション管理の行政施策を中心に－

1953年	日本初の分譲マンション　宮益坂アパート　完成
1955年	日本初民間による分譲マンション　武蔵小杉アパート
1956年	日本初民間による個人向け分譲マンション　四谷コーポラス分譲　公団初の稲毛住宅分譲
1962年	区分所有法の制定
1966年	社団法人日本高層住宅協会設立
1973年	建設省住宅局：民間共同住宅の管理など実態調査実施 日本高層住宅協会アフターサービス規準を制定（最長2年）
1976年	宅地建物にかかわる取引条件の明確化、工事施工の適正化、建築物の設計及び工事監理の適正化等に関する建設省の通達（青田売りなどの問題、①販売物件の事前検査、②重要事項説明は書面で、③竣工図の交付、④苦情処理体制の整備）
1977年	不動産団体アフターサービス規準等制定（①重要事項説明一覧表、②売買契約締結時交付図書及び明記事項、③アフターサービス規準、④竣工図） 日本高層住宅協会アフターサービス規準改定（屋上防水5年、外壁防水3年）
1979年	総務庁行政監察局　分譲マンションに関する行政監察（駐車場の専用使用権の問題） 民間分譲中高層共同住宅（分譲マンション）に関わる施工管理などの徹底、取引の公正の確保及び管理の適正化に関する建設省通達（①販売物件の事前検査、②宣伝広告の適正化、③共有敷地などにおける使用収益関係などの明確化、④苦情受付窓口の契約書等の明記、⑤管理組合設立の勧奨など） 社団法人高層住宅管理業協会設立
1980年	宅地建物取引業法の改正（区分所有建物の説明事項－敷地の権利の種類・内容等の追加） 建設省　分譲マンションの全国調査（第1回）
1982年	住宅宅地審議会答申「宅地建物の取引の公正と流通の円滑化を図るための宅地建物業制度上講ずるべき措置についての第2次答申」により「標準管理規約」「標準管理委託契約書」の策定
1983年	区分所有法改正（①管理を行う団体の存在、②専有部分の区分所有権と敷地利用権の一体化、③共用部分の変更・規約の変更は3／4の特別多数決、④規約共用部分の設定、⑤賃借人の規定、⑥管理組合法人、⑦義務違反者の措置、⑧建替えの規定、⑨団地の規定など） 不動産登記法改正

表Ⅷ—1　マンション管理関連表—マンション管理の行政施策を中心に—(つづき)

1984年	リース方式による小規模分譲マンション供給の適正化に関する建設省通達
1985年	建設省、中高層分譲共同住宅管理業者登録規定の制定、一定の要件のある管理業者は登録可 　　（①営業所ごとに管理業務主任者　②財産的基礎または金銭的信用　③一定の欠格要件に該当しない） 社団法人高層住宅管理業協会が管理業務主任者の資格講習を開始 社団法人高層住宅管理業協会がマンション保全相談センターを設置（大規模修繕判断資料提供） 財団法人マンション管理センター設立 建築物の維持保全に関する準則又は計画の作成に関し必要な指針を定める件の建設省告示（マンションでも計画を） リース方式中高層共同住宅管理規約モデル案、高層住宅管理業協会作成 マンション修繕費用積み立て保険（損害保険会社21社による共同→現在は個別対応）
1986年	住宅金融公庫マンション共用部分リフォームローン開始 全国マンション管理組合連合会（全管連）発足
1987年	中高層分譲共同住宅管理業務処理準則の策定　登録業者に遵守義務付け 　（重要事項説明、一括再委託禁止、善管注意義務など）
1988年	宅地建物取引業改正（重要事項説明に管理関連事項を拡充—管理会社・管理組合から管理費などの滞納状況を把握すること、管理会社登録ナンバーを重要事項説明に） 建設省　分譲マンションの全国調査（第2回）
1992年	日本マンション学会設立 総務庁行政監察局　分譲マンションの管理についての行政監察結果（管理規約の適正化、管理業者による管理業務の適正化、長期修繕計画策定促進及び修繕費用の適切な積み立てなど） マンション管理の適正化及び取引の公正の確保に関する建設省の通達 　（①重要事項説明、②規約の説明：標準との違い、③委託契約の説明：標準との違い、④中古マンションの修繕状態、⑤アフターサービスについて、⑥モデルルームについて／管理業者には上記②③＋預金口座収支状況の報告、登録の奨励、長期修繕計画と適正な積立金の設定） マンションリフォームマネージャー制度の創設 マンションリフォーム推進協議会が発足 財団法人ベターリビングが優良集合住宅認定制度を創設

表Ⅷ−1　マンション管理関連表—マンション管理の行政施策を中心に—（つづき）

1993年	住宅性能保証制度に関する建設省通達 日本高層住宅協会アフターサービス規準の改訂（屋上防水10年、外壁防水7年、浴室防水10年、給排水管5年） 建設省　分譲マンションの全国調査（第3回）
1994年	中高層分譲共同住宅管理業者登録規程の改正（登録期間の延長3年から5年、資格要件の見直し、登録標識の掲示） 住宅金融公庫が優良中古マンション融資制度を創設
1995年	日本高層住宅協会「長期修繕計画作成指針・長期修繕計画の作成及び適正な修繕積立金の設定」作成（①長期修繕計画作成、②重要事項説明までに①を説明、③計画の見直しと劣化診断の必要性） 住宅金融公庫が優良分譲住宅建設・購入資金融資でマンションの維持管理条件を要件化 被災区分所有建物の再建などに関する特別措置法施行
1996年	高層住宅管理業協会　管理費等保証制度の実施（被害を受けた管理組合に協会の保証機構が金銭的な保証とともに、新しい管理会社の紹介・斡旋） 宅地建物取引法施行規則の改正（専有部分の利用制限に関する規約の定めを説明事項に追加）
1997年	「標準管理規約」改正　→団地型、単棟型、複合用途型、 　（長期修繕計画策定や専用部分のリフォームのコントロールなど管理組合の業務に） 高層住宅管理業協会・区分所有管理士制度を創設 高層住宅管理業協会　マンション管理業の21世紀ビジョン（住生活アンドマネジメントへ）発表 定期借地権付分譲マンション管理ガイドライン建設省作成
1998年	中高層分譲共同住宅（分譲マンション）の管理に関する地方監察結果 　（①標準管理規約・標準管理委託契約書、②長期修繕計画　③売買取引　④アフターサービス規準　⑤販売広告　⑥建替え　⑦行政機関の支援措置） 高層住宅管理業協会認定　区分所有管理士一般試験開始 住宅金融公庫・優良分譲住宅維持管理体制等の登録制度
1999年	住宅品質確保の促進に関する法律成立 修繕積立金等の預金口座名義を管理組合理事長名義とするよう周知徹底の通達 インターネットによる登録管理業者概要を公表 建設省　分譲マンションの全国調査（第4回）

表Ⅷ-1　マンション管理関連表—マンション管理の行政施策を中心に—(つづき)

	中高層分譲共同住宅管理の行政監察結果（①管理業者の適正化、②売買時の重要事項説明、③標準管理委託契約書の見直しなど） 日本高層住宅協会アフターサービス規準改定（品確法成立に伴い該当主要部分を10年に）
2000年	登録管理業者の情報開示（財務内容・主要株主の公表）と、共通仕様発注書作成 住宅金融公庫による修繕積立金債券制度の創設 マンションの管理の適正化の推進に関する法律の成立（マンション管理士・管理業登録制度）
2001年	国土交通省にマンション管理対策室の設置

　行政指導し、モデル的な基準を示し、地方公共団体レベルでは所有者・居住者の意識啓蒙を中心に行い、管理水準の向上を目指してきました。その結果、主体的に取り組む管理組合では計画的に維持管理を進め、高い管理水準となっているマンションがあるのも事実ですが、その一方では管理組合すら実質的に存在しないマンションもあります。

●マンション管理をめぐる最近の国の動き・取り組み

　このような状態に大きな変化がみられてきました。「マンションの管理の適正化の推進に関する法律」の成立です。私は行政の立場ではありませんので、この法律の成立過程や解説などをするのではなく、この法律が成立する間、マンション管理に関わる国土交通省のいくつかの委員会・研究会に参加しましたので、そこでこの法律を作るまでにどのようなことを課題とし、議論をしたのかを紹介します。

　マンション管理にかかわる大きな動きの発端は、1999年2月の衆議院予算委員会で大口善徳議員によるマンション問題の質疑になります。国会ではじめてマンション問題が大大的に取上げられました。内容はマンション相談、協議会の設置、修繕積立金の住宅金融公庫での受け入れ、管理会社の格づけなどの質疑でした（この時の質問を受け、すべて検討されますが、結果的に

管理会社の格づけはあきらめられました)。

その後、3月30日には　公明党による「マンション再生に関する提言」(マンション相談、行政窓口、マンション管理適正化、建替えの促進、中古マンション市場の活性化、定期借地権付マンションの供給拡大、高齢化・少子化に対応するマンションの供給拡大)が発表され、4月1日には建設大臣へ提言を、そして6月22日には、①マンション管理組合の支援体制の強化、②マンション問題に関する相談体制の強化、③幅広い情報の提供や情報交換の促進、④修繕積立金の適正管理、⑤マンション管理業の適正化及び育成⑥マンションの長命化及び建替え対策、以上を自民・公明党による合意事項として建設大臣に申し入れをしています。その後、公明党・自民党・共産党のなかでマンション管理問題のワーキングチームが作られるようになります。

管理組合の支援体制の強化

先の申し入れに対する国土交通省の対応を見てみますと、マンション管理組合の支援体制の強化については、一つには㈶マンション管理センターのあり方、具体的には管理組合の登録制度、セミナーの開催、相談体制などを見直すことがあります。二つめには、マンションの修繕や履歴登録制度の構築と、その情報を重要事項説明と連携することの検討です。それぞれの具体的方法を検討していくためにマンション管理センター業務検討委員会、履歴情報活用システム検討委員会をスタートさせました。

相談体制の強化

二つめのマンション問題に関する相談体制の強化については、2001年1月より国土交通省にマンション管理対策室ができ、それに先立ち2000年4月より各都道府県及び政令指定都市にはマンション管理に関する相談窓口を設置することとなりました。現在、すべての政令指定都市で相談窓口が設置されています。さらに、こうした相談窓口の職員のための研修も行っています。

2000年9月には明海大学・マンション管理センターの共催で4日間にわたる地方公共団体等職員研修を行いました。こうした相談窓口での対応のためにマンション相談マニュアルも作成されています。

さらに、マンションの相談はマンション居住者が行政の相談窓口に行き相談したからといってそう簡単に解決できないものも多くあります。具体的にマンションに行き、マンション居住者と一緒に考え、行動する人が必要なことや、またはより一層専門的な立場からのアドバイスが必要なこともあります。そこで、マンション管理センターによる弁護士への相談体制（㈶マンション管理センターに相談に行くと、必要に応じて一定の条件のもとで弁護士による無料相談が可能です）、インターネットによるマンション相談も実施されています。

また、マンション管理士制度が検討されるようになりました。さらにアドバイザー的役割よりも一歩進め、区分所有法上の管理者の斡旋制度に関しては、マンション管理の法・制度を見直すマンション管理研究会で議論されました。

幅広い情報の提供と情報交換の促進

三つめのマンションの幅広い情報の提供や情報交換の促進については、マンションセミナーの開催、住まい方のガイドブックの作成、マンション管理がわかるホームページ、マンション相談会の実施、マンション協議会の開催、管理組合の情報ネットワーク化が検討され、すでにマンションにかかわる様々な人々の意見交換の場として、マンション管理フォーラムが開催されました。

修繕積立金の適正管理

四つめの修繕積立金の適正管理については、2000年秋より住宅金融公庫による修繕積立債券制度がスタートしました。また、1999年6月には国土交通省から登録管理会社および関係者に文書によって修繕積立金の預金名義を管

理組合とするように指導が行われています。

管理業の適正化と育成

　五つめのマンション管理業の適正化および育成については、それらのあり方を具体的に検討するためにマンション管理業研究会を開催し、管理業者による情報開示、判断基準の設定、標準管理委託契約書の見直しを行ってきています。

　情報開示としては今までの管理会社の情報開示項目に更に、財務状況や主な株主を公表するようになりました。判断基準の設定としましては、一つは共通の管理業務発注仕様書をつくり、管理組合がそれに必要事項を書き入れ、複数の管理会社に見積もりを依頼することができるようになり、もう一つは管理会社がモデル物件を受託した場合のモデル価格を提示することです。

マンションの長命化と建替え

　最後、六つめのマンションの長命化及び建替え対策につきましては、1997年度より国土交通省で総合技術開発プロジェクト「投資型効率向上・長期耐用都市型集合住宅の建設・再生技術の開発（略称マンション総プロ）」で、マンションの建替えのための合意形成のあり方、法・制度、事業手法などの検討を行っています。

　第一グループは長期耐用型集合住宅の建設・供給・改修技術の開発で、スケルトン住宅の供給やそれに対応した法・制度を検討しています。このスケルトン住宅とは、建物がスケルトン部分とインフィル部分に分離できる住宅のことです。スケルトン部分は100年以上長持ちする耐久性を重視し、インフィル部分は住まい手の生活や社会の変化に対応して自由に変えられる可変性を重視してつくられます。これに関しましては、既存マンションには適用できず、新規のマンションが対象になります。

　第二グループは「物理的耐久性の向上」のためのストック長命化技術の開

発で、材料や構造の面から物理的に長持ちできる建物をつくろうと検討しています。これも新築マンションについてです。

　第三グループはマンションの円滑な建替え手法の開発です。建替えを円滑に進めるためには、初動期の合意形成が重要との視点から、生涯運営計画、建替え判断のためのマンションの老朽化評価指針作成、建替え事業における経済的評価手法や建替え費用負担困難層の継続居住を実現する手法、団地型マンションの部分建替え手法、建替え事業安定化に向けた法制度の開発などを検討しています。しかし、建替えについては議論すればするほど、そう簡単に建替えはできないから、マンションを「長持ちさせる」方針できちんと維持管理計画を立て、それを実行するための経営計画もトータルした生涯運営計画（仮称）の検討を行っています。

●ようやくマンション管理に行政の取り組み本格化

　この1～2年の間で、国土交通省におけるマンション管理対策室の設置、各地方公共団体におけるマンション管理の相談体制の整備、住宅金融公庫におけるマンション修繕積立金の積立制度の創設、幅広い情報・意見交換の場としてのマンション管理フォーラムの開催、法・制度の見直しのためのマンション管理研究会の開催、㈶マンション管理センターの大阪支部設立、そして2001年4月よりは名古屋支部・北海道支部・福岡支部の設立、マンション管理業者の適正化・育成やマンション管理士などのマンション管理プロ育成のための法律の成立があります。このようにマンション管理のために多くの制度が議論され、そのなかで部分的ではありますが、既に実施されてきました。

　そして、現在は、がんばるマンションを応援する仕組みとして、マンションの管理状態を開示することで市場を利用し適正なマンション管理が評価される仕組みをつくるために、マンションの維持管理情報登録制度の構築を検討しています。

2．マンションの管理の適正化の推進に関する法律

　マンション管理に関わる新しい法律ができるということで、マンション居住者をはじめとし多くの人は期待と不安が大きかったかもしれません。期待が大きい分だけ、不満が多くなることもあるでしょう。全ての期待をこの法律のみに押し付けるのはある意味では虫がよすぎるかもしれません。気になるなかみをみることにします。

　まず名称についてですが、現在の名称に多くの人はあまり違和感を持たないと思います。しかし、実は2000年9月末の時点ではこの法律案は、「区分所有住宅の適正な管理の推進に関する法律」という名称でした。つまり、この法律ではマンションという言葉は使われていませんでした。このことははじめにものべましたように、マンションという英語は本来、大邸宅を指すのですから、それをそのまま使ってはあまりにも品がないということだったの

図Ⅷ−1　マンションの管理の適正化の推進に関する法律のしくみ

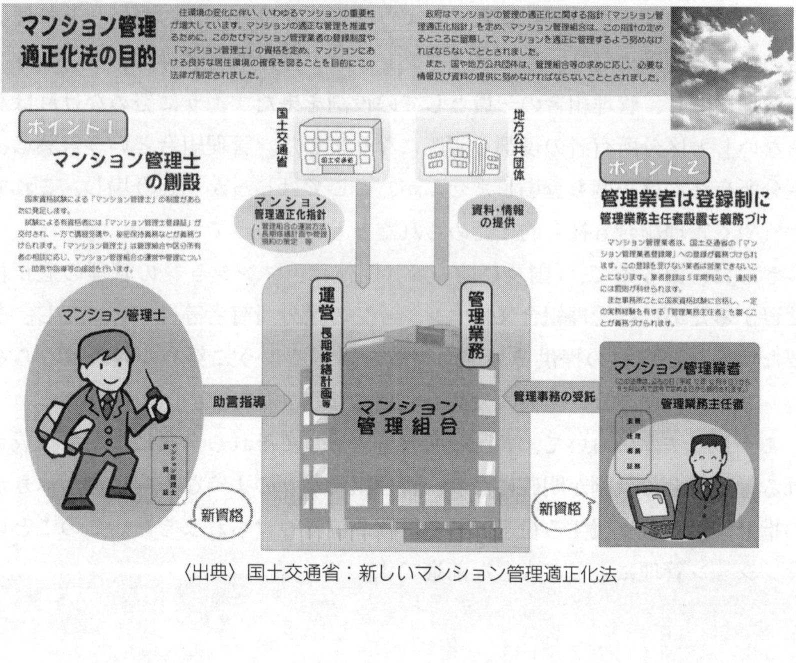

〈出典〉国土交通省：新しいマンション管理適正化法

です。しかしマンションという言葉はわが国でこれだけ定着しているので、やはりマンションが適切だろうと今の名称に落ち着きました。これでマンションもやっとわが国で認知されたようです。

この法律は、マンション管理士、マンション管理業者の登録制度の創設がポイントとなります。しかし、よくみますとその他にも実は多くのポイントがあります。

●マンション管理の主体は管理組合

第1章は総則です。実はここに大切なことがあります。

第3条に「国土交通大臣は、マンションの管理の適正化の推進を図るため、管理組合によるマンションの管理の適正化に関する指針を定め、これを公表するものとする」とあります。つまり、マンション管理に対する国の責任、関与がはっきりしたことです。

第4条では「管理組合はマンション管理適正化指針の定めるところに留意して、マンションを適正に管理するように努めなければならない」と管理組合の責任が明確になり、さらに「マンションの区分所有者等は、マンションの管理に関し、管理組合の一員としての役割を果たすように努めなければならない」と区分所有者の役割も明確になりました。管理組合という言葉は、区分所有法には一度も登場しませんが、ここではしっかりと登場し、これでようやく管理組合も社会的に認められたとも言えそうです。

さらに、第5条で、「国及び地方公共団体は、マンションの管理の適正化に資するために、管理組合又はマンションの区分所有者等の求めに応じ、必要な情報及び資料の提供その他の措置を講じるように努めなければならない」とあり、地方公共団体の役割も明確になりました。

こうして法律において、各区分所有者、そしてそれら全員によって構成される管理組合の役割が明確になり、管理組合がどのような方向に進むべきかの指針を示し、支援する役割として行政が位置づけられました。このことはマンション管理にとって大きな前進です。

§Ⅷ　マンションの管理の適正化の推進に関する法律制定の背景と期待　　215

　そして、第2章ではマンション管理士制度の創設、第3章ではマンション管理業者の登録、第4章ではマンション管理適正化推進センター、第5章ではマンション管理業者の団体についてとあり、最後の第6章、雑則をみますと、設計図書の交付（第103条）とあります。それでは順にみていきます。

●マンション管理士

　マンション管理には幅広い知識が必要で、そのための専門家が強く求められていました。今回生まれました**マンション管理士**は「専門的知識をもって、管理組合の運営その他マンションの管理に関し、管理組合の管理者又はマンションの区分所有者等の相談に応じ、助言、指導その他の援助を行うことを業務とする者」です。つまり、現時点ではあくまで、管理組合からの依頼によって管理組合の活動を支援する者であり、マンション管理士が管理組合にかわり管理を行うことは想定されていません。

　これからは、マンション管理士の名称を使って仕事ができるのは、マンション管理士試験に合格し、登録をして、登録証の交付を受け、一定の期間ごとに講習を受けている人のみになります。

　マンション管理士の登録や試験の実施は、マンション管理適正化推進センターが行うことになります。

●管理業・管理会社

　マンション管理業はこの法律ができるまでは誰でもできました。つまり、特別な資格は必要ではありませんでした。そのため様々な管理会社があり、マスコミなどを通じてもその問題が取上げられたこともありました。実際に全ての管理会社に問題があるわけではなく、大きな誤解を与えた感があるようにも思います。しかし、どこにどんな管理会社があり、どんな問題があるかを把握しようとしても、今までの管理会社の登録制度が任意であることから、マンションの管理をしている管理会社が現実にどれぐらいあるのかさえ把握できていません。そこで、こうした**管理会社の登録制度**は管理会社の水

準アップの最初の第一歩として寄与するのではないかと思います。

この法律により、今まで明確になっていなかったマンションの管理業いわゆる管理会社の定義が明らかになりました。マンション管理業とは、管理組合から委託を受けて「管理事務」を業として行なう者です。つまり、自力管理の場合には含まれません。「管理事務」とは、マンション管理に関する事務で、①管理組合の会計の収入および支出の調定、②出納、③マンション（専有部分を除く）の維持又は修繕に関する企画又は実施の調整を含むものです。

マンション管理業を行うものは、国に登録する必要があります。登録できる業者は事務所ごと及び事務所の規模により必要な数の専任の管理業務主任者をおくことが必要になります。そして管理組合から管理業務の委託を受ける場合には、その委託内容の説明会を開き、管理組合の管理者や区分所有者などに管理業務主任者がその説明をします。契約をするとその内容を書面で管理組合に渡すことになります。

また管理会社の財産と管理組合の財産を分けること、定期的に管理組合の管理者に管理業務主任者は管理の状況を報告することになります。

登録期間は5年で、問題があれば登録がとり消されることになります。

マンション管理業者の指導・研修などは管理業者の団体が行います。

●分譲会社の管理責任

分譲会社がマンションの引渡しの際に設計図書を管理組合にわたすことになります。これは意外にマンションの設計図書を持っていないマンションが多い現実から、法律に盛り込まれたものです。

3．研究会で議論されながらも法律に盛り込まれなかったこと

法律ができていくつかの新しい施策がはじまります。もちろんこの法律によりマンションで安定した居住が確立でき、共同管理が円滑に行われることへの期待も大きいのですが、今まで議論されていたにもかかわらず、今回の

法律に盛り込まれなかった点もあります。

●分譲段階からの管理適正化のための社会的コントロール

　マンション管理は初期設定がその後の管理に大きな影響を与えます。そのために初期設定が適正に行われるような社会的コントロールが必要です。マンション購入者が将来起こり得る管理問題を予想して契約条件を検討することは大変難しく、かつ入居後初期設定された管理方法（管理規約など）の変更も簡単ではありません。そのためマンション市場の環境整備によりマンションの管理水準の向上を実現するには、フローの時点から消費者保護の視点で管理問題をなくす、少なくする条件を整備した建物・管理方法とすることであり、さらには適正な情報の開示があり、はじめて情報の非対称性が是正されることになります。私はこの点については以下のような施策が今後実施されることを期待しています。

建物・施設の設計段階の審査・指導

　共同生活・共同管理を円滑に行えるように管理人室の配置、駐車場台数や位置、その他自転車置き場・ごみ置き場の広さや位置、居住者の集まれる共用施設などの整備、さらには将来の修繕のしやすさを考えた建物形態であるかなどを、設計段階から審査・指導することです。

分譲会社の管理初動期責任の明確化と執行の指導・監督

　アメリカをはじめとした諸外国では「一定割合の居住者が入居するまでは分譲会社が管理を行う」責任があります。分譲会社には、第一に入居してから居住者全員で相談し管理方法を一から決めるのは難しいため、分譲時から管理ルールを設定すること、第二に管理組合の設立支援と初動期の活動を支援すること、第三に管理上必要な図面・関係書類を管理組合へ引き渡すことなど、入居後管理が円滑に行なわれるための支援責任があります。しかし現在は十分に行なわれていないことから、分譲会社の管理上の責任を明確にし

た上で、それを実施するように指導・監督することです。

所有形態・管理初期設定の審査・指導

駐車場を分譲会社が所有したままであるといった事例があります。このように分譲会社の設定した所有形態・管理方法が居住者にとって、不利なものとならないように、さらには入居後共同管理が円滑に行いやすいようにといった視点から、分譲会社が設定したルール、例えば、所有権や共用部分の設定、管理方法として管理規約・使用細則、修繕計画・修繕積立金の設定、管理委託契約書、開発に伴う近隣協定などを審査・指導する必要があります。

管理方法および物件情報の開示

マンションのように共有を含み、規模の大きい不動産の売買は一般の消費者には理解しにくく、将来起こりうる管理問題を予測しにくいです。そのため、管理及び物件情報についてはアメリカのカリフォルニア州のパブリックレポートのように物件に関するあらゆる情報を開示し、購入者が知ることができるようにすることも大切です。

●管理者制度

管理者制度も議論になりました。マンションでは管理の最高責任者として管理者をおくことができます。多くのマンションでは理事長が選出されています。しかし、マンションに住んでいる区分所有者が少なく、理事のなり手がない、まして専門的知識が求められ、責任も大きい管理者の大役まで引き受けたくない、引き受ける人がいない場合や、マンションの入居すぐで管理組合が機能しない場合、大規模修繕を実施する場合などは、専門的な知識をもった人が組合運営に参加してほしいという声もあります。わが国における現実のマンションの管理者と、区分所有法が想定している管理者には少しギャップがあるようにみえます。フランス・ドイツ・イタリアでは「管理者」といわれる管理のプロがマンションの共同管理を行う執行機関となっている

こ␣とも踏まえて、マンション管理研究会では、マンションで安定した居住の実現・良好なマンションストックの形成のために管理者の機能強化を議論しました。その結果、管理者として大きくは三つのタイプが必要ではないかということになりました。

　一つには、通常は管理組合が主体となり管理を行うが、必要な場合に管理組合、管理者に助言や指導するマンション管理アドバイザー的な人です。つまり、管理組合の運営を支援する役割です。

　二つめは、区分所有者に代わって管理の最高責任者となる専門の「管理者」です。この「管理者」が必要となると想定されるマンションには、管理組合は存在するけれども理事会運営がまったく行われていない場合から正常に運営されている場合まで幅があります。また、管理者の権限をどうするのか、管理者は個人か管理会社か、管理者がワンマンにならないようにするにはどうすればよいのか、そもそも管理者にはどんな資質が必要でどんな試験や資格になるのかなどが議論されました。今後の検討課題です。

　三つめは、適正に管理をしていないマンションに管理者を強制的に派遣する場合の「管理者」です。どんなマンションに派遣するのか、費用負担は誰がするのか、もし公的に負担するのであれば、どうしてがんばっていないマンションに公的負担をしなければならないのかといった点が議論になりました。

　こうした議論を踏まえて、第一のアドバイザー的な役割のマンション管理士が登場したわけです。上記の第二，三の管理者を成立させていくには、後で述べますマンションとは地域の公共財、共用部分はみんなの「コモン」という考え方、法制度を基本的に整える必要があります。

●賃借人も含めた居住の安定性

　私は以前からマンションとは「所有」の対象の場ですが、「居住」の場でもあり、もっと居住をベースにしたマンション管理を考えるべきではないかと思っていました。マンションの管理は区分所有法を基本として進めます

が、これはあくまで「所有」関係を調整する法であって、居住を円滑にするためにつくられた法ではないことを感じていました。もちろんこの法律によって居住が円滑にいかないわけではありません。目的が異なるということで、マンション管理研究会でも、その点が議論になりましたが、やはり十分な結論は出ていません。

マンションの管理には大きく分けて所有に基づく管理の側面(財産管理の側面)と居住に基づく管理の側面があります。この二つは必ずしも矛盾するわけではないのですが、マンションで賃貸化が進んできた場合に、区分所有者が不在となり、実際に住んでいる居住者の多くが貸借人となってきますと、所有者による所有者のための管理組合運営だけでは矛盾が生じます。貸借人を排除していては共同生活も共同管理も円滑に行えない状況があります。

そこで、マンション管理にどのように貸借人を巻き込んでいくのかが課題となります。首都圏の方は驚かれるのですが、関西のマンションでは貸借人も管理組合の役員をしていることが意外に多くなっています。首都圏のマンションでも管理組合の役員とは言いませんが、フロアーの役員、ブロックの役員は貸借人もなっているケースを聞きます。福岡県の管理組合協議会では貸借人も管理組合総会に出て一部の議決権を行使し、役員にも就任する標準管理規約をつくっています。もちろん何でもかんでも貸借人が参加すればよいというわけではありません。貸借人もマンションに住む居住者として一緒に管理のことを考え、居住に基づく管理上の権利と義務を行使する組織体制・ルール・機会が必要となっているということです。

不動産が所有から利用へという時代に、本当の意味で利用・居住をベースにしたマンション管理を考える新時代が来ているのではないかと考えています。

§IX 21世紀にマンションを良好な都市居住の場とするために

1．行政の取り組みへの期待

●マンションの管理は戸建て住宅や賃貸共同住宅とどう違うのか

　マンションは「持家」であり「私権」の集合体であります。しかし、その管理に行政がほんの1歩踏み出した感がありますが、そもそも「持家」であり「私権」の集合体であるマンションの管理に行政がなぜ関与する必要があるのでしょうか。基本的に国民の居住の安定および住宅ストックの有効活用をはかる上で、適切なマンション管理を進めることは重要ですが、なぜ戸建て住宅や賃貸共同住宅と異なって区分所有型の共同住宅、マンションのみに行政が関わること、特に支援が必要なのでしょうか。

　この点につきましてはマンション研究会でも議論になりましたが、マンション管理研究会で一致した結論がでたわけではありませんので、私の考えをのべます。

　第一には、「共同住宅」に対する支援です。つまり、都市の土地の有効利用に、戸建て住宅に比べて共同住宅は寄与しています。都市計画的な視点から考えますと、都市部においてできるだけ共同住宅を促進することは有効な政策ではないでしょうか。その意味から、共同住宅の管理、共同生活そのものを支援することは必要だと思います。

　第二には、共同住宅の「共用部分」に対する支援です。マンションの共用部分は所有者が誰かといった視点からみて「官」と「民」で分けますと、「民」の空間になります。しかし利用面からみますと、不特定多数の人が利用できる「公」、特定の少数の人が利用する「私」、そしてその間にあり特定の多数（場合によっては少数）の人が利用する「共」という空間として共用

部分が位置づけられます。共同住宅とは街を立体にしたものだと考えると、共用の廊下や階段は道路となり、皆んなで使う集会所や広場は公民館や公園的性格をもっています。また、良好なオープンスペースのある共同住宅は地域に良好な住環境を与えることにも寄与します。

　以上の2点は、建物が区分所有であってもなくても同じです。しかし、マンションは賃貸共同住宅と異なることがあります。それは区分所有していることです。それゆえに方針を決めるには区分所有者による合意形成が必要になります。そこで、マンションを良好に維持していくには、第三として、区分所有者の合意形成を円滑に行うことへの支援が必要になります。

　そして、第四には、消費者保護の視点からの支援です。つまり、区分所有は一般的な消費者には大変わかりにくいものです。まして、消費者がマンションを購入する際に将来起こりうる問題を予想するのは大変難しい状況にあります。そこで、将来起こりうる問題を未然に防ぎ、よりマンション管理・共同生活を行いやすくするといった視点から分譲時の社会的なコントロールが必要になります。

　一方、マンション管理への行政対応は支援だけではありません。マンションが適正に維持管理されない場合には都市景観・都市経営・地域コミュニティに外部不経済を与えることになります。その意味からのコントロールが必要になります。

　もちろんマンション管理の問題解決の第一は、マンション購入者、そして所有者・居住者が自立し、自治能力を高め、努力することです。しかし、それだけでは解決できない問題もあります。

2．アメリカにおけるマンション管理への行政対応

　そこで、アメリカの事例を少し見てみましょう。アメリカではわが国と同様に、区分所有者から選ばれた理事によって構成される「理事会」が共同管理を行う執行機関となります。そして、「区分所有者全員により構成される管理組合」が存在し、重要な方針の決定は「区分所有者全員による集会」で

行う点も同じです。しかしアメリカでは、管理問題予防のためにわが国と異なる行政施策があり、管理組合の役割にも違いがみられます。カリフォルニア州の事例をみていきます。

●開発・分譲への行政対応

開発・分譲時の行政対応の目的には、第一に構造上の欠陥があるものや基本的設備の不備なものが販売されることを防ぐこと、第二に開発途中の物件を計画どおりに完成させること、第三に初期から適正な財政計画を設定させること、第四に消費者に物件の保証をすることがあり、具体的には以下の対応があります。

不動産局による審査

開発事業者は5戸以上の開発の場合には、全て分譲段階で州に申請します。その内容は開発の種類、周辺環境、基本的な設備・施設の状態、税金、契約関係、共有物（コモン）の状態、組合の予算、規約の準備状況です。州の不動産局の分譲物件担当の職員が現地に調査に行き、物件を確認し、調査を実施し、その結果、分譲を許可します。

パブリックレポートの発行

以上の手順で物件を許可すると、不動産局はパブリックレポートを発行します。パブリックレポートは購入する消費者を保護する目的で、分譲物件に関するあらゆる情報を公開するためのものです。内容は、設計どおりにつくられているか、先の調査に基づき知りえたすべてのことを記載します。例えば、管理規約があるか、将来の管理に要する費用、周辺環境など、詳細な内容が記載されます。未完成物件に関しては計画どおりに完成することを保証するものとなります。パブリックレポートは購入者全員に提供され、購入者は契約時に必ずこれを読み、読んだことを証明するため署名を行うことになります。

●管理への行政対応

　管理組合の運営管理・維持管理に関して州の法律で細かい規定を定めています。たとえば、組合の財政報告書作成の手順、理事会の会計監査方法、管理費用の値上げと運営方法、住戸のリフォームの許可基準など、さらに修繕計画を作成すること、修繕積立金の算定を義務づけています。それが運営されやすいように計画修繕と財政の運営には特に力を入れてガイドラインやマニュアルを作成しています。

組合の予算案作成のための管理費の手引書発行

　法律で規定された管理組合の財政運営が実施できるように、州は手引書を発行します。手引書には、固定費用（税金、保険料など）、共用部分運転保全費用（水道、電気代、施設保全・サービス費用など）、修繕のための準備費用（取り替えの費用や維持保全費）と組合運営費用（委託管理費、法律上の経費、会計上の経費など）の項目と、その項目ごとに具体的なデータがあります。管理組合がそのデータをもちいて自ら予算計画をつくれるようにと、手引書にはワークシートがついています。このデータは州の担当スタッフが管理組合、管理会社、サービス会社、製造業者、公共施設関連会社から集めた資料をもとに具体的な数字を算出したものです。

修繕計画の義務付けと修繕計画ガイドライン発行

　州は修繕計画の作成・修繕積立金の算定を管理組合に義務づけていることから、管理組合が修繕計画を作成しやすいように、修繕計画のためのガイドラインを発行しています。ガイドラインには、修繕計画の重要性、費用の準備の仕方、決議の方法、修繕の必要なところ、費用の見積もり、資金計画、理事会の進め方などが詳しく記載されています。

§IX　21世紀にマンションを良好な都市居住の場とするために　　225

ラドバーンのプール 　　　　　ラドバーンの街なみ

ラドバーンの街なみ　　　　　ラドバーンのコモンスペース

●管理組合と地方自治体との連携

　アメリカでは管理組合はマンションに限らず住宅地全体、地域の住環境を管理する主体としても機能しています。管理組合は共有地の管理から、街なみのためのデザインコントロール、コミュニティ活動、不動産管理にわたる住環境の管理を行っています。そして、管理組合活動は地方自治体の活動とリンクしています。その様子をニュージャージー州のラドバーン住宅地を取上げてみてみましょう。ここは主に戸建て住宅の住宅地です。

　①管理組合では、住宅地内の道路や公園、公益施設などについて可能なものは積極的に市に移管するようにし、居住者が負担する維持管理費を下げるようにします。このように管理組合は市と、所有や管理の境界をネゴシエーションして決めることができます。つまり、管理組合は自治体と居住者の調整役としての役割が大きくなっています。

②管理組合の主な仕事は、共有地・共有施設の管理、デザインコントロール、レクリエーションプログラムの実施などです。道路や公園などの公益施設の移管、下水道管理、ごみ処理、地区内清掃、コモンスペースの植栽の手入れ、自治体への協力なども行います。

③住宅の建築・増改築・修繕などは、組合でコントロールします。そのため建築のガイドライン（The RADBURN Association Guidelines of Architectural Control）があります。常に管理組合ではガイドラインの内容を社会状況にあわせて見直しを行っています。戸建て住宅の場合でも、ガイドラインに従い、フェンスや屋根を修繕する場合でさえ、もちろん大規模な修繕・改善・建替の場合には必ず組合の許可を取ることになります。組合の許可を得てから、市に建築の申請を行います。

④各家は管理費を財産の大きさに応じて負担します。その金額は不動産の固定資産評価額に応じて決まります。固定資産税及びこの住宅地の管理費に対応する金額を年4回に分けて組合に居住者が支払い、組合がそこから市に税を支払います。管理費の最高は税の50％までで、管理費の支払いについては組合が先取特権を持っています。

以上のように、管理組合は、公益サービスの提供や土地利用のコントロール、課税の権限と義務を持つ準自治体的な機能を持ち、住民が直接参加し運営する組織です。アメリカで管理組合が区分所有型の共同住宅はもちろん、戸建て住宅地でも定着した背景には、一つには、住宅地に豊かな共用スペースやコミュニティ施設のコモンがあり、それを共同で管理する必要があるからです。二つめには、住宅地の不動産価値を下げないように商品としての価値を維持・向上させながら管理するには、専門家による管理が必要です。三つめには、個々の住宅・宅地内のことでも各居住者に任せておれば適正に管理しない住宅も出現することから、管理を共同化し、質の高い住環境をつくる必要があります。四つめには、ペット飼育の問題を予防・解消するために共同生活様式を確立する、防犯・防災活動、相互扶助・生活の助け合い、レクリエーション・コミュニティ活動の実施、地域の文化づくりといったコミ

ュニティライフの育成、提供が必要です。以上を担う組織として、管理組合の存在が求められています。そして五つめには、管理組合を支えるための基本的な背景として、アメリカの住宅の評価は土地によって概ね決まるのではなく、住宅地の住環境や住宅の維持管理の状態によって決まり、そのためには、管理組合のような組織が必要であることを居住者自身が理解していることがあります。

3．マンションは地域公共財
ーマンションで安心して快適に暮らせるようにー

　ストック対策として、全てのマンションの管理を所有者間の自治能力のみに依存することに限界がみられています。そこで、マンションは「所有」の対象でありますが、「居住」の場であることおよびマンションが持つ「共同消費性」を重視し、将来の居住者を含めた安定した居住環境を維持するために、部分的な私権の制限を含めた公共介入を行い、マンションを地域公共財とし適正に維持管理する体制を社会的に確立することです。

●共同生活・共用空間の修繕への支援

　マンションでは戸建て住宅と異なり、様々な共用施設をもつこともでき、快適な居住を実現できるものです。しかし、戸建て住宅と異なり、郵便物の配達をはじめとし、様々な公共サービスが受けられない、または受けるために特別な費用を負担しなければならないことがあります。こういった不平等を是正する必要があります。これらの状態を是正するともに、マンションで展開される共同生活とそれを円滑に行うための活動を支援することがあります。共同生活そのものを支援し、共同住宅を持つことにおいても税の面でも考慮する必要があるでしょう。さらに共用部分の修繕の資金的支援（利子補給・無料診断など）が現在も行なわれていますが、良好な都市環境形成のためにまちづくりや都市政策と合致した共用空間の維持管理に公的支援を行うことも検討してはどうでしょうか。

●管理情報の開示

　そして、大事なことに管理の情報の開示があります。現在のわが国の住宅価格のように主に土地の価格により決まるのではなく、アメリカでは住宅地の不動産価値は住宅の維持管理を含め、広くはコミュニティ活動やレクリエーション活動といったものも含めて決まっています。このようにわが国においても住環境や住宅の維持管理の状態が市場で評価される仕組みが必要です。そのためには修繕・改善履歴の開示やその情報が十分に購入時の重要事項説明の内容に盛り込まれるように検討する必要があります。

●良好に維持できないマンションに修繕勧告、修繕命令

　アメリカでは管理組合に管理能力がなくなりますと、公権力の介入がありえます。管理組合による管理が十分でないと認められると、自治体が居住者・所有者負担によって管理の代行ができます。地方自治体はマンションの管理に対して開発の承認の行為を通じて直接関与しますが、その後の管理への関わりも大きくなっています。私権の制限とともに、管理が最低限行なわれることを社会的に保障することも大切です。マンションのもつ共用性および地域の社会資本として公的支援と私権の制限といった公的介入のあり方をわが国も考える必要があるではないでしょうか。

●管理組合活動と地域マネジメントの連動

　マンションの管理活動は地域の地方自治体のような働きをしています。たとえば、アメリカのラドバーン住宅地では居住者が負担する管理費は地域の税金とリンクしています。このように管理組合による共同管理活動が地域のマネジメントのなかで位置づけられています。こうした取り組みは、力のある管理組合の活動を益々支援することになるでしょう。管理組合が共有空間（コモン）をきっかけにし、豊かな環境を自らで創出することを、大いに応援すべきではないかと思います。

4. マンションの真の評価はこれから
－マンション復興が教えてくれたこと－

　マンションは都市居住に向かないのではないかともいわれました。しかし、歴史を振り返ってきてもわが国でマンションの前進とも言える同潤会のアパートがはじめてつくられたのはわずか約100年前です。さらにこれを区分所有するといったことは我が国でも40年ほどの歴史しかなく、世界的に見ても半世紀ほどの歴史しかありません。そのために、わが国だけでなく世界的にみても区分所有の共同住宅の管理問題は多々存在しています。しかしだからといってすべてこの形態の住宅を否定することに私は疑問を感じています。特に阪神・淡路大震災による被害を受けたマンションの復興の困難性か

図Ⅸ－1　被災マンションの復興の状態（震災から5年後）
1995年3月実施の「分譲マンションの被害度調査」の結果

被災度	判定基準	棟数
大　破	主に構造部分に致命的な損傷を受け、建物として機能しないと考えられる。建て替え可能性大。	83
中　破	かなり大規模な補修を要すると考えられる。建て替えの可能性もある。	108
小　破	建て替えの可能性は低いが、相応の補修を要すると考えられる。	353
軽　微	軽微な損傷。建て替え可能性はきわめて低い。	1,988
損傷無し	全く損傷が認められない。	2,729
合　計		5,261

大破 83棟：協議中 2.4%、処分済 6.0%、補修済 14.5%、建て替え 77.1%
中破 108棟：処分済 0.9%、協議中 0.9%、建て替え 28.7%、補修済 69.5%
小破 353棟：協議中 0.5%、建て替え 4.0%、補修済 95.5%

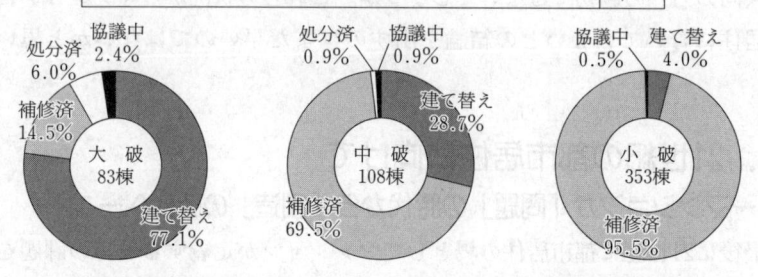

〈出典〉株式会社東京カンテイ：Kantei eye 2000年1月第22号

らこのような意見が多く聞かれました。マンションの復興ははたして「区分所有」という所有形態のみが問題だったのでしょうか。

　阪神・淡路大震災で損壊したマンションは2,532棟（大破83、中破108、小破353、軽微1,988）で、震災後5年の間に、111棟が建替え竣工済み、2,405棟が補修済みとなりました。被災マンションの復興をめぐる問題は、区分所有法の解釈の問題をはじめとし、既存不適格などの建築基準法等の法や基準による規制や制限の問題、行政や専門家などの支援体制が不十分であった問題、抵当権抹消・資金調達の困難性、方針を決定するための適正な情報不足の問題、補修技術の問題など、わが国のマンションを含めた住宅、建築物を長持ちさせることの支援体制の弱さを浮き彫りにしました。しかし被害をうけたマンションの人々は、日々の生活さえも不安ななかで、復興の方針を決め、5年間で100棟以上のマンションを建替えました。これは戸建て住宅よりも早い復興スピードともいわれ、そこには間違いなくマンション管理関係者の偉大なる努力と工夫と知恵が積み重なり、一つの形になったものといえます。さらにマンションの形態が相対的に他の建物形態よりも安全性が高く、マンションには管理組合という居住者をつなぐ組織が必ず存在していることから、災害時の救助活動やその後の復興過程においても相互扶助活動が行われたことなども報告されています。こうしたマンションでの復興の速さは、管理組合が日常的に貯えている、所有者全員の意向をはかり、所有者全員参加で意思決定をするための体制やルール、意識といったコモンパワー（共同の力）の賜物ではないでしょうか。これらの状況からマンションは都市居住にむいていないとの結論を出すのはまだ早いのではないかと思います。

5．21世紀の都市居住に向けて
　ーマンションが「問題」の時代から「創造」の時代へー

　最後に21世紀に都市居住の場としてマンションが定着するための課題を考えてみたいと思います。

一つにはマンションの維持管理・共同生活・共同管理のしやすさの視点も踏まえた計画・設計が行われることがあります。
　二つめには建物をつくるだけではなく、保全・修繕・改善などの長命化のための技術の向上とそのための制度の構築です。
　三つめにはマンションの空間形態や用途混合など利用形態が複雑化しており、それらに対応した管理システムの整備、さらには100年住宅・スケルトン住宅といった居住者・利用状況の変化にも対応できる1世紀間生きつづける管理システムの構築と確立です。これには、建築学・法律学・社会学・経済学・心理学など多様な分野を総合化し長期的な視野に立った管理システムの体系化が必要になっています。
　さらに四つめにはマンション管理を支える社会システムの整備です。マンション管理に関わる専門家の育成も重要な課題ですが、消費者保護の視点からマンションの分譲時に空間・所有・利用・管理形態の社会的コントロールが必要です。入居後にはマンションは「所有」の対象ですが、安定した「居住」の実現のため、さらには良好な都市環境形成のためにまちづくりや都市政策の文脈と合致したマンションの共用部分に対して管理面の公的支援を行うこと、税や公共サービス面でマンションが戸建て住宅よりも不利な状態を是正することなども検討されるべきでしょう。ようやくその第1歩が始まろうとしています。
　20世紀には「問題」といわれつづけたマンションですが、マンションで集まって住むことを積極的に活かし、居住者がマンションに住んで本当によかったと思えるように、21世紀はマンションライフの「創造」の時代へと、マンションにかかわる全ての人で創っていくことが必要です。

資料

珠賓品

資料1　マンションの管理の適正化の推進に関する法律

〔平成12年12月8日　法　律　第　149　号〕

目次
　第1章　総則（第1条—第5条）
　第2章　マンション管理士
　　第1節　資格（第6条）
　　第2節　試験（第7条—第29条）
　　第3節　登録（第30条—第39条）
　　第4節　義務等（第40条—第43条）
　第3章　マンション管理業
　　第1節　登録（第44条—第55条）
　　第2節　管理業務主任者（第56条—第69条）
　　第3節　業務（第70条—第80条）
　　第4節　監督（第81条—第86条）
　　第5節　雑則（第87条—第90条）
　第4章　マンション管理適正化推進センター（第91条—第94条）
　第5章　マンション管理業者の団体（第95条—第102条）
　第6章　雑則（第103条—第105条）
　第7章　罰則（第106条—第113条）
　附則

第1章　総則

（目的）

第1条　この法律は、土地利用の高度化の進展その他国民の住生活を取り巻く環境の変化に伴い、多数の区分所有者が居住するマンションの重要性が増大していることにかんがみ、マンション管理士の資格を定め、マンション管理業者の登録制度を実施する等マンションの管理の適正化を推進するための措置を講ずることにより、マンションにおける良好な居住環境の確保を図り、もって国民生活の安定向上と国民経済の健全な発展に寄与することを目的とする。

（定義）
第2条　この法律において、次の各号に掲げる用語の意義は、それぞれ当該各号の定めるところによる。
一　マンション　次に掲げるものをいう。
　イ　二以上の区分所有者（建物の区分所有等に関する法律（昭和37年法律第69号。以下「区分所有法」という。）第2条第2項に規定する区分所有者をいう。以下同じ。）が存する建物で人の居住の用に供する専有部分（区分所有法第2条第3項に規定する専有部分をいう。以下同じ。）のあるもの並びにその敷地及び附属施設
　ロ　一団地内の土地又は附属施設（これらに関する権利を含む。）が当該団地内にあるイに掲げる建物を含む数棟の建物の所有者（専有部分のある建物にあっては、区分所有者）の共有に属する場合における当該土地及び附属施設
二　マンションの区分所有者等　前号イに掲げる建物の区分所有者並びに同号ロに掲げる土地及び附属施設の同号ロの所有者をいう。
三　管理組合　マンションの管理を行う区分所有法第3条若しくは第65条に規定する団体又は区分所有法第47条第1項（区分所有法第66条において準用する場合を含む。）に規定する法人をいう。
四　管理者等　区分所有法第25条第1項（区分所有法第66条において準用する場合を含む。）の規定により選任された管理者又は区分所有法第49条第1項（区分所有法第66条において準用する場合を含む。）の規定により置かれた理事をいう。
五　マンション管理士　第30条第1項の登録を受け、マンション管理士の名称を用いて、専門的知識をもって、管理組合の運営その他マンションの管理に関し、管理組合の管理者等又はマンションの区分所有者等の相談に応じ、助言、指導その他の援助を行うことを業務（他の法律においてその業務を行うことが制限されているものを除く。）とする者をいう。
六　管理事務　マンションの管理に関する事務であって、基幹事務（管理組合の会計の収入及び支出の調定及び出納並びにマンション（専有部分を除く。）の維持又は修繕に関する企画又は実施の調整をいう。以下同じ。）を含むものをいう。
七　マンション管理業　管理組合から委託を受けて管理事務を行う行為で業とし

て行うもの（マンションの区分所有者等が当該マンションについて行うものを除く。）をいう。

八　マンション管理業者　第44条の登録を受けてマンション管理業を営む者をいう。

九　管理業務主任者　第60条第1項に規定する管理業務主任者証の交付を受けた者をいう。

（マンション管理適正化指針）

第3条　国土交通大臣は、マンションの管理の適正化の推進を図るため、管理組合によるマンションの管理の適正化に関する指針（以下「マンション管理適正化指針」という。）を定め、これを公表するものとする。

（管理組合等の努力）

第4条　管理組合は、マンション管理適正化指針の定めるところに留意して、マンションを適正に管理するよう努めなければならない。

2　マンションの区分所有者等は、マンションの管理に関し、管理組合の一員としての役割を適切に果たすよう努めなければならない。

（国及び地方公共団体の措置）

第5条　国及び地方公共団体は、マンションの管理の適正化に資するため、管理組合又はマンションの区分所有者等の求めに応じ、必要な情報及び資料の提供その他の措置を講ずるよう努めなければならない。

　　第2章　マンション管理士

　　　第1節　資格

第6条　マンション管理士試験（以下この章において「試験」という。）に合格した者は、マンション管理士となる資格を有する。

　　　第2節　試験

（試験）

第7条　試験は、マンション管理士として必要な知識について行う。

2　国土交通省令で定める資格を有する者に対しては、国土交通省令で定めるところにより、試験の一部を免除することができる。

（試験の実施）

第8条　試験は、毎年1回以上、国土交通大臣が行う。

（試験の無効等）

第9条　国土交通大臣は、試験に関して不正の行為があった場合には、その不正行為に関係のある者に対しては、その受験を停止させ、又はその試験を無効とすることができる。
2　国土交通大臣は、前項の規定による処分を受けた者に対し、期間を定めて試験を受けることができないものとすることができる。
　（受験手数料）
第10条　試験を受けようとする者は、実費を勘案して政令で定める額の受験手数料を国に納付しなければならない。
2　前項の受験手数料は、これを納付した者が試験を受けない場合においても、返還しない。
　（指定試験機関の指定）
第11条　国土交通大臣は、国土交通省令で定めるところにより、その指定する者（以下この節において「指定試験機関」という。）に、試験の実施に関する事務（以下この節において「試験事務」という。）を行わせることができる。
2　指定試験機関の指定は、国土交通省令で定めるところにより、試験事務を行おうとする者の申請により行う。
3　国土交通大臣は、他に指定を受けた者がなく、かつ、前項の申請が次の要件を満たしていると認めるときでなければ、指定試験機関の指定をしてはならない。
　一　職員、設備、試験事務の実施の方法その他の事項についての試験事務の実施に関する計画が、試験事務の適正かつ確実な実施のために適切なものであること。
　二　前号の試験事務の実施に関する計画の適正かつ確実な実施に必要な経理的及び技術的な基礎を有するものであること。
4　国土交通大臣は、第2項の申請をした者が次の各号のいずれかに該当するときは、指定試験機関の指定をしてはならない。
　一　民法（明治29年法律第89号）第34条の規定により設立された法人以外の者であること。
　二　その行う試験事務以外の業務により試験事務を公正に実施することができないおそれがあること。
　三　この法律の規定により刑に処せられ、その執行を終わり、又は執行を受けることがなくなった日から2年を経過しない者であること。

四　第24条の規定により指定を取り消され、その取消しの日から2年を経過しない者であること。
　五　その役員のうちに、次のいずれかに該当する者があること。
　　イ　第3号に該当する者
　　ロ　第13条第2項の規定による命令により解任され、その解任の日から2年を経過しない者
　（変更の届出）
第12条　指定試験機関は、その名称又は主たる事務所の所在地を変更しようとするときは、変更しようとする日の2週間前までに、その旨を国土交通大臣に届け出なければならない。
　（指定試験機関の役員の選任及び解任）
第13条　試験事務に従事する指定試験機関の役員の選任及び解任は、国土交通大臣の認可を受けなければ、その効力を生じない。
2　国土交通大臣は、指定試験機関の役員が、この法律（この法律に基づく命令又は処分を含む。）若しくは第15条第1項に規定する試験事務規程に違反する行為をしたとき、又は試験事務に関し著しく不適当な行為をしたときは、指定試験機関に対し、当該役員の解任を命ずることができる。
　（事業計画の認可等）
第14条　指定試験機関は、毎事業年度、事業計画及び収支予算を作成し、当該事業年度の開始前に（指定を受けた日の属する事業年度にあっては、その指定を受けた後遅滞なく）、国土交通大臣の認可を受けなければならない。これを変更しようとするときも、同様とする。
2　指定試験機関は、毎事業年度の経過後3月以内に、その事業年度の事業報告書及び収支決算書を作成し、国土交通大臣に提出しなければならない。
　（試験事務規程）
第15条　指定試験機関は、試験事務の開始前に、試験事務の実施に関する規程（以下この節において「試験事務規程」という。）を定め、国土交通大臣の認可を受けなければならない。これを変更しようとするときも、同様とする。
2　試験事務規程で定めるべき事項は、国土交通省令で定める。
3　国土交通大臣は、第1項の認可をした試験事務規程が試験事務の適正かつ確実な実施上不適当となったと認めるときは、指定試験機関に対し、これを変更すべ

きことを命ずることができる。
　（試験委員）
第16条　指定試験機関は、試験事務を行う場合において、マンション管理士として必要な知識を有するかどうかの判定に関する事務については、マンション管理士試験委員（以下この節において「試験委員」という。）に行わせなければならない。
2　指定試験機関は、試験委員を選任しようとするときは、国土交通省令で定める要件を備える者のうちから選任しなければならない。
3　指定試験機関は、試験委員を選任したときは、国土交通省令で定めるところにより、国土交通大臣にその旨を届け出なければならない。試験委員に変更があったときも、同様とする。
4　第13条第2項の規定は、試験委員の解任について準用する。
　（規定の適用等）
第17条　指定試験機関が試験事務を行う場合における第9条第1項及び第10条第1項の規定の適用については、第9条第1項中「国土交通大臣」とあり、及び第10条第1項中「国」とあるのは「指定試験機関」とする。
2　前項の規定により読み替えて適用する第10条第1項の規定により指定試験機関に納付された受験手数料は、指定試験機関の収入とする。
　（秘密保持義務等）
第18条　指定試験機関の役員若しくは職員（試験委員を含む。次項において同じ。）又はこれらの職にあった者は、試験事務に関して知り得た秘密を漏らしてはならない。
2　試験事務に従事する指定試験機関の役員又は職員は、刑法（明治40年法律第45号）その他の罰則の適用については、法令により公務に従事する職員とみなす。
　（帳簿の備付け等）
第19条　指定試験機関は、国土交通省令で定めるところにより、試験事務に関する事項で国土交通省令で定めるものを記載した帳簿を備え、これを保存しなければならない。
　（監督命令）
第20条　国土交通大臣は、試験事務の適正な実施を確保するため必要があると認めるときは、指定試験機関に対し、試験事務に関し監督上必要な命令をすることが

できる。
　（報告）
第21条　国土交通大臣は、試験事務の適正な実施を確保するため必要があると認めるときは、その必要な限度で、指定試験機関に対し、報告をさせることができる。
　（立入検査）
第22条　国土交通大臣は、試験事務の適正な実施を確保するため必要があると認めるときは、その必要な限度で、その職員に、指定試験機関の事務所に立ち入り、指定試験機関の帳簿、書類その他必要な物件を検査させ、又は関係者に質問させることができる。
2　前項の規定により立入検査を行う職員は、その身分を示す証明書を携帯し、かつ、関係者の請求があるときは、これを提示しなければならない。
3　第1項に規定する権限は、犯罪捜査のために認められたものと解釈してはならない。
　（試験事務の休廃止）
第23条　指定試験機関は、国土交通大臣の許可を受けなければ、試験事務の全部又は一部を休止し、又は廃止してはならない。
2　国土交通大臣は、指定試験機関の試験事務の全部又は一部の休止又は廃止により試験事務の適正かつ確実な実施が損なわれるおそれがないと認めるときでなければ、前項の規定による許可をしてはならない。
　（指定の取消し等）
第24条　国土交通大臣は、指定試験機関が第11条第4項各号（第四号を除く。）のいずれかに該当するに至ったときは、その指定を取り消さなければならない。
2　国土交通大臣は、指定試験機関が次の各号のいずれかに該当するに至ったときは、その指定を取り消し、又は期間を定めて試験事務の全部若しくは一部の停止を命ずることができる。
　一　第11条第3項各号の要件を満たさなくなったと認められるとき。
　二　第13条第2項（第16条第4項において準用する場合を含む。）、第15条第3項又は第20条の規定による命令に違反したとき。
　三　第14条、第16条第1項から第3項まで、第19条又は前条第1項の規定に違反したとき。

四　第15条第1項の認可を受けた試験事務規程によらないで試験事務を行ったとき。
五　次条第1項の条件に違反したとき。
六　試験事務に関し著しく不適当な行為をしたとき、又はその試験事務に従事する試験委員若しくは役員が試験事務に関し著しく不適当な行為をしたとき。
七　偽りその他不正の手段により第11条第1項の規定による指定を受けたとき。
（指定等の条件）
第25条　第11条第1項、第13条第1項、第14条第1項、第15条第1項又は第23条第1項の規定による指定、認可又は許可には、条件を付し、及びこれを変更することができる。
2　前項の条件は、当該指定、認可又は許可に係る事項の確実な実施を図るため必要な最小限度のものに限り、かつ、当該指定、認可又は許可を受ける者に不当な義務を課することとなるものであってはならない。
（指定試験機関がした処分等に係る不服申立て）
第26条　指定試験機関が行う試験事務に係る処分又はその不作為について不服がある者は、国土交通大臣に対し、行政不服審査法（昭和37年法律第160号）による審査請求をすることができる。
（国土交通大臣による試験事務の実施等）
第27条　国土交通大臣は、指定試験機関の指定をしたときは、試験事務を行わないものとする。
2　国土交通大臣は、指定試験機関が第23条第1項の規定による許可を受けて試験事務の全部若しくは一部を休止したとき、第24条第2項の規定により指定試験機関に対し試験事務の全部若しくは一部の停止を命じたとき、又は指定試験機関が天災その他の事由により試験事務の全部若しくは一部を実施することが困難となった場合において必要があると認めるときは、試験事務の全部又は一部を自ら行うものとする。
（公示）
第28条　国土交通大臣は、次に掲げる場合には、その旨を官報に公示しなければならない。
一　第11条第1項の規定による指定をしたとき。
二　第12条の規定による届出があったとき。

三　第23条第1項の規定による許可をしたとき。
四　第24条の規定により指定を取り消し、又は試験事務の全部若しくは一部の停止を命じたとき。
五　前条第2項の規定により試験事務の全部若しくは一部を自ら行うこととするとき、又は自ら行っていた試験事務の全部若しくは一部を行わないこととするとき。

（国土交通省令への委任）
第29条　この節に定めるもののほか、試験、指定試験機関その他この節の規定の施行に関し必要な事項は、国土交通省令で定める。

第3節　登録

（登録）
第30条　マンション管理士となる資格を有する者は、国土交通大臣の登録を受けることができる。ただし、次の各号のいずれかに該当する者については、この限りでない。
一　成年被後見人又は被保佐人
二　禁錮以上の刑に処せられ、その執行を終わり、又は執行を受けることがなくなった日から2年を経過しない者
三　この法律の規定により罰金の刑に処せられ、その執行を終わり、又は執行を受けることがなくなった日から2年を経過しない者
四　第33条第1項第二号又は第2項の規定により登録を取り消され、その取消しの日から2年を経過しない者
五　第65条第1項第二号から第四号まで又は同条第2項第二号若しくは第三号のいずれかに該当することにより第59条第1項の登録を取り消され、その取消しの日から2年を経過しない者
六　第83条第二号又は第三号に該当することによりマンション管理業者の登録を取り消され、その取消しの日から2年を経過しない者（当該登録を取り消された者が法人である場合においては、当該取消しの日前30日以内にその法人の役員（業務を執行する社員、取締役又はこれらに準ずる者をいう。第3章において同じ。）であった者で当該取消しの日から2年を経過しないもの）

2　前項の登録は、国土交通大臣が、マンション管理士登録簿に、氏名、生年月日その他国土交通省令で定める事項を登載してするものとする。

（マンション管理士登録証）
第31条　国土交通大臣は、マンション管理士の登録をしたときは、申請者に前条第2項に規定する事項を記載したマンション管理士登録証（以下「登録証」という。）を交付する。
（登録事項の変更の届出等）
第32条　マンション管理士は、第30条第2項に規定する事項に変更があったときは、遅滞なく、その旨を国土交通大臣に届け出なければならない。
2　マンション管理士は、前項の規定による届出をするときは、当該届出に登録証を添えて提出し、その訂正を受けなければならない。
（登録の取消し等）
第33条　国土交通大臣は、マンション管理士が次の各号のいずれかに該当するときは、その登録を取り消さなければならない。
一　第30条第1項各号（第四号を除く。）のいずれかに該当するに至ったとき。
二　偽りその他不正の手段により登録を受けたとき。
2　国土交通大臣は、マンション管理士が第40条、第41条第1項又は第42条の規定に違反したときは、その登録を取り消し、又は期間を定めてマンション管理士の名称の使用の停止を命ずることができる。
（登録の消除）
第34条　国土交通大臣は、マンション管理士の登録がその効力を失ったときは、その登録を消除しなければならない。
（登録免許税及び手数料）
第35条　マンション管理士の登録を受けようとする者は、登録免許税法（昭和42年法律第35号）の定めるところにより登録免許税を国に納付しなければならない。
2　登録証の再交付又は訂正を受けようとする者は、実費を勘案して政令で定める額の手数料を国に納付しなければならない。
（指定登録機関の指定等）
第36条　国土交通大臣は、国土交通省令で定めるところにより、その指定する者（以下「指定登録機関」という。）に、マンション管理士の登録の実施に関する事務（以下「登録事務」という。）を行わせることができる。
2　指定登録機関の指定は、国土交通省令で定めるところにより、登録事務を行おうとする者の申請により行う。

第37条　指定登録機関が登録事務を行う場合における第30条、第31条、第32条第1項、第34条及び第35条第2項の規定の適用については、これらの規定中「国土交通大臣」とあり、及び「国」とあるのは、「指定登録機関」とする。
2　指定登録機関が登録を行う場合において、マンション管理士の登録を受けようとする者は、実費を勘案して政令で定める額の手数料を指定登録機関に納付しなければならない。
3　第1項の規定により読み替えて適用する第35条第2項及び前項の規定により指定登録機関に納付された手数料は、指定登録機関の収入とする。
　（準用）
第38条　第11条第3項及び第4項、第12条から第15条まで並びに第18条から第28条までの規定は、指定登録機関について準用する。この場合において、これらの規定中「試験事務」とあるのは「登録事務」と、「試験事務規程」とあるのは「登録事務規程」と、第11条第3項中「前項」とあり、及び同条第4項各号列記以外の部分中「第2項」とあるのは「第36条第2項」と、第24条第2項第七号、第25条第1項及び第28条第一号中「第11条第1項」とあるのは「第36条第1項」と読み替えるものとする。
　（国土交通省令への委任）
第39条　この節に定めるもののほか、マンション管理士の登録、指定登録機関その他この節の規定の施行に関し必要な事項は、国土交通省令で定める。
　　　第4節　義務等
　（信用失墜行為の禁止）
第40条　マンション管理士は、マンション管理士の信用を傷つけるような行為をしてはならない。
　（講習）
第41条　マンション管理士は、国土交通省令で定める期間ごとに、国土交通大臣又はその指定する者が国土交通省令で定めるところにより行う講習を受けなければならない。
2　前項の講習（国土交通大臣が行うものに限る。）を受けようとする者は、実費を勘案して政令で定める額の手数料を国に納付しなければならない。
　（秘密保持義務）
第42条　マンション管理士は、正当な理由がなく、その業務に関して知り得た秘密

を漏らしてはならない。マンション管理士でなくなった後においても、同様とする。

（名称の使用制限）

第43条　マンション管理士でない者は、マンション管理士又はこれに紛らわしい名称を使用してはならない。

第3章　マンション管理業

第1節　登録

（登録）

第44条　マンション管理業を営もうとする者は、国土交通省に備えるマンション管理業者登録簿に登録を受けなければならない。

2　マンション管理業者の登録の有効期間は、5年とする。

3　前項の有効期間の満了後引き続きマンション管理業を営もうとする者は、更新の登録を受けなければならない。

4　更新の登録の申請があった場合において、第2項の有効期間の満了の日までにその申請に対する処分がなされないときは、従前の登録は、同項の有効期間の満了後もその処分がなされるまでの間は、なお効力を有する。

5　前項の場合において、更新の登録がなされたときは、その登録の有効期間は、従前の登録の有効期間の満了の日の翌日から起算するものとする。

（登録の申請）

第45条　前条第1項又は第3項の規定により登録を受けようとする者（以下「登録申請者」という。）は、国土交通大臣に次に掲げる事項を記載した登録申請書を提出しなければならない。

一　商号、名称又は氏名及び住所

二　事務所（本店、支店その他の国土交通省令で定めるものをいう。以下この章において同じ。）の名称及び所在地並びに当該事務所が第56条第1項ただし書に規定する事務所であるかどうかの別

三　法人である場合においては、その役員の氏名

四　未成年者である場合においては、その法定代理人の氏名及び住所

五　第56条第1項の規定により第二号の事務所ごとに置かれる成年者である専任の管理業務主任者（同条第2項の規定によりその者とみなされる者を含む。）の氏名

2 前項の登録申請書には、登録申請者が第47条各号のいずれにも該当しない者であることを誓約する書面その他国土交通省令で定める書類を添付しなければならない。
（登録の実施）
第46条 国土交通大臣は、前条の規定による書類の提出があったときは、次条の規定により登録を拒否する場合を除くほか、遅滞なく、次に掲げる事項をマンション管理業者登録簿に登録しなければならない。
一 前条第1項各号に掲げる事項
二 登録年月日及び登録番号
2 国土交通大臣は、前項の規定による登録をしたときは、遅滞なく、その旨を登録申請者に通知しなければならない。
（登録の拒否）
第47条 国土交通大臣は、登録申請者が次の各号のいずれかに該当するとき、又は登録申請書若しくはその添付書類のうちに重要な事項について虚偽の記載があり、若しくは重要な事実の記載が欠けているときは、その登録を拒否しなければならない。
一 成年被後見人若しくは被保佐人又は破産者で復権を得ないもの
二 第83条の規定により登録を取り消され、その取消しの日から2年を経過しない者
三 マンション管理業者で法人であるものが第83条の規定により登録を取り消された場合において、その取消しの日前30日以内にそのマンション管理業者の役員であった者でその取消しの日から2年を経過しないもの
四 第82条の規定により業務の停止を命ぜられ、その停止の期間が経過しない者
五 禁錮以上の刑に処せられ、その執行を終わり、又は執行を受けることがなくなった日から2年を経過しない者
六 この法律の規定により罰金の刑に処せられ、その執行を終わり、又は執行を受けることがなくなった日から2年を経過しない者
七 マンション管理業に関し成年者と同一の能力を有しない未成年者でその法定代理人が前各号のいずれかに該当するもの
八 法人でその役員のうちに第一号から第六号までのいずれかに該当する者があるもの

九　事務所について第56条に規定する要件を欠く者
十　マンション管理業を遂行するために必要と認められる国土交通省令で定める基準に適合する財産的基礎を有しない者

（登録事項の変更の届出）

第48条　マンション管理業者は、第45条第1項各号に掲げる事項に変更があったときは、その日から30日以内に、その旨を国土交通大臣に届け出なければならない。

2　国土交通大臣は、前項の規定による届出を受理したときは、当該届出に係る事項が前条第七号から第九号までのいずれかに該当する場合を除き、届出があった事項をマンション管理業者登録簿に登録しなければならない。

3　第45条第2項の規定は、第1項の規定による届出について準用する。

（マンション管理業者登録簿等の閲覧）

第49条　国土交通大臣は、国土交通省令で定めるところにより、マンション管理業者登録簿その他国土交通省令で定める書類を一般の閲覧に供しなければならない。

（廃業等の届出）

第50条　マンション管理業者が次の各号のいずれかに該当することとなった場合においては、当該各号に定める者は、その日（第一号の場合にあっては、その事実を知った日）から30日以内に、その旨を国土交通大臣に届け出なければならない。

一　死亡した場合　その相続人
二　法人が合併により消滅した場合　その法人を代表する役員であった者
三　破産した場合　その破産管財人
四　法人が合併及び破産以外の理由により解散した場合　その清算人
五　マンション管理業を廃止した場合　マンション管理業者であった個人又はマンション管理業者であった法人を代表する役員

2　マンション管理業者が前項各号のいずれかに該当するに至ったときは、マンション管理業者の登録は、その効力を失う。

（登録の消除）

第51条　国土交通大臣は、マンション管理業者の登録がその効力を失ったときは、その登録を消除しなければならない。

（登録免許税及び手数料）
第52条 第44条第1項の規定により登録を受けようとする者は、登録免許税法の定めるところにより登録免許税を、同条第3項の規定により更新の登録を受けようとする者は、実費を勘案して政令で定める額の手数料を、それぞれ国に納付しなければならない。

（無登録営業の禁止）
第53条 マンション管理業者の登録を受けない者は、マンション管理業を営んではならない。

（名義貸しの禁止）
第54条 マンション管理業者は、自己の名義をもって、他人にマンション管理業を営ませてはならない。

（国土交通省令への委任）
第55条 この節に定めるもののほか、マンション管理業者の登録に関し必要な事項は、国土交通省令で定める。

第2節　管理業務主任者

（管理業務主任者の設置）
第56条 マンション管理業者は、その事務所ごとに、事務所の規模を考慮して国土交通省令で定める数の成年者である専任の管理業務主任者を置かなければならない。ただし、人の居住の用に供する独立部分（区分所有法第1条に規定する建物の部分をいう。以下同じ。）が国土交通省令で定める数以上である第2条第一号イに掲げる建物の区分所有者を構成員に含む管理組合から委託を受けて行う管理事務を、その業務としない事務所については、この限りでない。

2　前項の場合において、マンション管理業者（法人である場合においては、その役員）が管理業務主任者であるときは、その者が自ら主として業務に従事する事務所については、その者は、その事務所に置かれる成年者である専任の管理業務主任者とみなす。

3　マンション管理業者は、第1項の規定に抵触する事務所を開設してはならず、既存の事務所が同項の規定に抵触するに至ったときは、2週間以内に、同項の規定に適合させるため必要な措置をとらなければならない。

（試験）
第57条 管理業務主任者試験（以下この節において「試験」という。）は、管理業

務主任者として必要な知識について行う。
2　第7条第2項及び第8条から第10条までの規定は、試験について準用する。
（指定試験機関の指定等）
第58条　国土交通大臣は、国土交通省令で定めるところにより、その指定する者（以下この節において「指定試験機関」という。）に、試験の実施に関する事務（以下この節において「試験事務」という。）を行わせることができる。
2　指定試験機関の指定は、国土交通省令で定めるところにより、試験事務を行おうとする者の申請により行う。
3　第11条第3項及び第4項並びに第12条から第28条までの規定は、指定試験機関について準用する。この場合において、第11条第3項中「前項」とあり、及び同条第4項各号列記以外の部分中「第2項」とあるのは「第58条第2項」と、第16条第1項中「マンション管理士として」とあるのは「管理業務主任者として」と、「マンション管理士試験委員」とあるのは「管理業務主任者試験委員」と、第24条第2項第七号、第25条第1項及び第28条第一号中「第11条第1項」とあるのは「第58条第1項」と読み替えるものとする。
（登録）
第59条　試験に合格した者で、管理事務に関し国土交通省令で定める期間以上の実務の経験を有するもの又は国土交通大臣がその実務の経験を有するものと同等以上の能力を有すると認めたものは、国土交通大臣の登録を受けることができる。ただし、次の各号のいずれかに該当する者については、この限りでない。
一　成年被後見人若しくは被保佐人又は破産者で復権を得ないもの
二　禁錮以上の刑に処せられ、その執行を終わり、又は執行を受けることがなくなった日から2年を経過しない者
三　この法律の規定により罰金の刑に処せられ、その執行を終わり、又は執行を受けることがなくなった日から2年を経過しない者
四　第33条第1項第二号又は第2項の規定によりマンション管理士の登録を取り消され、その取消しの日から2年を経過しない者
五　第65条第1項第二号から第四号まで又は同条第2項第二号若しくは第三号のいずれかに該当することにより登録を取り消され、その取消しの日から2年を経過しない者
六　第83条第二号又は第三号に該当することによりマンション管理業者の登録を

取り消され、その取消しの日から2年を経過しない者（当該登録を取り消された者が法人である場合においては、当該取消しの日前30日以内にその法人の役員であった者で当該取消しの日から2年を経過しないもの）
2　前項の登録は、国土交通大臣が、管理業務主任者登録簿に、氏名、生年月日その他国土交通省令で定める事項を登載してするものとする。
（管理業務主任者証の交付等）
第60条　前条第1項の登録を受けている者は、国土交通大臣に対し、氏名、生年月日その他国土交通省令で定める事項を記載した管理業務主任者証の交付を申請することができる。
2　管理業務主任者証の交付を受けようとする者は、国土交通大臣又はその指定する者が国土交通省令で定めるところにより行う講習で交付の申請の日前6月以内に行われるものを受けなければならない。ただし、試験に合格した日から1年以内に管理業務主任者証の交付を受けようとする者については、この限りでない。
3　管理業務主任者証の有効期間は、5年とする。
4　管理業務主任者は、前条第1項の登録が消除されたとき、又は管理業務主任者証がその効力を失ったときは、速やかに、管理業務主任者証を国土交通大臣に返納しなければならない。
5　管理業務主任者は、第64条第2項の規定による禁止の処分を受けたときは、速やかに、管理業務主任者証を国土交通大臣に提出しなければならない。
6　国土交通大臣は、前項の禁止の期間が満了した場合において、同項の規定により管理業務主任者証を提出した者から返還の請求があったときは、直ちに、当該管理業務主任者証を返還しなければならない。
（管理業務主任者証の有効期間の更新）
第61条　管理業務主任者証の有効期間は、申請により更新する。
2　前条第2項本文の規定は管理業務主任者証の有効期間の更新を受けようとする者について、同条第3項の規定は更新後の管理業務主任者証の有効期間について準用する。
（登録事項の変更の届出等）
第62条　第59条第1項の登録を受けた者は、登録を受けた事項に変更があったときは、遅滞なく、その旨を国土交通大臣に届け出なければならない。
2　管理業務主任者は、前項の規定による届出をする場合において、管理業務主任

者証の記載事項に変更があったときは、当該届出に管理業務主任者証を添えて提出し、その訂正を受けなければならない。
　（管理業務主任者証の提示）
第63条　管理業務主任者は、その事務を行うに際し、マンションの区分所有者等その他の関係者から請求があったときは、管理業務主任者証を提示しなければならない。
　（指示及び事務の禁止）
第64条　国土交通大臣は、管理業務主任者が次の各号のいずれかに該当するときは、当該管理業務主任者に対し、必要な指示をすることができる。
　一　マンション管理業者に自己が専任の管理業務主任者として従事している事務所以外の事務所の専任の管理業務主任者である旨の表示をすることを許し、当該マンション管理業者がその旨の表示をしたとき。
　二　他人に自己の名義の使用を許し、当該他人がその名義を使用して管理業務主任者である旨の表示をしたとき。
　三　管理業務主任者として行う事務に関し、不正又は著しく不当な行為をしたとき。
2　国土交通大臣は、管理業務主任者が前項各号のいずれかに該当するとき、又は同項の規定による指示に従わないときは、当該管理業務主任者に対し、1年以内の期間を定めて、管理業務主任者としてすべき事務を行うことを禁止することができる。
　（登録の取消し）
第65条　国土交通大臣は、管理業務主任者が次の各号のいずれかに該当するときは、その登録を取り消さなければならない。
　一　第59条第1項各号（第五号を除く。）のいずれかに該当するに至ったとき。
　二　偽りその他不正の手段により登録を受けたとき。
　三　偽りその他不正の手段により管理業務主任者証の交付を受けたとき。
　四　前条第1項各号のいずれかに該当し情状が特に重いとき、又は同条第2項の規定による事務の禁止の処分に違反したとき。
2　国土交通大臣は、第59条第1項の登録を受けている者で管理業務主任者証の交付を受けていないものが次の各号のいずれかに該当するときは、その登録を取り消さなければならない。

一　第59条第1項各号（第五号を除く。）のいずれかに該当するに至ったとき。
二　偽りその他不正の手段により登録を受けたとき。
三　管理業務主任者としてすべき事務を行った場合（第78条の規定により事務所を代表する者又はこれに準ずる地位にある者として行った場合を除く。）であって、情状が特に重いとき。
　　（登録の消除）
第66条　国土交通大臣は、第59条第1項の登録がその効力を失ったときは、その登録を消除しなければならない。
　　（報告）
第67条　国土交通大臣は、管理業務主任者の事務の適正な遂行を確保するため必要があると認めるときは、その必要な限度で、管理業務主任者に対し、報告をさせることができる。
　　（手数料）
第68条　第59条第1項の登録を受けようとする者、管理業務主任者証の交付、有効期間の更新、再交付又は訂正を受けようとする者及び第60条第2項本文（第61条第2項において準用する場合を含む。）の講習（国土交通大臣が行うものに限る。）を受けようとする者は、実費を勘案して政令で定める額の手数料を国に納付しなければならない。
　　（国土交通省令への委任）
第69条　この節に定めるもののほか、試験、指定試験機関、管理業務主任者の登録その他この節の規定の施行に関し必要な事項は、国土交通省令で定める。
　　　　第3節　業務
　　（業務処理の原則）
第70条　マンション管理業者は、信義を旨とし、誠実にその業務を行わなければならない。
　　（標識の掲示）
第71条　マンション管理業者は、その事務所ごとに、公衆の見やすい場所に、国土交通省令で定める標識を掲げなければならない。
　　（重要事項の説明等）
第72条　マンション管理業者は、管理組合から管理事務の委託を受けることを内容とする契約（新たに建設されたマンションの当該建設工事の完了の日から国土交

通省令で定める期間を経過する日までの間に契約期間が満了するものを除く。以下「管理受託契約」という。）を締結しようとするとき（次項に規定するときを除く。）は、あらかじめ、国土交通省令で定めるところにより説明会を開催し、当該管理組合を構成するマンションの区分所有者等及び当該管理組合の管理者等に対し、管理業務主任者をして、管理受託契約の内容及びその履行に関する事項であって国土交通省令で定めるもの（以下「重要事項」という。）について説明をさせなければならない。この場合において、マンション管理業者は、当該説明会の日の1週間前までに、当該管理組合を構成するマンションの区分所有者等及び当該管理組合の管理者等の全員に対し、重要事項並びに説明会の日時及び場所を記載した書面を交付しなければならない。
2　マンション管理業者は、従前の管理受託契約と同一の条件で管理組合との管理受託契約を更新しようとするときは、あらかじめ、当該管理組合を構成するマンションの区分所有者等全員に対し、重要事項を記載した書面を交付しなければならない。
3　前項の場合において当該管理組合に管理者等が置かれているときは、マンション管理業者は、当該管理者等に対し、管理業務主任者をして、重要事項について、これを記載した書面を交付して説明をさせなければならない。
4　管理業務主任者は、第1項又は前項の説明をするときは、説明の相手方に対し、管理業務主任者証を提示しなければならない。
5　マンション管理業者は、第1項から第3項までの規定により交付すべき書面を作成するときは、管理業務主任者をして、当該書面に記名押印させなければならない。
（契約の成立時の書面の交付）
第73条　マンション管理業者は、管理組合から管理事務の委託を受けることを内容とする契約を締結したときは、当該管理組合の管理者等（当該マンション管理業者が当該管理組合の管理者等である場合又は当該管理組合に管理者等が置かれていない場合にあっては、当該管理組合を構成するマンションの区分所有者等全員）に対し、遅滞なく、次に掲げる事項を記載した書面を交付しなければならない。
一　管理事務の対象となるマンションの部分
二　管理事務の内容及び実施方法（第76条の規定により管理する財産の管理の方法を含む。）

三　管理事務に要する費用並びにその支払の時期及び方法
四　管理事務の一部の再委託に関する定めがあるときは、その内容
五　契約期間に関する事項
六　契約の更新に関する定めがあるときは、その内容
七　契約の解除に関する定めがあるときは、その内容
八　その他国土交通省令で定める事項
2　マンション管理業者は、前項の規定により交付すべき書面を作成するときは、管理業務主任者をして、当該書面に記名押印させなければならない。
　（再委託の制限）
第74条　マンション管理業者は、管理組合から委託を受けた管理事務のうち基幹事務については、これを一括して他人に委託してはならない。
　（帳簿の作成等）
第75条　マンション管理業者は、管理組合から委託を受けた管理事務について、国土交通省令で定めるところにより、帳簿を作成し、これを保存しなければならない。
　（財産の分別管理）
第76条　マンション管理業者は、管理組合から委託を受けて管理する修繕積立金その他国土交通省令で定める財産については、整然と管理する方法として国土交通省令で定める方法により、自己の固有財産及び他の管理組合の財産と分別して管理しなければならない。
　（管理事務の報告）
第77条　マンション管理業者は、管理事務の委託を受けた管理組合に管理者等が置かれているときは、国土交通省令で定めるところにより、定期に、当該管理者等に対し、管理業務主任者をして、当該管理事務に関する報告をさせなければならない。
2　マンション管理業者は、管理事務の委託を受けた管理組合に管理者等が置かれていないときは、国土交通省令で定めるところにより、定期に、説明会を開催し、当該管理組合を構成するマンションの区分所有者等に対し、管理業務主任者をして、当該管理事務に関する報告をさせなければならない。
3　管理業務主任者は、前二項の説明をするときは、説明の相手方に対し、管理業務主任者証を提示しなければならない。

（管理業務主任者としてすべき事務の特例）
第78条　マンション管理業者は、第56条第1項ただし書に規定する管理事務以外の管理事務については、管理業務主任者に代えて、当該事務所を代表する者又はこれに準ずる地位にある者をして、管理業務主任者としてすべき事務を行わせることができる。
（書類の閲覧）
第79条　マンション管理業者は、国土交通省令で定めるところにより、当該マンション管理業者の業務及び財産の状況を記載した書類をその事務所ごとに備え置き、その業務に係る関係者の求めに応じ、これを閲覧させなければならない。
（秘密保持義務）
第80条　マンション管理業者は、正当な理由がなく、その業務に関して知り得た秘密を漏らしてはならない。マンション管理業者でなくなった後においても、同様とする。

第4節　監督

（指示）
第81条　国土交通大臣は、マンション管理業者が次の各号のいずれかに該当するとき、又はこの法律の規定に違反したときは、当該マンション管理業者に対し、必要な指示をすることができる。
一　業務に関し、管理組合又はマンションの区分所有者等に損害を与えたとき、又は損害を与えるおそれが大であるとき。
二　業務に関し、その公正を害する行為をしたとき、又はその公正を害するおそれが大であるとき。
三　業務に関し他の法令に違反し、マンション管理業者として不適当であると認められるとき。
四　管理業務主任者が第64条又は第65条第1項の規定による処分を受けた場合において、マンション管理業者の責めに帰すべき理由があるとき。
（業務停止命令）
第82条　国土交通大臣は、マンション管理業者が次の各号のいずれかに該当するときは、当該マンション管理業者に対し、一年以内の期間を定めて、その業務の全部又は一部の停止を命ずることができる。
一　前条第三号又は第四号に該当するとき。

二　第48条第1項、第54条、第56条第3項、第71条、第72条第1項から第3項まで若しくは第5項、第73条から第76条まで、第77条第1項若しくは第2項、第79条、第80条又は第88条第1項の規定に違反したとき。
三　前条の規定による指示に従わないとき。
四　この法律の規定に基づく国土交通大臣の処分に違反したとき。
五　マンション管理業に関し、不正又は著しく不当な行為をしたとき。
六　営業に関し成年者と同一の能力を有しない未成年者である場合において、その法定代理人が業務の停止をしようとするとき以前2年以内にマンション管理業に関し不正又は著しく不当な行為をしたとき。
七　法人である場合において、役員のうちに業務の停止をしようとするとき以前2年以内にマンション管理業に関し不正又は著しく不当な行為をした者があるに至ったとき。

（登録の取消し）
第83条　国土交通大臣は、マンション管理業者が次の各号のいずれかに該当するときは、その登録を取り消さなければならない。
一　第47条第一号、第三号又は第五号から第八号までのいずれかに該当するに至ったとき。
二　偽りその他不正の手段により登録を受けたとき。
三　前条各号のいずれかに該当し情状が特に重いとき、又は同条の規定による業務の停止の命令に違反したとき。

（監督処分の公告）
第84条　国土交通大臣は、前二条の規定による処分をしたときは、国土交通省令で定めるところにより、その旨を公告しなければならない。

（報告）
第85条　国土交通大臣は、マンション管理業の適正な運営を確保するため必要があると認めるときは、その必要な限度で、マンション管理業を営む者に対し、報告をさせることができる。

（立入検査）
第86条　国土交通大臣は、マンション管理業の適正な運営を確保するため必要があると認めるときは、その必要な限度で、その職員に、マンション管理業を営む者の事務所その他その業務を行う場所に立ち入り、帳簿、書類その他必要な物件を

検査させ、又は関係者に質問させることができる。
2　前項の規定により立入検査を行う職員は、その身分を示す証明書を携帯し、かつ、関係者の請求があるときは、これを提示しなければならない。
3　第1項に規定する権限は、犯罪捜査のために認められたものと解釈してはならない。

　　　第5節　雑則
　（使用人等の秘密保持義務）
第87条　マンション管理業者の使用人その他の従業者は、正当な理由がなく、マンションの管理に関する事務を行ったことに関して知り得た秘密を漏らしてはならない。マンション管理業者の使用人その他の従業者でなくなった後においても、同様とする。
　（証明書の携帯等）
第88条　マンション管理業者は、国土交通省令で定めるところにより、使用人その他の従業者に、その従業者であることを証する証明書を携帯させなければ、その者をその業務に従事させてはならない。
2　マンション管理業者の使用人その他の従業者は、マンションの管理に関する事務を行うに際し、マンションの区分所有者等その他の関係者から請求があったときは、前項の証明書を提示しなければならない。
　（登録の失効に伴う業務の結了）
第89条　マンション管理業者の登録がその効力を失った場合には、当該マンション管理業者であった者又はその一般承継人は、当該マンション管理業者の管理組合からの委託に係る管理事務を結了する目的の範囲内においては、なおマンション管理業者とみなす。
　（適用の除外）
第90条　この章の規定は、国及び地方公共団体には、適用しない。
　　　第4章　マンション管理適正化推進センター
　（指定）
第91条　国土交通大臣は、管理組合によるマンションの管理の適正化の推進に寄与することを目的として民法第34条の規定により設立された財団法人であって、次条に規定する業務（以下「管理適正化業務」という。）に関し次に掲げる基準に適合すると認められるものを、その申請により、全国に一を限って、マンション

管理適正化推進センター（以下「センター」という。）として指定することができる。
一　職員、管理適正化業務の実施の方法その他の事項についての管理適正化業務の実施に関する計画が、管理適正化業務の適正かつ確実な実施のために適切なものであること。
二　前号の管理適正化業務の実施に関する計画の適正かつ確実な実施に必要な経理的及び技術的な基礎を有するものであること。

（業務）

第92条　センターは、次に掲げる業務を行うものとする。
一　マンションの管理に関する情報及び資料の収集及び整理をし、並びにこれらを管理組合の管理者等その他の関係者に対し提供すること。
二　マンションの管理の適正化に関し、管理組合の管理者等その他の関係者に対し技術的な支援を行うこと。
三　マンションの管理の適正化に関し、管理組合の管理者等その他の関係者に対し講習を行うこと。
四　マンションの管理に関する苦情の処理のために必要な指導及び助言を行うこと。
五　マンションの管理に関する調査及び研究を行うこと。
六　マンションの管理の適正化の推進に資する啓発活動及び広報活動を行うこと。
七　前各号に掲げるもののほか、マンションの管理の適正化の推進に資する業務を行うこと。

（センターへの情報提供等）

第93条　国土交通大臣は、センターに対し、管理適正化業務の実施に関し必要な情報及び資料の提供又は指導及び助言を行うものとする。

（準用）

第94条　第12条から第15条まで、第18条第1項、第19条から第23条まで、第24条第2項、第25条、第28条（第五号を除く。）及び第29条の規定は、センターについて準用する。この場合において、これらの規定中「試験事務」とあるのは「管理適正化業務」と、「試験事務規程」とあるのは「管理適正化業務規程」と、第12条中「名称又は主たる事務所」とあるのは「名称若しくは住所又は管理適正化業

務を行う事務所」と、第13条第2項中「指定試験機関の役員」とあるのは「管理適正化業務に従事するセンターの役員」と、第14条第1項中「事業計画」とあるのは「管理適正化業務に係る事業計画」と、同条第2項中「事業報告書」とあるのは「管理適正化業務に係る事業報告書」と、第24条第2項第一号中「第11条第3項各号」とあるのは「第91条各号」と、同項第七号及び第25条第1項中「第11条第1項」とあるのは「第91条」と、第28条中「その旨」とあるのは「その旨（第一号の場合にあっては、管理適正化業務を行う事務所の所在地を含む。）」と、同条第一号中「第11条第1項」とあるのは「第91条」と読み替えるものとする。

第5章　マンション管理業者の団体

（指定）

第95条　国土交通大臣は、マンション管理業者の業務の改善向上を図ることを目的とし、かつ、マンション管理業者を社員とする民法第34条の規定により設立された社団法人であって、次項に規定する業務を適正かつ確実に行うことができると認められるものを、その申請により、同項に規定する業務を行う者として指定することができる。

2　前項の指定を受けた法人（以下「指定法人」という。）は、次に掲げる業務を行うものとする。

　一　社員の営む業務に関し、社員に対し、この法律又はこの法律に基づく命令を遵守させるための指導、勧告その他の業務を行うこと。

　二　社員の営む業務に関する管理組合等からの苦情の解決を行うこと。

　三　管理業務主任者その他マンション管理業の業務に従事し、又は従事しようとする者に対し、研修を行うこと。

　四　マンション管理業の健全な発達を図るための調査及び研究を行うこと。

　五　前各号に掲げるもののほか、マンション管理業者の業務の改善向上を図るために必要な業務を行うこと。

3　指定法人は、前項の業務のほか、国土交通省令で定めるところにより、社員であるマンション管理業者との契約により、当該マンション管理業者が管理組合又はマンションの区分所有者等から受領した管理費、修繕積立金等の返還債務を負うこととなった場合においてその返還債務を保証する業務（以下「保証業務」という。）を行うことができる。

（苦情の解決）
第96条 指定法人は、管理組合等から社員の営む業務に関する苦情について解決の申出があったときは、その相談に応じ、申出人に必要な助言をし、その苦情に係る事情を調査するとともに、当該社員に対しその苦情の内容を通知してその迅速な処理を求めなければならない。
2 指定法人は、前項の申出に係る苦情の解決について必要があると認めるときは、当該社員に対し、文書若しくは口頭による説明を求め、又は資料の提出を求めることができる。
3 社員は、指定法人から前項の規定による求めがあったときは、正当な理由がないのに、これを拒んではならない。
4 指定法人は、第1項の申出、当該苦情に係る事情及びその解決の結果について、社員に周知させなければならない。

（保証業務の承認等）
第97条 指定法人は、保証業務を行う場合においては、あらかじめ、国土交通省令で定めるところにより、国土交通大臣の承認を受けなければならない。
2 前項の承認を受けた指定法人は、保証業務を廃止したときは、その旨を国土交通大臣に届け出なければならない。

（保証業務に係る契約の締結の制限）
第98条 前条第1項の承認を受けた指定法人は、その保証業務として社員であるマンション管理業者との間において締結する契約に係る保証債務の額の合計額が、国土交通省令で定める額を超えることとなるときは、当該契約を締結してはならない。

（保証業務に係る事業計画書等）
第99条 第97条第1項の承認を受けた指定法人は、毎事業年度、保証業務に係る事業計画書及び収支予算書を作成し、当該事業年度の開始前に（承認を受けた日の属する事業年度にあっては、その承認を受けた後遅滞なく）、国土交通大臣に提出しなければならない。これを変更しようとするときも、同様とする。
2 第97条第1項の承認を受けた指定法人は、毎事業年度の経過後3月以内に、その事業年度の保証業務に係る事業報告書及び収支決算書を作成し、国土交通大臣に提出しなければならない。

（改善命令）

第100条 国土交通大臣は、指定法人の第95条第2項又は第3項の業務の運営に関し改善が必要であると認めるときは、その指定法人に対し、その改善に必要な措置を講ずべきことを命ずることができる。

（指定の取消し）

第101条 国土交通大臣は、指定法人が前条の規定による命令に違反したときは、その指定を取り消すことができる。

（報告及び立入検査）

第102条 第21条及び第22条の規定は、指定法人について準用する。この場合において、これらの規定中「試験事務の適正な実施」とあるのは、「第95条第2項及び第3項の業務の適正な運営」と読み替えるものとする。

第6章 雑則

（設計図書の交付等）

第103条 宅地建物取引業者（宅地建物取引業法（昭和27年法律第176号）第2条第三号に規定する宅地建物取引業者をいい、同法第77条第2項の規定により宅地建物取引業者とみなされる者を含む。以下同じ。）は、自ら売主として人の居住の用に供する独立部分がある建物（新たに建設された建物で人の居住の用に供したことがないものに限る。以下同じ。）を分譲した場合においては、国土交通省令で定める期間内に当該建物又はその附属施設の管理を行う管理組合の管理者等が選任されたときは、速やかに、当該管理者等に対し、当該建物又はその附属施設の設計に関する図書で国土交通省令で定めるものを交付しなければならない。

2　前項に定めるもののほか、宅地建物取引業者は、自ら売主として人の居住の用に供する独立部分がある建物を分譲する場合においては、当該建物の管理が管理組合に円滑に引き継がれるよう努めなければならない。

（権限の委任）

第104条 この法律に規定する国土交通大臣の権限は、国土交通省令で定めるところにより、その一部を地方整備局長又は北海道開発局長に委任することができる。

（経過措置）

第105条 この法律の規定に基づき命令を制定し、又は改廃する場合においては、その命令で、その制定又は改廃に伴い合理的に必要とされる範囲内において、所要の経過措置（罰則に関する経過措置を含む。）を定めることができる。

第7章　罰則

第106条　次の各号のいずれかに該当する者は、1年以下の懲役又は50万円以下の罰金に処する。
　一　偽りその他不正の手段により第44条第1項又は第3項の登録を受けた者
　二　第53条の規定に違反して、マンション管理業を営んだ者
　三　第54条の規定に違反して、他人にマンション管理業を営ませた者
　四　第82条の規定による業務の停止の命令に違反して、マンション管理業を営んだ者

第107条　次の各号のいずれかに該当する者は、1年以下の懲役又は30万円以下の罰金に処する。
　一　第18条第1項（第38条、第58条第3項及び第94条において準用する場合を含む。）の規定に違反した者
　二　第42条の規定に違反した者
2　前項第二号の罪は、告訴がなければ公訴を提起することができない。

第108条　第24条第2項（第38条、第58条第3項及び第94条において準用する場合を含む。）の規定による試験事務（第11条第1項に規定する試験事務及び第58条第1項に規定する試験事務をいう。第110条において同じ。）、登録事務又は管理適正化業務の停止の命令に違反したときは、その違反行為をした指定試験機関（第11条第1項に規定する指定試験機関及び第58条第1項に規定する指定試験機関をいう。第110条において同じ。）、指定登録機関又はセンターの役員又は職員は、1年以下の懲役又は30万円以下の罰金に処する。

第109条　次の各号のいずれかに該当する者は、30万円以下の罰金に処する。
　一　第33条第2項の規定によりマンション管理士の名称の使用の停止を命ぜられた者で、当該停止を命ぜられた期間中に、マンション管理士の名称を使用したもの
　二　第43条の規定に違反した者
　三　第48条第1項の規定による届出をせず、又は虚偽の届出をした者
　四　第56条第3項の規定に違反した者
　五　第98条の規定に違反して契約を締結した者

第110条　次の各号のいずれかに該当するときは、その違反行為をした指定試験機関、指定登録機関、センター又は指定法人の役員又は職員は、20万円以下の罰金

に処する。
一　第19条（第38条、第58条第3項及び第94条において準用する場合を含む。）の規定に違反して帳簿を備えず、帳簿に記載せず、若しくは帳簿に虚偽の記載をし、又は帳簿を保存しなかったとき。
二　第21条（第38条、第58条第3項、第94条及び第102条において準用する場合を含む。）の規定による報告をせず、又は虚偽の報告をしたとき。
三　第22条第1項（第38条、第58条第3項、第94条及び第102条において準用する場合を含む。）の規定による立入り若しくは検査を拒み、妨げ、若しくは忌避し、又は質問に対して陳述をせず、若しくは虚偽の陳述をしたとき。
四　第23条第1項（第38条、第58条第3項及び第94条において準用する場合を含む。）の許可を受けないで試験事務、登録事務又は管理適正化業務の全部を廃止したとき。

第111条　次の各号のいずれかに該当する者は、20万円以下の罰金に処する。
一　第67条又は第85条の規定による報告をせず、又は虚偽の報告をした者
二　第73条第1項の規定に違反して、書面を交付せず、又は同項各号に掲げる事項を記載しない書面若しくは虚偽の記載のある書面を交付した者
三　第73条第2項の規定による記名押印のない書面を同条第1項の規定により交付すべき者に対し交付した者
四　第80条又は第87条の規定に違反した者
五　第86条第1項の規定による立入り若しくは検査を拒み、妨げ、若しくは忌避し、又は質問に対して陳述をせず、若しくは虚偽の陳述をした者
六　第88条第1項の規定に違反した者
七　第99条第1項の規定による事業計画書若しくは収支予算書若しくは同条第2項の規定による事業報告書若しくは収支決算書の提出をせず、又は虚偽の記載をした事業計画書、収支予算書、事業報告書若しくは収支決算書を提出した者
2　前項第四号の罪は、告訴がなければ公訴を提起することができない。

第112条　法人の代表者又は法人若しくは人の代理人、使用人その他の従業者が、その法人又は人の業務に関して、第106条、第109条第三号から第五号まで又は前条第一項（第四号を除く。）の違反行為をしたときは、その行為者を罰するほか、その法人又は人に対しても、各本条の罰金刑を科する。

第113条　次の各号のいずれかに該当する者は、10万円以下の過料に処する。

一　第50条第１項の規定による届出を怠った者
二　第60条第４項若しくは第５項、第72条第４項又は第77条第３項の規定に違反した者
三　第71条の規定による標識を掲げない者

　　　附　則
（施行期日）
第１条　この法律は、公布の日から起算して９月を超えない範囲内において政令で定める日から施行する。
（経過措置）
第２条　この法律の施行の際現にマンション管理士又はこれに紛らわしい名称を使用している者については、第43条の規定は、この法律の施行後９月間は、適用しない。
第３条　第72条の規定は、管理組合から管理事務の委託を受けることを内容とする契約でこの法律の施行の日から起算して１月を経過する日前に締結されるものについては、適用しない。
２　第73条の規定は、管理組合から管理事務の委託を受けることを内容とする契約でこの法律の施行前に締結されたものについては、適用しない。
３　第77条の規定は、管理組合から管理事務の委託を受けることを内容とする契約でこの法律の施行前に締結されたものに基づき行う管理事務については、その契約期間が満了するまでの間は、適用しない。
４　第103条第１項の規定は、この法律の施行前に建設工事が完了した建物の分譲については、適用しない。
第４条　この法律の施行の際現にマンション管理業を営んでいる者は、この法律の施行の日から９月間（当該期間内に第47条の規定に基づく登録の拒否の処分があったとき、又は次項の規定により読み替え適用される第83条の規定によりマンション管理業の廃止を命ぜられたときは、当該処分のあった日又は当該廃止を命ぜられた日までの間）は、第44条第１項の登録を受けないでも、引き続きマンション管理業を営むことができる。その者がその期間内に第45条第１項の規定による登録の申請をした場合において、その期間を経過したときは、その申請について登録又は登録の拒否の処分があるまでの間も、同様とする。
２　前項の規定により引き続きマンション管理業を営むことができる場合において

は、その者を第44条第1項の登録を受けたマンション管理業者と、その事務所（第45条第1項第二号に規定する事務所をいう。）を代表する者、これに準ずる地位にある者その他国土交通省令で定める者を管理業務主任者とみなして、第56条（第1項ただし書を除く。）、第70条、第72条第1項から第3項まで及び第5項、第73条から第76条まで、第77条第1項及び第2項、第79条、第80条、第81条（第四号を除く。）、第82条、第83条（第二号を除く。）並びに第85条から第89条までの規定（これらの規定に係る罰則を含む。）並びに前条第1項から第3項までの規定を適用する。この場合において、第56条第1項中「事務所の規模を考慮して国土交通省令で定める数の成年者である専任の管理業務主任者」とあるのは「成年者である専任の管理業務主任者」と、同条第3項中「既存の事務所が同項の規定に抵触するに至ったときは」とあるのは「この法律の施行の際事務所が同項の規定に抵触するときはこの法律の施行の日から、既存の事務所が同項の規定に抵触するに至ったときはその日から」と、第82条第一号中「前条第三号又は第四号」とあるのは「前条第三号」と、同条第二号中「第48条第1項、第54条、第56条第3項、第71条」とあるのは「第56条第3項」と、第83条中「その登録を取り消さなければならない」とあるのは「マンション管理業の廃止を命ずることができる」と、第89条中「マンション管理業者の登録がその効力を失った場合には」とあるのは「第50条第1項各号のいずれかに該当することとなった場合又は附則第4条第2項の規定により読み替えて適用される第83条の規定によりマンション管理業の廃止を命ぜられた場合には」と、第106条第四号中「第82条の規定による業務の停止の命令に違反して」とあるのは「第82条の規定による業務の停止の命令又は附則第4条第2項の規定により読み替えて適用される第83条の規定によるマンション管理業の廃止の命令に違反して」とする。

3　前項の規定により読み替えて適用される第83条の規定によりマンション管理業の廃止が命ぜられた場合における第30条第1項第六号、第47条第二号及び第三号並びに第59条第1項第六号の規定の適用については、当該廃止の命令をマンション管理業者の登録の取消しの処分と、当該廃止を命ぜられた日を当該登録の取消しの日とみなす。

第5条　国土交通省令で定めるところによりマンションの管理に関し知識及び実務の経験を有すると認められる者でこの法律の施行の日から9月を経過する日までに国土交通大臣が指定する講習会の課程を修了したものは、第59条第1項に規定

する試験に合格した者で管理事務に関し国土交通省令で定める期間以上の実務の経験を有するものとみなす。この場合における第60条第2項ただし書の規定の適用については、同項中「試験に合格した日」とあるのは、「附則第5条に規定する国土交通大臣が指定する講習会の課程を修了した日」とする。

（日本勤労者住宅協会法の一部改正）

第6条　日本勤労者住宅協会法（昭和41年法律第133号）の一部を次のように改正する。

第40条中「及び不動産特定共同事業法（平成6年法律第77号）」を「、不動産特定共同事業法（平成6年法律第77号）及びマンションの管理の適正化の推進に関する法律（平成12年法律第149号）第3章」に改める。

（登録免許税法の一部改正）

第7条　登録免許税法の一部を次のように改正する。

別表第一第二十三号中（十七）を（十八）とし、（十六）の次に次のように加える。

| （十七）　マンションの管理の適正化の推進に関する法律（平成12年法律第149号）第30条第1項（登録）のマンション管理士の登録 | 登録件数 | 1件につき9千円 |

別表第一第四十五号の二の次に次のように加える。

四十五の三　マンション管理業者の登録		
マンションの管理の適正化の推進に関する法律第44条第1項（登録）のマンション管理業者の登録	登録件数	1件につき9万円

（検討）

第8条　政府は、この法律の施行後3年を経過した場合において、この法律の施行の状況について検討を加え、その結果に基づいて必要な措置を講ずるものとする。

資料2　地方公共団体のマンション管理等に関する相談窓口

公共団体名	相談窓口			電話番号	郵便番号	住所
北海道	北海道庁	建設部	建築指導課不動産業係	011-231-4111	060-8588	札幌市中央区北3条西6
	社団法人　北海道マンション管理組合連合会			011-232-2381	060-0001	札幌市中央区北一条西2丁目9　オーク札幌ビル4階
青森県	青森県庁	土木部	建築住宅課住宅企画班	017-734-9695	030-8570	青森市長島1-1-1
岩手県	岩手県庁	土木部	建築住宅課住宅企画係	0196-51-3111	020-8570	盛岡市内丸10-1
	財団法人　岩手県建築住宅センター			0196-23-4415	020-0087	盛岡市上ノ橋町1-50　岩織ビル
宮城県	宮城県庁	土木部	建築宅地課調整班	022-211-3242	980-8570	仙台市青葉区本町3-8-1
秋田県	秋田県庁	建設交通部	建築住宅課住宅政策班	018-860-2562	010-8570	秋田市山王4-1-1
	財団法人　秋田県建築住宅センター			018-836-7850	010-0001	秋田市中通2-3-8 アトリオンビル5階
山形県	山形県庁	土木部	建築住宅課住宅行政係	023-630-2640	990-8570	山形市松波2-8-1
福島県	福島県庁	土木部都市局	建築住宅課	024-521-7523	960-8670	福島市杉妻町2-16
茨城県	茨城県庁	土木部都市局	住宅課民間住宅指導グループ	029-301-4759	310-8555	水戸市笠原町978-6
栃木県	栃木県庁	土木部	住宅課企画融資担当	028-623-2482	320-8501	宇都宮市塙田1-1-20
群馬県	群馬県庁	土木部	住宅課住宅指導係	027-226-3726	371-8570	前橋市大手町1-1-1
埼玉県	埼玉県庁	住宅都市部	住宅管理課住宅振興担当	048-830-5562	336-8501	浦和市高砂3-15-1
	まちづくり住宅センター入居・相談プラザ			048-658-3017	331-0851	大宮市錦町630

資料2　地方公共団体のマンション管理等に関する相談窓口

千葉県	千葉県庁	都市部	住宅課住宅計画班	043-223-3226	260-8667	千葉市中央区市場町1-1
	住まい情報センター			043-223-3265	260-8667	千葉市中央区市場町1-1　本庁舎2階
東京都	財団法人　東京都防災・建築まちづくりセンター飯田橋不動産相談室			03-3235-6551	160-0823	新宿区神楽川岸1-1　飯田橋セントラルプラザ11階（飯田橋庁舎）
神奈川県	かながわ県民センター県民の声・相談室マンション管理相談			045-312-1121	221-0835	横浜市神奈川区鶴屋町2-24-2
	社団法人　かながわ住まいまちづくり協会			045-664-6896	231-0007	横浜市中区弁天通り3-48　県公社弁天通り3丁目共同ビル2階
新潟県	新潟県庁	土木部都市整備局	建築住宅課企画指導係・宅地係	025-280-5442	950-8570	新潟市新光町4-1
	財団法人　新潟県建築住宅センター			025-283-0851	950-0965	新潟市新光町11-7 新潟光ビル
富山県	富山県庁	土木部	建築住宅課管理係	076-444-3355	930-8501	富山市新総曲輪1-7
石川県	石川県庁	土木部	建築住宅課都市建築係	076-223-9313	920-8580	金沢市広坂2-1-1
福井県	福井県庁	土木部	建築住宅課住まいづくりグループ	0776-20-0506	910-8580	福井市大手3-17-1
	すまい情報センター			0776-23-1187	910-0854	福井市御幸3-10-15　福井県建設会館
山梨県	山梨県庁	土木部	住宅課	055-223-1731	400-8501	甲府市丸の内1-6-1　県民会館3階
長野県	長野県庁	住宅部	建築管理課	026-235-7332	380-8570	長野市大字南長野字幅下692-2
岐阜県	岐阜県庁	基盤整備部	建築指導課宅建係	058-272-1111	500-8570	岐阜市薮田南2-1-1
静岡県	静岡県庁	都市住宅部	すまいづくり室	054-221-3081	420-8601	静岡市追手町9-6
愛知県	愛知県庁	建設部	住宅管理課	052-961-2111	460-8501	名古屋市中区三の丸3-1-2

滋賀県	滋賀県庁	土木部	住宅課企画管理担当	077-528-4232	520-8577	大津市京町4-1-1
京都府	京都府庁	土木建築部	住宅課計画係	075-414-5361	602-8570	京都市上京区下立売通新町西入薮ノ内町
	京都府住宅供給公社住宅相談所			075-432-2011	602-8054	京都市上京区出水通油小路東入丁子風呂町104-2
大阪府	大阪府庁	建築都市部	住宅まちづくり政策課民間住宅調整グループ	06-6944-6815	540-8570	大阪市中央区大手前2-1-22
兵庫県	ひょうご住宅相談所			078-360-2536	650-0044	神戸市中央区東川崎町1-1-3　神戸クリスタルタワー
奈良県	奈良県庁	土木部	住宅課企画係	0742-22-1101	630-8501	奈良市登大路町30
和歌山県	和歌山県庁	土木部	建築課指導班	073-441-3230	640-8585	和歌山市小松原通1-1
鳥取県	鳥取県庁	土木部	住宅課	0857-26-7408	680-8570	鳥取市東町1-220
島根県	島根県庁	土木部	建築住宅課住宅企画係	0852-22-5222	690-8501	松江市殿町1
岡山県	岡山県庁	土木部都市局	住宅課計画融資係	086-226-7527	700-8570	岡山市内山下2-4-6
広島県	広島県庁	土木建築部都市局	住宅課住宅振興係	082-223-3436	730-8511	広島市中区基町10-52
山口県	山口県庁	土木建築部	住宅課民間住宅班	083-933-3883	753-8501	山口市滝町1-1
徳島県	徳島県庁	土木部	住宅課木造住宅係・宅建指導係	088-621-2598	770-8570	徳島市万代町1-1
香川県	香川県庁	土木部	住宅課宅地建物指導担当	087-832-3582	760-8570	高松市番町4-1-10
愛媛県	愛媛県庁	土木部	建築住宅課宅地建物指導係	089-941-2779	790-8570	松山市一番町4-4-2
高知県	高知県庁	土木部	住宅課企画班	088-823-9856	780-8570	高知市丸ノ内1-2-20
	高知県住宅相談所			088-882-4650	790-0832	高知市九反田4-10　トップワン四国1階

資料2　地方公共団体のマンション管理等に関する相談窓口

福岡県	福岡県庁	建築都市部	住宅課	092-643-3732	812-8577	福岡市博多区東公園7-7
	財団法人　福岡県建築住宅センター			092-725-0876	810-0001	福岡市中央区天神1-1-1　アクロス福岡東オフィス3階
佐賀県	佐賀県庁	土木部	建築住宅課住宅計画係	0952-24-2111	840-8570	佐賀市城内1-1-59
長崎県	長崎県庁	土木部	住宅課	095-822-5178	850-8570	長崎市江戸町2-13
熊本県	熊本県庁	土木部	住宅課計画係	096-381-8913	862-8570	熊本市水前寺6-18-1
	財団法人　熊本県建築住宅センター			096-385-0771	862-0954	熊本市神水1-3-1 第百生命ビル1階
大分県	大分県庁	土木建築部	建築住宅課	097-536-1111	870-8501	大分市大手町3-1-1
宮崎県	宮崎県庁	土木部	建築住宅課住宅企画係	0985-26-7194	880-8501	宮崎市橘通東2-10-1
	財団法人　宮崎県建築住宅センター			0985-50-5573	880-0931	宮崎市恒久1-7-14
鹿児島県	鹿児島県庁	土木部	住宅課計画融資係	099-286-3738	890-8577	鹿児島市鴨池新町10-1
	財団法人　鹿児島県住宅・建築総合センター			099-224-4539	892-0838	鹿児島市新屋敷町16-228
沖縄県	沖縄県庁	土木建築部	住宅課企画係	098-866-2418	900-8570	那覇市泉崎1-2-2
	沖縄県住宅供給公社			098-858-1146	900-8577	那覇市山下町18-26

公共団体名	相談窓口			電話番号	郵便番号	住所
札幌市	札幌市役所	市街地整備部	住宅企画課相談係	011-211-2832	060-8611	札幌市中央区北1条西2
仙台市	仙台市役所	都市整備局建築部	住宅課企画係	022-214-8330	980-8671	仙台市青葉区国分町3-7-1

千葉市	千葉市役所		住宅政策課住宅企画1班	043-245-5809	260-8722	千葉市中央区千葉港2-1 中央コミュニティーセンター3階
	すまいアップコーナー			043-245-5690	260-8722	千葉市中央区千葉港2-1 中央コミュニティーセンター1階
川崎市	川崎市役所	まちづくり局市街地開発部	住宅整備課民間住宅担当	044-200-2997	210-8577	川崎市川崎区宮本町1
横浜市	横浜市役所	建築局住宅部	民間住宅課	045-671-2943	231-0017	横浜市中区港町1-1
	ハウスクエア横浜相談窓口			045-912-4110	224-0001	横浜市都筑区中川1-4-1
名古屋市	名古屋市役所	住宅都市局住宅部	住宅企画課企画係	052-972-2942	460-8508	名古屋市中区三の丸3-1-1
	住まいの窓口			052-242-4555	460-0008	名古屋市中区栄3-5-12
京都市	京都市役所	都市計画局住宅部	住宅企画課企画係	075-222-3634	604-8571	京都市中京区寺町通御池上る 本能寺前町488
大阪市	大阪市役所	都市整備局計画開発部	住宅政策課	06-6208-9217	530-8201	大阪市北区中之島1-3-20
	大阪市立 住まい情報センター			06-6242-1177	530-0041	大阪市北区天神橋6-4-20 住まい情報センター4階 住情報プラザ
神戸市	神戸市役所	住宅局住環境整備部	住環境整備課	078-322-5575	650-8570	神戸市中央区加納町6-5-1
広島市	広島市役所	都市計画局建築部	住宅計画課	082-504-2291	730-8586	広島市中区国泰寺町1-6-34
北九州市	北九州市役所	建築都市局指導部	建築指導課指導係	093-582-2531	803-8501	北九州市小倉北区城内1-1
	財団法人 福岡県建築住宅センター北九州事務所			093-582-4173	803-0814	北九州市小倉北区大手町1-1 小倉北区役所5階
福岡市	福岡市役所	建築局住宅部	住宅政策課内住宅相談コーナー	092-711-4808	810-8620	福岡市中央区天神1-8-1

資料3　全国のマンション管理組合協議会・連合会

●社団法人　北海道マンション管理組合連合会●

設 立 年	1983年（任意団体としては76年より活動）
略　　称	道管連
設立経過	ディベロッパーの瑕疵問題を集団で取り組む
住　　所	〒060-0001　札幌市中央区北一条西2丁目9
	オーク札幌ビル4階
電　　話	011-232-2381　　　　fax　011-232-3721
主な事業	相談（管理運営、法律、技術）、情報と資料の提供
	セミナー・シンポジウムの開催
	経験交流と情報交換
	必要物資の共同購入（灯油など）
加入組合数	412組合（30,500戸）（2000年5月現在）

●東北マンション管理組合連合会●

設 立 年	1999年
略　　称	東北管連
設立経過	マンションの運営管理や規約の見直し、管理費滞納の解決、長期修繕計画、法人化などについて随時、相談や助言をするために、東北6県において初めてのマンション問題を話し合うネットワークとして設立
住　　所	〒980-0014　仙台市青葉区本町2-8-15
	仙台市市民活動サポートセンターNo.16
電　　話	022-221-1323　　　　fax　022-221-1323
主な事業	マンション管理組合運営に関する情報の提供
	マンション管理組合の運営に関する助言
	マンション管理組合役員、区分所有者の研修
	公的機関との連絡調整
加入組合数	82組合（6,500戸）（2000年1月現在）

●盛岡地区マンション管理組合連絡協議会●

設 立 年	1990年
略　　称	盛管連
設立経過	豊かなマンションライフを確立するために、健全なマンション管理組合の運営を学ぼうとする管理組合によって設立
住　　所	〒020-0884　盛岡市神明町6-8
電　　話	019-653-3665
主な事業	情報の提供、セミナー、勉強会、機関誌の発行

●千葉市集合住宅管理組合協議会●

設 立 年	1996年11月23日
略　　称	千葉集住協
設立経過	管理組合の役員有志（理事長8名）が情報交換と管理組合運営、経験交流、また行政への働きかけを目的とする交流・懇談の場を設けようと市内の管理組合への行脚を始め、設立をよびかける
住　　所	〒262-0016　千葉市花見川区西小中台2-5 　　　　　　団地管理組合法人西小中台住宅内
電　　話	043-271-3793
主な事業	会員交流懇談会（会員相互の交流と経験・ノウハウの交換） シンポジウム学習会、新役員研修会、工事見学会の実施 アンケート調査（会員の当面する問題の調査）実施 行政および公益事業体への働きかけ
加入組合数	46組合（19,974戸）（2000年1月現在）

●浦安市集合住宅管理組合連合会●

略　　称	浦安連合会
住　　所	〒279-0012　浦安市入船6-1 　　　　　　入船東エステート管理組合内
電　　話	047-353-0619

資料3　全国のマンション管理組合協議会・連合会

●埼玉県マンション管理組合ネットワーク●

設 立 年	1990年、1995年再出発
略　　称	埼管ネット
設立経過	90年、「資産価値の維持保全は自分達の手で、管理会社任せにしておけない。」と、埼玉県管理組合協議会として発足。95年再出発する。
住　　所	〒336-0017　浦和市南浦和2-39-2
電　　話	048-887-9924　　　fax　048-887-9925 受付　火曜日〜土曜日　10:00〜5:00
主な事業	相談、勉強会・研究会の開催 研修会の開催（新役員対象　年2回） 業者紹介（工事会社・メンテナンス業者・造園業者・管理会社） 埼管ネットコンサルタント制度
加入組合数	67戸組合（3,965戸）（2000年9月現在）

●埼玉県マンション管理組合連合会●

設 立 年	1990年1月28日
略　　称	埼管連
設立経過	問題を抱える管理組合や有識者の知恵を結集し、問題解決の場となればと、有志により平成元年準備委員会設立協議会として発足。 「会員の、会員による、会員のための埼管連」
住　　所	〒336-0004　浦和市本太4-9-4-202
電　　話	048-813-5225　　　fax　048-813-5222
主な事業	相談会、実践セミナー、勉強会の開催 修繕工事現場見学会 機関誌の発行 行政に対しマンション問題の指導に当たる窓口を要請する
加入組合数	65組合（8,510戸）（2000年5月現在）

●日本住宅管理組合協議会●

設 立 年	1969年（84年に組織改正）
略　　称	日住協
設立経過	公団分譲団地の管理組合有志が情報公開と管理組合のあり方、役員への

啓蒙活動を目的として前身の分譲住宅管理組合連絡協議会を設立。ベランダ落下や地盤沈下等の瑕疵問題に集団で取り組む。84年に組織を改正し、名称を改める。

住　　所	〒101-0014　東京都千代田区神田須田町1-20　東京製麺会館3F
電　　話	03-5256-1241　　　fax　03-5256-1243
主な事業	

① 集合住宅の維持管理技術の研究と発表
② 相談事業（無料法律相談・建物相談・管理委託問題相談・損保契約相談）
③ 集合住宅に関する立法、政策の研究と提言、行政への要請
④ 管理組合の経験交流と組合役員の研修（研修会、交流会、情報交換会）
⑤ 管理組合の維持管理・管理運営及びその居住者を対象とする共同事業
⑥ 広報誌及び研究報告書の刊行、出版
⑦ 全国の管理組合団体との交流・情報交換および連絡調整
⑧ 組織の運営
　　調査研究部会・教育研修センター・建物相談センター・共同事業部

加入組合数　226組合（69,328戸）（1999年10月現在）

●集合住宅管理組合センター●

設 立 年	1985年11月18日
略　　称	集住センター
設立経過	「マンション管理を管理会社に全て任せていいのか」との疑問を持った管理組合の役員が集まり、マンションの維持管理や改修問題で悩んでいる人々を応援するために設立
住　　所	〒162-0807　東京都新宿区東榎町8　アサイビル2F
電　　話	03-3269-1139　　　fax　03-3269-1140 （受付：月曜〜金曜　午前10時〜午後5時）
主な事業	相談、法律相談会、居住者交流会、各種セミナー、工事見学会 機関誌の発行（年6回）、マンションライフフェアTOKYOの開催
加入組合数	488組合（31,624戸）（2000年10月現在）

●かながわマンション管理組合ネットワーク●

設 立 年	1999年

資料3　全国のマンション管理組合協議会・連合会

略　　称	神管ネット
設立経過	神奈川県ですでに活動していた横浜ネットだけでは対応しきれないため㈳かながわ住まい・まちづくり協会が広域ネットワークの設立を呼びかけた。ネットワークの自主性を尊重し、県域における緩やかなネットワークを構築することを目指す。
住　　所	〒231-0007　横浜市中区弁天通3-48　県公社弁天通3丁目共同ビル2F　㈳かながわ住まい・まちづくり協会内
電　　話	045-201-2422　　　fax　045-664-9359
主な事業	地域マンションネットワーク運営のための支援 マンションの適正な管理運営のための指導、相談、支援 マンション管理運営についての経験交流、情報交換、資料の提供 セミナー・シンポジウム・見学会・各種相談会の実施と協力 会員名簿の発行、会報の発行、課題別分科会
加入組合数	166組合（2000年1月現在）

●特定非営利活動法人　横浜マンション管理組合ネットワーク●

設立年	1995年6月10日
略　　称	浜管ネット
設立経過	管理組合による自主的なユーザーのネットワーク（市民団体）
住　　所	〒224-0001　横浜市都筑区中川1丁目4番地1　ハウスクエア横浜内
電　　話	045-911-6541　　　fax　045-910-0210 10時〜17時　水・日・祭日は休み
主な事業	適正なマンション管理運営のための指導、相談、支援 建物・設備の適正な維持保全、改善のための指導、相談、支援 管理運営についての経験交流、情報交換、資料の提供 セミナー、シンポジウム、見学会、各種相談会、展示会等の実施と協力 管理運営、維持保全、生活向上等のための研究 機関紙、関係資料の刊行、関連諸機関との連携、調整、提言
加入組合数	130組合（27,213戸）

●中部分譲共有住宅管理組合協議会●

設 立 年	1982年
略　　称	分住協
設立経過	愛知県下の45のマンション居住者の創意に基づき「助けあう管理システム」を合言葉に自主的組織で設立
住　　所	〒456-0026　名古屋市中区伊勢山2-11-13　サイドビル5FB
電　　話	052-322-9956　　　　　fax　052-322-9959
主な事業	マンション管理の情報交換と調査研究、相談、研修 組織運営・長期修繕計画・補修等建物管理・施設環境の管理に関すること 分譲共有住宅の制度・金融に関する協力援助、広報活動並びに資料収集 政府、地方公共団体、その他、関係諸団体に対する要望
加入組合数	273組合（13,715戸）

●特定非営利活動法人　京滋マンション管理対策協議会●

設 立 年	1981年
略　　称	京滋管対協
設立経過	共通の悩みをもった管理組合（相談やセミナーの参加者）から定期的に連絡を取れる場を、との要請から会の結成につながる
住　　所	〒600-8078　京都市下京区松原通高倉東入三洋ビル304
電　　話	075-351-7421　　　　　fax　075-371-1564 （平日　午前9時から午後5時まで）
主な事業	セミナー・勉強会・相談会の開催、地区別交流会の実施 機関誌の発行や出版、マンション情報の提供、行政へのはたらきかけ 事業組織の運営（マンションセンター京都） 専門委員会の設置 　（規約委員会、管理組合業務マニュアル作成委員会、仲介業者制度委員会、省エネプロジェクト委員会、情報電子化委員会、ＮＰＯ委員会、広報委員会、福祉対応型マンションづくり委員会、「マンションセンター京都」企画運営委員会）
加入組合数	192組合（22,081戸）（2000年10月現在）

資料3　全国のマンション管理組合協議会・連合会

●関西分譲共同住宅管理組合協議会●

設 立 年	1981年3月22日
略　　称	関住協
設立経過	1980年の建築学会マンション管理実態調査報告会をきっかけに管理交流会が開かれ、交流の場を持続させたいという希望から組織化される。経験交流による管理内容の向上とマンションを巡る各種制度の整備改善を旗印として設立。
住　　所	〒530-0047　大阪市北区西天満4-9-2西天満ビル507
電　　話	06-6316-1850　　　　fax　06-6316-1640
主な事業	①管理組合の組織運営に関する情報交換と調査研究 ②分譲共同住宅の長期的修繕・補修に関する情報交換と調査研究 ③分譲共同住宅の施設環境に関する情報と調査研究 ④分譲共同住宅の法制・金融に関する情報交換と調査研究 ⑤政府・地方公共団体その他関係諸団体に対する要望の推進 ⑥本会の事業に関する広報活動並びに資料の収集編纂および発刊 ⑦その他本会の目的を達成するために必要な事業
加入組合数	300組合（39,500戸）（2000年度）

●奈良県マンション管理組合連合会●

設 立 年	1995年
略　　称	奈良県管連
設立経過	管理会社とのトラブルや阪神大震災の経験から、問題に取り組むために発足
住　　所	〒631-0022　奈良市鶴舞西2-50
電　　話	0742-48-4321　　　　fax　0742-48-4320
主な事業	管理組合運営全般の相談（随時）、建物改修、修繕の相談 各種セミナーの開催、情報の提供、機関誌の発行 共同購入の推進
加入組合数	13組合（1,624戸）（2000年10月現在）

●宝塚マンション管理組合協議会●

設 立 年	1997年3月26日発足

資料3　全国のマンション管理組合協議会・連合会

略　　称	宝管協
設立経過	阪神大震災による損傷を受け、建替え問題が起こる 再建などを契機に管理組合の強化と相互連帯の必要性から発足
住　　所	〒665-0884　宝塚市山本西2丁目2 　　　　　　グリーンウェル宝塚B－201
電　　話	0797-89-4853
主な事業	情報交換（研修セミナー）、管理セミナー、研究会の開催 行政への働きかけ（陳情、請願、政策提言） 機関誌の発行
加入組合数	22組合（2000年6月現在）

●広島マンション管理組合連合会●

設立年	1986年
略　称	広管連
設立経過	マンション問題への対応のため
住　所	〒733-0037　広島市西区西観音町2-1　第3セントラルビル2F
電　話	082-294-8752　　　　fax　082-294-8753
主な事業	マンションに関する調査研究 セミナー・相談会・交流会の開催 機関誌の発行、情報提供
加入組合数	144戸組合（9,575戸）（2000年10月現在）

●特定非営利活動法人　福岡県マンション管理組合連合会（北九州）●

設立年	1986年12月
略　称	県福管連
設立経過	5つのマンション管理組合有志による勉強会「北九住宅管理組合連合会（北九管連）」として発足。その後福岡市を合併し「福岡県マンション管理組合連合会」となるが、再び分離する。
住　所	〒802-0084　北九州市小倉北区吉野町13-1-107
電　話	093-922-4877　　　　fax　093-922-4750
主な事業	相談（管理運営、法律、技術）、情報と資料の提供、機関誌の発行 経験交流と情報交換、セミナー、シンポジウムの開催、裁判の支援

	改修工事現場見学会、必要物資の共同購入
加入組合数	219組合（11,014戸）

●特定非営利活動法人　福岡マンション管理組合連合会（福岡）●

設 立 年	1986年県福管連設立後、1987年福岡地区として独立
略　　称	福管連
設立経過	マンションに入居した暴力団の追放や欠陥住宅対策が必要になり設立
住　　所	〒810-0004　福岡市中央区渡辺通2-8-23 　　　　　　樋口ビル4F
電　　話	092-752-1555　　　　fax　092-752-3699
主な事業	研修会、セミナー（法務研修会、会計研修会、修繕研修会） 相談会（無料、法律・建築相談）、一般市民向け研修会・セミナー 組合運営・修繕工事に関する支援制度の研究、制度化 情報提供、機関誌の発行、行政機関への要望
加入組合数	281管理組合（19,493戸）

●熊本マンション管理組合連絡協議会●

設 立 年	1989年　　1990年
略　　称	熊管協
設立経過	福管連の指導で共通の悩みを解決し、情報交換し、専門知識を習得して 管理組合自身の解決能力を向上させるために設立
住　　所	〒860-0805　熊本市桜町1-25
電　　話	096-351-2646　　　　fax　096-351-2646
主な事業	講演会・セミナー・研修会の開催 相談と大規模修繕コーディネート 機関誌の発行や情報提供
加入組合数	54組合（2,977戸）（2000年現在）

索引

<章順>

章	キーワード	章	キーワード
1	マンション	2	長期修繕計画
1	住戸	2	専門委員会
1	御茶ノ水文化アパート	2	情報開示
1	同潤会アパート	2	責任施工方式
1	区分所有法	2	設計監理方式
1	タウンハウス	3	瑕疵
1	センチュリーハウジングシステム	3	アフターサービス
1	マンションストック	3	等価交換
1	マンションフロー	3	重要事項説明
1	持家主義	3	法定共用部分
1	単棟型	3	規約共用部分
1	団地型	3	管理組合法人
1	フラットタイプ	3	共用部分リフォームローン融資制度
1	メゾネットタイプ	3	使用細則・使用規定
1	コーポラティブハウス	3	使用細則モデル
1	バリアーフリー	3	管理業務発注仕様書
1	ユニバーサルデザイン	3	建物の調査・診断
1	スケルトン住宅	3	用途転用
1	ＳＩ住宅	4	建物の老朽化
1	定期借地権	4	劣化
2	区分所有者	4	陳腐化
2	専有部分	4	ライフステージ
2	共用部分	4	等価交換
2	管理組合	4	容積率
2	区分所有法	4	スーパーリフォーム
2	管理規約	5	管理形態
2	中高層共同住宅標準管理規約	5	自力管理
2	単棟型	5	管理員直接雇用
2	団地型	5	自主的管理
2	複合用途型	5	フロントマン
2	原始規約	5	リバースモーゲージ
2	集会	6	管理業務主任者
2	普通決議	6	区分所有管理士
2	特別決議	6	マンション管理組合連合会・協議会
2	管理者	6	全管連
2	理事会	6	共用部分リフォームローン融資制度
2	中高層共同住宅標準管理委託契約書	6	修繕積立金債券制度
2	管理費	6	優良中古マンション融資制度
2	修繕積立金	8	マンションの管理の適正化に関する法律
2	計画修繕	8	マンション管理士
2	大規模修繕	8	管理会社の登録制度

索引

<50音順>

キーワード	章	キーワード	章
アフターサービス	3	専門委員会	2
御茶ノ水文化アパート	1	専有部分	2
瑕疵	3	大規模修繕	2
管理員直接雇用	5	タウンハウス	1
管理会社の登録制度	8	建物の調査・診断	3
管理規約	2	建物の老朽化	4
管理業務主任者	6	団地型	1・2
管理業務発注仕様書	3	単棟型	1・2
管理組合	2	中高層共同住宅標準管理委託契約書	2
管理組合法人	3	中高層共同住宅標準管理規約	2
管理形態	5	長期修繕計画	2
管理者	2	陳腐化	4
管理費	2	定期借地権	1
規約共用部分	3	等価交換	3・4
共用部分	2	同潤会アパート	1
共用部分リフォームローン融資制度	3・6	特別決議	2
区分所有管理士	6	バリアーフリー	1
区分所有者	2	複合用途型	2
区分所有法	1・2	普通決議	2
計画修繕	2	フラットタイプ	1
原始規約	2	フロントマン	5
コーポラティブハウス	1	法定共用部分	3
自主的管理	5	マンション	1
集会	2	マンション管理組合連合会・協議会	6
住戸	1	マンション管理士	8
修繕積立金	2	マンションストック	1
修繕積立金債券制度	6	マンションの管理の適正化に関する法律	8
重要事項説明	3	マンションフロー	1
使用細則・使用規定	3	メゾネットタイプ	1
使用細則モデル	3	持家主義	1
情報開示	2	優良中古マンション融資制度	6
自力管理	5	ユニバーサルデザイン	1
スーパーリフォーム	4	容積率	4
スケルトン住宅・ＳＩ住宅	1	用途転用	3
責任施工方式	2	ライフステージ	4
設計監理方式	2	理事会	2
全管連	6	リバースモーゲージ	5
センチュリーハウジングシステム	1	劣化	4

財団法人マンション管理センター発行の言葉

　㈶マンション管理センターでは、管理組合の皆様を支援するため、また、管理の適正化の推進に向けて様々な業務を行なっています。その一つとして、地方公共団体の職員の皆様方を対象とした担当者研修を明海大学とともに2000年より開始いたしました。

　この本は、著者が地方公共団体担当者研修において講演した「マンション管理の仕組みと重要性」をベースに生まれたものです（本の§Ⅰ～§Ⅳが主にその部分です）。また、著者が当センターと共同研究を行なうために、各地域のマンションを訪問し、管理組合の皆様にお話を伺いました。その際に、すてきなマンション・管理組合の方々との出会いに感激して生まれたものが、全国のがんばるマンションを紹介する§Ⅴです。

　本のタイトルである「みんなで創る快適マンションライフ」のみんなには、管理組合の人はもちろんですが、様々な人・組織が含まれます。こうしたマンション管理を取り巻く組織や人を紹介したものが§Ⅵです。全国をまわるうちに、マンション管理の地域性を実感し、生まれたものが§Ⅶです。

　さらに、マンション管理を取り巻く社会環境が大きく変化しようとしています。そこで、最近のマンション管理を取り巻く環境の変化をわかりやすく解説する必要があると、§Ⅷが生まれました。

　この本はこうして著者と全国のマンションの管理組合、管理組合を支える様々な組織や人、当財団と、みんなで創った快適マンションライフの応援書です。

　皆様方のお手元で、是非、お役立ていただきたい1冊でございますので、当センター共々よろしくお願い申し上げます。

　平成13年3月

　　　　　　　　　　財団法人　マンション管理センター

入門 マンション管理
ーみんなで創る快適マンションライフー

2001年5月25日　第1版第1刷発行
2001年10月16日　第1版第7刷発行

著　者　齊　藤　広　子
発　行　㈶マンション管理センター

発行者　松　林　久　行
発行所　株式会社大成出版社
東京都世田谷区羽根木1－7－11
〒156-0042　電話　03（3321）4131（代）
http://www.taisei-shuppan.co.jp/

© 2001　㈶マンション管理センター　　　印刷　信教印刷
落丁・乱丁はおとりかえいたします。

ISBN4-8028-8587-3

●中高層共同住宅標準管理規約の条文ごとに関係判例を登載!!

マンション判例で見る標準管理規約

著／升田　純（弁護士）　　編集／（社）高層住宅管理業協会
　　　　　　　　　　　　　　　　（財）マンション管理センター

- ●中高層共同住宅標準管理規約の条文ごとに、管理規約をめぐる判例を簡潔に要約して登載。
- ●規約条文に対応して直接に参考となる判例が参照できるので、規約の設定、規定の解釈・運用などについて検討に最適の書。

A5判・354ページ・定価3,360円（本体3,200円）
（図書コード8437）

株式会社　大成出版社